경영 정보 시스템

경영정보시스템

한올

머리말

인류역사의 대부분을 차지한 것은 농업이었다. 오늘날 농업인들은 인터넷, 트위터, 스마트폰 등으로 농산물을 판매하고 있다. 이렇듯 정보화는 사회의 여러 분야에 영향을 미치고 있다. 현대의 경제사회를 움직이는 큰 원동력이 정보이다. 또한 정보시스템의 지속적인 기술의 발전과 정보기술의 활용으로 제품과 서비스, 근무 및 조직구조가 바뀌고 있다. 아울러 정보화와 지식시대의 도래는 우리의 생활방식을 바꾸는 데 주도적인 역할을 하고 있다. 지난 10여년 동안 대학에서 정보시스템 강의에, 사회 이슈를 연관 지어 현실성 있게 가르치고자 노력했다. 경영정보시스템의 교재를 출간하는 것은 교육에 대한 책무로서 좀 더 구체적이면서 쉽게 다가갈 수 있도록 하기 위한 것이다. 본 서에서는 전체 14장으로 구성되어 있어 한 학기 강의에 맞도록 구성하였다. 그동안 저자가 평소에 경영정보론 강의한 내용을 중심으로, 그리고 강의교재로 사용해 왔던 교과서들, 즉 김성근 이주헌 교수의 「인터넷 시대의 경영정보시스템」, 정경수 교수 외 6인 공저 「인터넷시대의 정보시스템」, 임춘성 장기진 교수의 「스마트 정보경영론」, 한재민 교수의 「경영정보 시스템」, 오재인 교수 외 2인 공저 「경영과 정보시스템」을 많이 참고하여 본서의 집필을 하게 되었다. 본서의 내용전개상 미흡함이 많이 있으리라 생각되며, 특히 인터넷 부분은 점진적으로 충분하게 보완하려고 한다. 아울러 본서는 많은 관련 부분의 참고서적 및 논문을 인용하였으며, 내용상 부분적으로는 이를 직접 인용하였다.

따라서 이 책의 출판을 위하여 많은 배려를 해 주신 한올출판사 임순재 사장님, 장승봉 대리님과 편집부 최혜수 실장님께 진심으로 감사를 드린다.

2013년 1월

저 자

차 례

제 1 장
정보기술의 영향

제1절 인간에 미치는 영향

현대사회에서 인간에게 가장 큰 영향을 미치는 것이 정보기술이라고 말할 수 있다. 정보기술이 사람 유형에 따라 득이 될 수도 있고 해가 될 수도 있지만, 현대사회에서의 편리함은 누구도 부정할 수가 없다. 직장에서 또는 가정에서 지대한 영향을 미치는 것이 정보기술이다.

1. 정신적인 변화

정보기술의 영향으로 회사 업무의 효율성을 높여 주면서 생산성 증대의 효과를 거둘 수 있다. 또한 가정에서는 홈쇼핑 등으로 인하여 시대적 편리성과 일치된다. 그러나 대인관계에 있어서는 정서적으로 불안해진다. 홈쇼핑과 재택근무의 영향은 인간을 점점 더 고립화시킨다.

TV, 스마트폰 등 컴퓨터의 영향은 인간을 더욱 폐쇄적으로 만든다. 정보기술의 발달로 점차 사회생활에 악영향도 생기고 대인관계를 약화시킬 수도 있다. 그리고 기업 활동을 전산화시키면서 업무가 표준화 되어 창의성이 줄어들 가능성도 있다.

2. 업무와 건강관계

현대인의 스트레스는 여러 가지 유형별로 발생하는데 그 중 가장 큰 비중을 차지하는 것이 정보기술의 도입으로 인하여 많은 사람들이 과거에 자신이 했던 업무 중 상당부분을 기계가 대신 수행한다는 것이다. 은행의 경우 고용 없는 성장으로 업무는 증가하지만 책임의 가중으로 직장인들이 업무와 관련해서 건강을 위협받기도 한다. 전산화로 인하여 생산성이 증대된 것도 사실이지만 스트레스로 인한 심적 부담은 지속적으로 가중되어 왔다. 또한 장시간 모니터에서 작업하는 경우 목이나 어깨부위의 근육긴장을 유발할 수도 있다.

제2절 조직구조의 영향

조직구조란 일정한 목적을 가지고 개인이나 단체에서 모인 것이다. 기업을 합리적으로 운영하면서, 기업을 단계적으로 일으킬 때, 목표를 향해 동분서주하는 조직도 여러 가지 측면에서 보면 정보기술의 영향을 받는다. 즉 관리자가 의사결정을 할 때 조직구조의 도움을 받기 위해 정보기술에 의존하는 경우가 매우 높아졌다는 것이다.

1. 의사결정의 영향

경영자의 의사결정은 경험과 통찰력, 그리고 인간적인 면이 중요시 된다. 그러나 의사결정을 내리기 위해서는 많은 정보를 접하고 결정을 내리기 때문에, 컴퓨터에 의존하는 경우가 높아졌다. 예를 들어 경영자는 생산량, 주문, 재고수준, 판매, 목표, 외상매입금 등 해당 분야에 대한 업무의 진행상태에 관해서 전산 처리된 업무보고서를 받는다.

보고서의 형태는 관리자의 직급에 따라 다르다. 하위관리자는 업무진척, 판매원 1인당 매출액 등 상세한 정보가 필요하고, 중간관리자는 보고를 하기 위해 요약된 정보가 필요할 것이다. 또한 경영자는 운영에 필요한 기업 전체에 관한 구체적인 핵심사항에 해당되는 정보일 것이다. 급변하는 기업 환경에서 기업은 생존을 위해 올바른 의사결정을 해야 한다. 바른 결정을 위한 필수불가결한 경쟁무기로 기업은 정보를 적재적시에 제공받아야 한다. 경영자의 통찰력은 프로그램화하기가 어려운 경우가 많다고 할 수 있다. 그러나 경영자는 컴퓨터의 도움으로 도출된 정보에 바탕을 두고 많은 의사결정을 내린다.

또한 경영자가 의사결정을 내리는데 있어서 유용한 정보기술 중 하나인 지능정보시스템이 있다. 이것은 전문성이 요구되는 문제를 해결할 때 전문가의 지식을 이용하는 시스템이다. 특히 지능정보시스템에는 휴리스틱(heuristics)에 기반을 두고 있다. 휴리스틱이란 주어진 정보가 정확하지도 않고, 충분하지도 못한 자료로, 내려지는 의사결정으로서, 올바른 의사결정이라는 것을 보장하지도 못하지만, 최선의 결정을 내리는 확률을 높이는 것이다.

2. 조직구조 과정의 변화

정보기술의 도입으로 전통적인 종이문서가 업무에서 점차 사라져 간다. 또 전자우편으로 부서 및 계열사 간의 정보공유로 의사소통이 원활하게 되었다. 편리한 정보기술로 자료를 쉽게 찾을 수도 있게 되어, 업무의 효율성을 가져왔고, 화상회의도 가능하여 과거보다 비용과 시간을 절약 할 수 있게 되었다.

정보기술은 기업의 환경과 생산성에도 변화를 주어, 기업의 모든 분야에 광범위하게 영향을 끼치고 있다. 기업체들은 더 적은 인원으로 운영이 가능하게 되어, 중간관리자의 역할이 감소하게 되고 전통적인 관리구조가 무너지는 현상을 보여주고 있다.

또한 정보기술의 사용은 회계, 마케팅, 생산, 영업 등에도 영향을 주어, 관리자들은 소속된 부분의 정보자원을 스스로 관리해야 하는 부담을 가지게 되었다. 소프트웨어를 사용함으로써 품질관리와 정보보안에도 관심을 가져야 하고 정보기술의 성과도 분석해서 보고해야 한다.

제3절　사회계층의 영향

정보기술의 영향은 사회 각 계층에도 많은 영향을 가져왔다. 특히 의료진단, 교육, 환경 등 많은 사회문제를 해결하는 데 기여를 해 왔다. 어느 나라든 제도적 또는 사회적으로 소외받는 계층이 있는데 정보기술을 활용하여 정상적인 생활의 가능여부를 알아본다.

그리고 정보기술이 세계화에 미치는 영향을 살펴볼 때 무한경쟁시대에 기업 간 경쟁은 더욱 심화 될 것이다. 그러나 생산성이 증대되어 삶이 풍요로워지고 새로운 일자리가 창출되어 고용에 기여하였다는 것에 큰 의미를 부여한다.

1. 소외계층과 삶의 수준

사회에서 소외받는 계층 중의 하나인 신체장애자의 경우를 생각해볼 때, 정보기술의 활용으로 정상인들과 다름없는 사회생활을 할 수 있다. 장애자들에게는 음성인식과 영상인식 등 인공기능과 관련해서 직장에서의 새로운 일자리를 제공받게 될 것이고, 특히 타이핑대신 음성인식을 통해 타이프라이터를 사용하게 되고, 출장도 정보기술을 활용하여 재택근무로 대체할 수도 있다.

2. 세계화 경향

좁아진 세상, 즉 지구촌(global village)에 살고 있는 우리들은 정보가 짧은 시간에 다수에게 확산됨으로써 국가 간의 정보흐름도 원활하게 되었다. 즉 세계질서를 변화시키고 있다. 서구 및 유럽의 생활방식과 가치관에 관하여 국가와 국가 간의 정보흐름이 가능해지기 때문에 세계는 하나가 되어 가고 있다. 이러한 조류는 특히 독자적인 국가들에게 정치적으로 불안정을 초래하는 잠재요인이 되기도 한다. 그 예로 튀니지, 이집트, 바레인, 요르단, 예맨, 시리아 등이 대표적이다. 튀니지의 '재스민 혁명'이 아랍세계를 거쳐 북아프리카, 중동, 중국까지 민주화 바람이 인터넷과 트위터, 페이스북 등 소셜네트워크 서비스가 활용되고 있다.

그래서 'M(모바일)혁명'으로 불린다. 휴대전화를 통해 전 세계에 실시간으로 전파되는 만큼 위력이 대단하다. 튀니지에서는 불행한 소식이 SNS를 타고 가공할 실업률, 부정부패와 장기독재로 시민불복종 운동으로 발전하였다. 이집트 역시 페이스북 등을 통해 제안된 반정부 집회에 많은 시민들이 호응을 했고, 휴대전화, 스마트폰, 노트북 등으로 무장한 시위대들은 집회장소와 시위 상황 등을 SNS를 통해 생중계했다.

지식정보사회에서 무서운 것은 일반대중이 총으로 무장하는 것이 아니라, 스마트 폰, 디지털카메라, 노트북 등으로 무장한 대중이 이러한 정보를 다시 SNS로 확산시키는 것이다. 국민소득이 3,000달러가 되면 민주주의 바람이 온다고 하지만 SNS가 민주화와 개방화에 기여하는 것은 세계화 흐름임에 틀림없다.

3. 고용의 변화

정보기술의 도입으로 생산성이 증가하여 지구상의 인류는 더욱 풍요롭게 살 수가 있고, 더 나아가 새로운 직업이 창출되었다는 점에서 고용의 변화가 일기 시작하였다. 공장과 사무실에서 자동화의 특징은 인간의 할 일을 기계로 대체하였다는 것이다.

18세기에 산업혁명을 통한 자동화로 인하여 많은 근로자들이 직장을 잃었고, 그로 인하여 자동화를 반대하기도 했다. 그러나 과거에는 존재하지 않았던 직종의 탄생으로 취업의 기회를 가진 사람들도 많이 있었다.

정보혁명에서는 지적능력까지 대체함으로써 증가된 생산성과 제품의 원가하락으로, 수요가 증가하고 새로운 일자리가 생겨나기도 했다. 오늘날 치열한 경쟁과 고객요구의 다양화, 고급화로 인하여 정보기술에 많은 기업들이 앞 다투어 투자를 하고 있다. 이러한 현상으로 우리 사회는 막대한 실업을 유발할 수 있다는 견해다. 이와 정반대의 논리를 펴는 사람들도 있다.

정보기술의 활용으로 생산성 증대로 인한 노동력의 수요는 감소한다. 정보기술의 도입으로 과거에 높은 기술수준이 필요 없게 되어 실업률이 증가한 사실을 보면 알 수 있다. 정보기술은 전 업종에 영향을 주어 금융업과 자동차산업에서도 많은 근로자들이 직장을 잃었다. 최근의 기업들은 경쟁력을 제고시키기 위해서, 리엔지니어링 등과 같은 정보기술의 활용으로 경영혁신을 하고 있다. 정보기술은 새로운 직종을 창출하고, 자동화로 인하여 고용은 점점 증가될 것이다.

제4절 정보기술의 발전

정보를 창출, 저장하고 교환하고 활용하는 다양한 종류의 기술을 포함하는 개념이다. 그 기술로는 하드웨어, 소프트웨어, 정보통신 등이 대표적인 예이다.

1. 정보기술의 방향

현대의 정보기술은 매우 빠르게 변화하고 있으며, 정보처리도 빠른 속도로 편리해지고 저렴한 비용으로 끊임없이 기술이 발달되고 있다. 우리가 사용하고 있는 컴퓨터의 발전 속도만 보더라도 쉽게 느껴지는 현상이다. 현재의 정보통신의 큰 변화는 주목할 만하다.

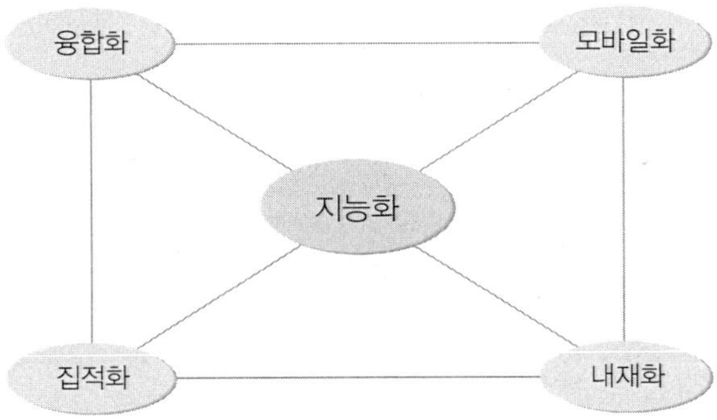

그림 1-1 정보기술의 발전

정보기술의 발전은 [그림 1-1]에서 보듯이 융합화, 집적화, 내재화, 모바일화, 지능화 등으로 융합하는 정보기술을 기반으로 비이오기술(BT), 나노기술(NT) 등 상호작용으로 새로운 기술과 제품 및 서비스 산업이 지속적으로 발전하고 있다. 집적화는 용량과 성능면에서 우수해짐과 동시에 통신기기와 컴퓨터 기기는 더 소형화되는 현상이다. 내재화는 정보기술이 각종 전자제품 내부에 내장되어 있으며, 예를 들면, 디지털TV, 세탁기, 냉장고, 에어컨 등 대부분의 가전제품속에 소프트웨어(임베디드 소프트웨어)가 내장되어 있다. 지능화는 정보처리를 수행하고 인간과 컴퓨터와의 의사소통이 점점 지능화 되어 가고 있는 현상을 말한다.

2. IT 융합산업과 서비스

미래에는 정보기술의 융합이 점점 많아질 것이고 이러한 현상에 대해 알아본다. 첫째, 정보기술의 융합으로 IT 기술의 활용성은 낮지만 네트워크화 적용분야로 의료, 물류, 유통, 금융 등을 가능하게 해준다. 예를 들면 미래사회에 의료기술을 생각해 볼 수 있다. 노인대상 건강모니터링 및 원격진료와 성인병, 만성질환 등 환자건강 상시점검, 맞춤식 건강관리 그리고 위해물질 인체노출 감시 및 경보, 더불어 로봇수술 보편화 등을 들 수가 있다. 따라서 IT 기반 융합제품·서비스를 결부시켜 발전시킬 수 있는 서비스를 살펴본다.

- u-Healthcare, 맞춤형 lifecare
- 수술로봇, 초소형 다목적 내시경
- 이동형 응급의료시스템
- 차세대 지능형 의족, 보조기
- 장애인 감각기능 회복장치
- 사이버 컴퓨팅기반 e-organ시스템 등을 들 수 있다.

둘째, IT기술의 활용도 높고, 네트워크화 적용도 높은 IT기반의 융합화 확산 분야로 IT산업 내 융합 분야를 들 수 있다. 여기에는 방통융합, 디지털콘텐츠, 나노전자 기술산업 등이 있다.

셋째, IT기술의 활용성은 높지만 네트워크화 적용성이 낮은 기존제품의 IT융합으로 제품구조 변화가 큰 분야로서 바이오산업, 나노기술산업, 자동화기계, 화학 등을 들 수 있다. 대표적인 예로 자동차 산업을 들 수 있다. 최근에 많이 보편화된 것 중에 타이어 공기압력 감지 시스템이다. 차에 탄 채로 타이어 압력을 감지하고 모니터링 하는 기술이다. 전문가들은 앞으로 자동차 산업 경쟁력의 70% 이상이 소프트웨어 역량에 달려 있다고 밀한다. 변모해가는 미래사회의 자동차 산업에 대해서 알아보면, 지능형 자동차로서 자동으로 안전운전 가능, 사고 시 긴급통보, 차량 위험상태감시, 졸음운전경보, 차량시계 향상, 타이어압력 감지, 차량전복방지, Car2Car 통신 등이 있다. 또한 지능형 도로관리 및 교통안전 최적화를 들 수 있다. IT기반, 융합제품, 서비스에 대한 것들은 다음과 같다. 웹 기반 자동차, 부품의 통합 모듈화, 지능형 안전시스템, 엔진자동제어, Auto Transmission, 배출가스제어, 지능형ITS, 3D GIS, Car2Car 통신 텔레매틱스, 스마트 하이웨이 등이 있다.

표 1-1 IT기반 융합산업 제품 및 서비스유형

분류	미래사회니즈	IT기반 융합제품서비스
자동차	• 자동 안전운전(지능형 자동차) – 사고 시 긴급통보 – 차량 위험상태 감시 – 졸음운전 경보 – 차량 시계 향상 – 타이어압력 감지, 차량전복 방지 – Car2Car 통신 • 지능형 도로관리 및 교통안전 최적화	• 웹 기반 자동차 • 부품의 통합 모듈화 • 지능형 안전시스템 • 엔진자동제어, Auto Transmission • 배출가스제어 • 지능형 ITS, 3D GIS, Car2Car 통신 텔레매틱스 • 스마트 하이웨이
조선	• 자동 안전운항 – 전자장치, 전력/에너지설비 등 선박 운행에 필요한 장치 및 설비 일체화 • 안전하고 효율적인 선박 구조	• 자율운항시스템 • 선박자동식별시스템 • 통합제어시스템 • 초호화 여객선, 드릴쉽, 특수선 등
의료	• 노인대상 건강 모니터링 및 원격 진료 • 성인병, 만성질환 등 환자건강 상시점검, 맞춤식 건강관리 • 위해물질 인체노출 감시 및 경보 • 로봇수술 보편화	• u-healthcare, 맞춤형 lifecare • 수술로봇, 초소형 다목적 내시경 • 이동형 응급의료시스템 • 차세대 지능형 의족.보조기 • 장애인 감각기능 회복장치 • 사이버컴퓨팅기반 e-organ 시스템
국방	• 와이브로 차세대 국방네트워크 구축 • 항공기 컴퓨터 및 임베디드 SW 국산화 • 야지/험지에서의 감시정찰, 위험물 탐지	• 차세대 국방통신시스템 • 네트워크기반 견마형 로봇, 자율/원격제어시스템, 항공기 임베디드 SW
건설	• 주거, 경제, 교통, 시설 등 다양한 도시 구성 요소에 사용자가 원하는 기능 실현 – u City 건설 – 첨단건물 시공·관리 – 건물의 전자파와 소음 차폐 제어	• u-City SW 플랫폼 • 첨단건물 시공·관리 – 지능형 건설시스템, 건설용 로봇 – 전자파 환경 개선 – 건설 CALS/EC, 건설계약자통합 기술정보서비스(CITIS)
교육/엔터테인먼트	• 윤택한 삶에 대한 필요한 정보의 인지·인식 • U-기반하의 욕구충족과 생산적 휴식	• e-Learning(원격교육) • 실감형/가상형 콘텐츠
환경/에너지	• 주거 환경 감시 및 환경오염 예방 • 환경오염 모니터링, 오염원 경로추적 • 환경 친화적 무공해 에너지원 확보 • 고효율 전지 수요 증대	• 환경감시서비스 • u폐기물관리서비스 • 태양광발전 • 차세대전지
공공/안전	• 효과적인 재난/재해 예방체계 구축 • 기상, 소방, 치안 등 공공 및 안전 관리 • 개인정보보호 등 안전한 보안환경 구축	• 재난/재해경보서비스 • u-모바일 경찰서 • 생체인식 및 센싱
기타	• 농업·농촌정보화 • 고기능성 소재·섬유	• 물류정보제공 서비스, RFID인프라사업, 수출입물류종합서비스 • 동물이력 추적시스템(소 등) • 산업용 고기능성 섬유(MART, Intelligent, 전도성 섬유)

(출처 : 정보통신연구진흥원, IT Insight, 2008년 6월 10일)

사례

삼성전자 '갤럭시노트'

2011년 9월 독일 베를린에서 열린 유럽 최대 전자제품 전시회 'IFA2011'. 삼성전자가 선보인 '갤럭시노트'라는 스마트폰을 펜을 이용, 화면에 직접 글을 쓰고 그림을 그릴 수 있어 관람객들로부터 신기하다는 반응을 얻었다. 하지만 이 같은 신개념 스마트폰에 익숙하지 않은 사람들은 화면 크기(5.3인치)가 바지 주머니 속에도 잘 들어가지 않는다며 불평했다. 하지만 현재 갤럭시노트에 더 이상 이의를 제기하는 사람은 거의 없다.

'갤럭시노트' 베스트셀러폰 등극

2011년 10월 출시된 갤럭시노트는 5개월 만에 전 세계에서 500만대 이상 판매됐다. 중국, 프랑스, 스페인 등의 국가에서 스마트폰 판매순위 1위를 달리고 있다. 프랑스, 벨기에, 이탈리아, 네덜란드를 포함한 유럽 4개국 소비자 연맹지에서 실시한 스마트폰 성능 평가에서도 터치스크린, 통화품질, 배터리 지속시간, 사진품질 등에서 높은 점수를 받으며 1위를 기록했다.

국내에서는 경쟁 상대가 없다. 지난해 11월 2011년 11월 국내에 출시된 갤럭시노트는 2012년 3월말까지 165만대가 판매됐다. 최근에는 일일 최고 개통 대수가 2만 2000대를 기록하는 등 하루 평균 개통 1만 8000대 수준을 유지하고 있다. 갤럭시노트는 2012년 3월 국내 LTE폰 시장에서 단일 모델로 42%의 점유율을 차지하고 있다.

삼성전자 LTE폰 제원

	갤럭시S2 LTE	갤럭시S2 HD	갤럭시노트
OS(운영체제)	안드로이드2.3	안드로이드2.3	안드로이드2.3
CPU (중앙처리장치)	1.5GHz 듀얼코어	1.5GHz 듀얼코어	1.5GHz 듀얼코어
디스플레이	4.5인치 HD 슈퍼 아몰레드	4.65인치 HD슈퍼 아몰레드	5.3인치 HD 슈퍼 아몰레드
메모리	16GB	16GB	32GB
배터리 용량	1850mAh	1850mAh	2500mAh
두께	9.5mm	9.5mm	9.65mm
크기(mm)	130.6 X 69.6 X 9.5	132.65 X 68.6 X 9.5	82.95 X 146.85 X 9.65
무게	135.5g	140g	182~183g

삼성전자는 갤럭시노트의 최대 성공 비결로 기존 스마트폰과 차별화된 5.3인치의 큰 화면을 꼽는다. 스마트폰 시장을 주도하던 아이폰은 디스플레이가 3.5인치였다. 갤럭시노트 이전에 나온 '갤럭시 S2HD'도 4.65인치였다. 삼성전자 관계자는 "5.3인치 화면 크기에 대한 만족도가 매우 높다"며 "큰 화면이 동영상 시청, 인터넷 검색, 내비게이션, 문서작성 등의 사용을 원활하게 지원, 갤럭시노트의 활용성을 높이고 있다"고 말했다.

삼성이 만든 S펜을 이용, 디스플레이에 메모나 그림을 그릴 수 있는 것도 갤럭시노트의 강점 중 하나다. 일정, 메시지, 이메일 등에서 손글씨로 메모가 가능하고, 일정표도 S펜으로 적을 수 있다.

■ 삼성 스마트폰의 정통 '갤럭시S 시리즈'

2012년 3월 18일 미국의 한 소셜네트워크서비스(SNS)에 올라온 한 장의 사진이 전 세계를 들썩거리게 했다. 한 SNS이용자가 올린 사진에는 '삼성 갤럭시S3'라는 글씨와 새로운 스마트폰의 모습이 담겨 있었다. 옆 테두리(베젤)가 거의 없는 앞면과 초슬림 디자인, 삼성전자의 고유 유저인터페이스(UI)가 적용된 스마트폰 모습에 미국과 한국에서는 "진짜 갤럭시S3 사진이 유출된 것 아니냐"는 이야기도 나왔다. 삼성전자는 실제와 다르다며 부인했지만, 갤럭시S3에 대한 사람들의 관심은 더욱 커졌다.

단 한 장의 사진에 쏟아지는 사람들의 관심에서 알 수 있듯, 갤럭시 S시리즈는 삼성전자를 대표하는 스마트폰이다. 갤럭시노트가 5인치대 디스플레이의 새로운 시장을 만들며 인기를 끌고 있고, 갤럭시S 시리즈는 기존 스마트폰 시장을 계속해서 공략하고 있다.

2011년 9월 말 출시된 '갤럭시S2 LTE'는 삼성전자가 선보인 첫 번째 LTE폰, 갤럭시S2 LTE는 유기발광다이오드(AMOLED · 아몰레드)를 LTE폰에 적용해 화질을 크게 향상시켰고, 배터리 용량과 디스플레이 크기도 강화했다.

갤럭시S2 LTE에 이어 출시된 '갤럭시S2 HD'는 세계 최초로 'HD 슈퍼 아몰레드'를 탑재한 스마트폰이다. HD 화질의 영상 감상이 가능한 갤럭시S2 HD는 멀티미디어 감상에 최적화된 16 : 9의 화면 비율을 자랑한다. 또 어느 각도에서나 왜곡 없는 화면을 보여주는 180도 광시야각 기술도 적용했다.

(출처: 조선일보, 2012. 4. 13.)

제 2 장

정보화 사회의 경쟁력

제1절 정보의 개념

정보화 사회의 중요성이 더욱 부각되는 것은 조직이 외부환경에 대한 정보를 신속하게 파악해야만 환경변화에 민첩하게 대응할 수 있고, 세계화라는 치열한 경쟁 환경에서 생존하고 나아가 성장을 기대할 수 있기 때문이다. 국가와 기업, 개인 등 모든 조직은 정보 없이 움직일 수가 없다. 조직을 운영하는 데 있어서 정보는 필수 불가결한 요소가 되었다.

오늘날 정보의 중요성은 24시간 양질의 정보를 공유해야 만 하는 시대에 살고 있다. 그래서 경쟁업체들 사이의 경쟁은 더욱 더 심화되어지고 있으며, 양질의 정보를 유지하기 위한 여건 등을 알아본다.

1. 정보의 구성요소

정보는 사용자에게 실제로 가치가 있어야만 우리는 이것을 양질의 정보라고 말한다. 즉 정보이용자에게 가치를 줄 수 있는 유·무형의 모든 내용의 의미를 담고 있다. 그래서 자료(data)는 정보의 원천이다. 정보는 여러 자료를 처리하여 얻어지는 것이다.

아울러 보존문서, 각종통계자료, 연구보고서, 논문, 도면 등은 모두 그 자체는 자료(Data)에 해당되지만, 어떤 목적을 염두에 두고 그 중에서 필요한 부분을 선택, 분석, 또는 평가하여 그 목적에 유용한 지식을 얻었을 때 우리는 그 지식을 정보(information)라고 말한다. 그래서 자료는 정보를 제공하는 원자재(raw materials)에 해당된다. 예를 들면 관련성이 관건이 될 수 있으므로, 어느 개인 조직에게는 정보일 수 있지만, 다른 개인 조직에게는 정보가 아닐 수도 있다.

강철 → A 회사 → 동선(구리철사) → B 회사 → 전구(필라멘트)

그림 2-1 정보의 관련성

이와 같은 관계가 정보와 데이터 간에도 존재한다. A회사에서 생산한 동선을 정보에 비유할 수 있는데 부가가치를 높이기 위해 강철을 구리철사로 변형시킨 것이다. 좀 더 구체적으로 언급을 해 보면 A라는 회사가 공급자로 부터 매일 강철을 납품받는다고 하자.

그리고 강철 원재료로 동선(구리철사)을 만들어 B라는 회사로 공급하면, B회사는 이를 사용하여 전구를 만든다고 하자. 원재료가 A회사의 경우에는 강철이지만 B회사의 경우에는 동선이 되고, A회사의 완제품이 B회사에서는 원재료에 불과하다.

다시 말해서 B회사에서는 A회사의 완제품인 동선이 데이터가 되는데, 이를 가공해서 부가가치를 높이면 완제품인 전구(정보)가 되는 것이다. 의사결정을 하는데 사용되도록 의미 있고 유용한 형태로 처리된 자료(Data)가 정보인데, 우리는 정보를 창출하기 위해서 데이터에 지식을 가미시켜 만든다. 그래서 사용자에게 실제로 가치가 있어야 정보이고, 지식축적에 도움도 주어야 하고 또 주어진 상황과 관련성도 있어야 한다.

1) 정보의 순환과정

데이터는 정보의 근간을 이룬다. 정보를 활용하기 위해서는 지식이 필요하다. 우리는 일상생활을 하면서 신문, T.V, 인터넷 등을 통해 데이터를 습득하기도 한다. 가령, 방대한 데이터를 수집하더라도 필요한 정보를 구할 수 없는 경우가 많다. 그리고 일상적인 업무를 처리하는 사원에게는 정보가 될 수 있지만 관리차원의 의사결정을 하는 사람에게는 데이터에 불과할 수도 있다.

사람들은 현 상황에 대한 정보를 활용함으로써 지식을 바탕으로 행동한다. 그렇게 함으로써 지식축적이 되고, 그 결과 우리는 데이터를 정보로 가공하고 활용할 수 있게 된다. 정보는 지식축적에 도움을 주어야 하며, 정보가 부족하면 지식도 부족한 상태라 말할 수 있다.

우리는 이러한 경우를 불확실하다고 말한다. 데이터 그 자체는 의미가 없다. 유용한 형태로 전환시키고 가치성이 보관되어야만 의미를 갖는다. 데이터가 의미나 지식, 아이디어, 결론 등을 교환하도록 전환되었을 때 비로소 우리는 정보라 부른다.

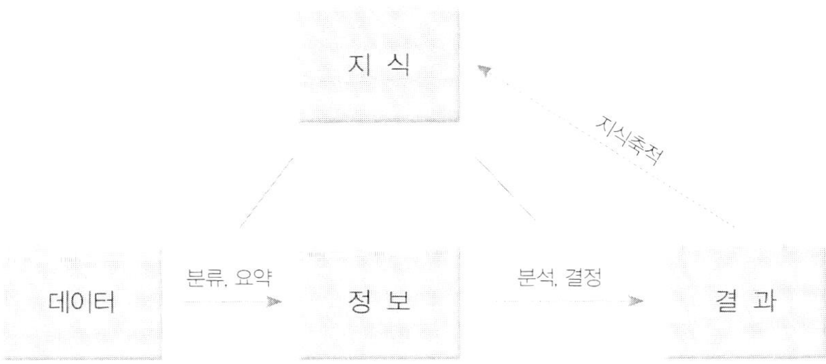

그림 2-2 정보의 순환 과정

- 데이터: 사실, 이미지, 음성 등의 형태를 띠며, 주어진 과업에 따른 관련성이 중요
- 정보: 필요한 목적에 적합하도록 그 형태와 내용이 가공된 데이터
- 결과: 정보를 다시 분석하고 의사결정을 내려서 얻어진 결과물
- 지식: 행동이나 의사결정을 가이드 하는 직감, 아이디어, 규칙, 과정의 결합

표 2-1 자료 정보 지식의 차이

	데이터	정보	지식
구조화	쉬움	단위필요	어려움
객관성	객관적	가공필요	주관적
기계화	쉬움	합의필요	어려움
전파	쉬움	손실발생	어려움
부가가치	적음	중간	많음
학습	관련 없음	관련 없음	학습의 결과물
의사결정	관련 없음	객관적사용	주관적사용
신념	관련 없음	관련 없음	관련됨
행동	관련 없음	관련 없음	관련됨
의미	적음	있음	많음

2. 정보의 조건

경영자가 의사결정을 내리기 위해서는 양질의 정보를 갖추어야 한다. 의사결정을 내리는 시점에 유익한 정보가 매우 중요한 비중을 차지하고 있다. 회사가 발전을 하려면 경영자가 얼마나 양질의 정보를 가지고 결정하느냐에 달려 있다. 우수한 정보를 위해 정확성, 적시성, 관련성 이 세 가지 조건을 모두 갖추었을 때 양질의 정보라 말할 수 있다. 반대로 유익하지 않은 정보는 판단을 흐리게 할 염려가 있기 때문에 의사결정에 도움은 커녕 혼란스럽다고 할 수 있다.

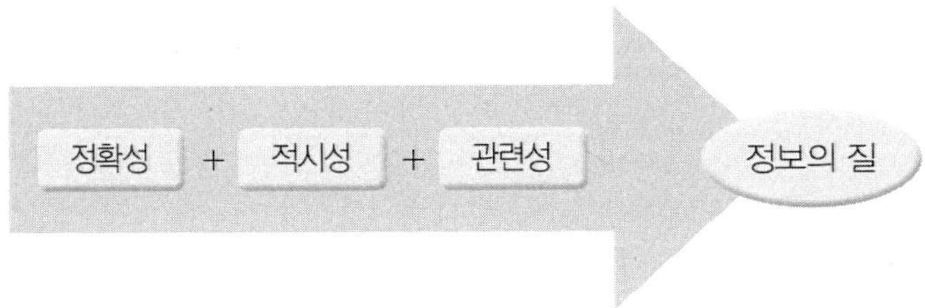

그림 2-3 정보의 질

1) 정확성

원래 데이터의 의미를 명확하고 정확하게 수신자에게 그대로 전달해야 한다는 것이다. 정보는 들어온 데이터자체 그대로의 정보여야 한다는 것이다. 이와 같이 실수나 오류가 없어야 하며, 또한 정보제공자의 신원이 확실해야 정확한 정보제공의 가능성을 높여준다. 더욱 중요한 것은 정보에 편견이 개입되어서는 안 된다. 예를 들어 중간관리자는 사원과 경영층의 중간에서 정보를 전달하는 허리 역할을 하면서 정보를 장악하게 되고, 이를 악용하여 중간관리자의 유리한 방향으로 의사결정이 내려지도록 정보를 왜곡시킬 수 있기 때문이다. 그렇기 때문에 정보는 서로 공유해야 된다.

2) 적시성

정보는 필요할 때 얻을 수 있어야 한다. 경영자가 의사결정을 하고자 하는 시점에서 꼭 필요한 정보가 제때 제공되어야 한다. 아무리 좋은 정보라도 시기를 잃으면 '좋은 정보'일 수밖에 없기 때문이다. 예를 들어보면 프로야구에서 9회 말 투아웃 2-1로 지고 있는 상황에서 타석에 들어선 타자가 안타를 치고 1루에 진출 했다고 가정 할 때, 여기서 감독은 적시성 즉 용병술이 나와 줘야 하는 시점이다. 이것이 곧 적시성이다.

1루에 발 빠른 수자로 교체해서 상대편 투수를 교란시킴으로서 제구력의 난조를 기회로 역전의 발판을 삼기 위해서는 적시성이 매우 중요하다는 것을 알 수가 있다.

3) 관련성(Relevancy)

정보의 품질을 측정하는 척도로, 어떤 사람이나 조직에게 관련 있는 정보가 다른 사람이나 조직에게는 전혀 관련이 없을 수도 있다.

예를 들면, A라는 의류업체 판매매출은 전년 목표대비 150%를 달성하였고, 경쟁업체인 B의류업체는 전년대비 110%의 매출이 달성되었다. B의류업체로서는 정보의 관련성 차원에서 볼 때, A의류업체보다 매출이 하락된 원인을 찾는 것이 관련성 측면에서 가장 중요한 핵심정보라고 할 수 있다. 이때 '판매매출정보'가 바로 관련성에 해당한다. 같은 정보이지만 이 매출정보는 전자제품을 생산하는 업체에게는 관련이 없는 정보이므로 전자제품회사에게는 양질의 정보가 될 수는 없다.

이와 같이 경쟁업체보다 매출이 감소된 원인을 정보와 관련된 업무로 연관지어 5Why를 생각해 볼 수 있다. "왜 그럴까", "어떻게 그렇게 됐나", "뭐가 잘못된 건가", "어떻게 되고 있나", "어떻게 해야 하는가" 등 관련지어 다섯 가지 일들을 생각해 보고 근본 원인을 끝까지 찾아내어 대책을 세울 수가 있어야 한다. 아울러 경쟁업체와의 약점은 받아들이고 강점을 극대화시켜 경쟁력에서 앞서 갈 수 있어야 발전할 수 있다.

제2절 정보의 중요성

지금의 기업들은 소유와 경영이 분리되면서 투자와 경영에 대한 의사결정을 합리적으로 하기 위하여, 다양한 정보에 대한 욕구가 증대됨과 동시에 정보의 중요성에 대한 인식이 고조되어 가고 있다. 또한 정보에 의한 의사결정은 당면하고 있는 문제해결 또는 목표를 달성하기 위해서 가장 적절하고 자유롭게 해결 할 수 있는 수단이다. 그리고 선택 가능한 많은 대안들의 존재여부는 결국 의사결정자에게 선택의 폭을 넓혀주는 중요한 수단이 되고 있다.

1. 역사적 고찰

문명을 발달시킨 나라들의 특징은 정보를 산출하고 효과적으로 사용했다는 것이다. 세계 4대문명 중의 하나인 메소포타미아 지역에서는 기원전 4500년경부터 문명화가 이루어졌다. 이들은 진흙에 판을 만들어 기록을 할 줄 알았고 정보를 저장하여 생활화하였다는 것이다. 18세기 중엽에는 산업혁명으로 인하여 가계생산 방식에서 공장의 대량생산 체제로 바뀜으로서 저장하고 교류해야 할 정보도 다양해지고 방대해졌다. 그리고 재고의 누적현상으로 인해 자연스럽게 마케팅과 운송수송 등 서비스 산업이 발달하게 되었다. 또한 산업의 급격한 팽창과 복잡 다양화로 인하여 데이터가 신속히 처리되지 않으면 충분한 정보를 얻을 수가 없게 되었다.

그래서 경영자는 내부 의사결정을 하기 위해서 더 많은 정보를 필요로 하게 되었다. 현대사회의 경영자들은 기업의 재무구조에 관한 정보를 통해 투자를 해서 이윤을 모색할 것이고, 은행은 기업의 재무상태를 보고 융자 지원금이 가능한지 결정할 것이다. 또한 정부기관도 세금을 위해 기업들의 성과에 대한 보고서를 필요로 할 것이다. 그러기 위해서는 업무에 대한 의사결정을 하기 위해 정보가 필수적이다.

2. 정보화 사회 경쟁력

정보화 사회 전반에 걸쳐 정보에 대한 의존도가 증대되었고 또한 정보 관리가 경쟁력의 핵심이 되었다. 즉 정보를 어떻게 올바르게 관리하느냐에 따라 경쟁력이 좌우되는 시대에 살고 있다. 그 이유는 정보를 효율적으로 수집하고 활동해야만 기업은 성공할 수가 있다는 것이다.

오늘날 지식근로자들은 정보를 창출하고 활용하는데 많은 노력을 기울이고 있다. 그 예로, 서구 선진국들 다수의 직장인들은 금융업 및 정보산업 등에 근무들을 하고 있는 지식근로자들로서 이들이 바로 국가발전과 정보화 사회 경쟁력시대의 중요한 부분을 차지하고 있다.

3. 의사결정의 의미

의사결정은 문제를 해결하는 것이다. 해결은 못하고 대안이 없다고 결론을 내린다면 이것은 의사결정이 아니다. 인간이 선택하는 과정은 매우 중요하고, 인생의 방향을 결정짓는 열쇠다. 기업의 경우 그릇된 선택이 기업의 운명을 좌우할 수 있기 때문이다. 올바른 의사결정을 하기 위해서는 선택 가능한 대안을 완벽히 파악해야 한다. 아울러 기업이 양질의 정보를 보유할수록 올바른 의사결정을 내릴 확률이 높다. 개인이나 조직은 계속적으로 의사결정을 해야 하기 때문에 정보의 중요성은 매우 크다고 할 수 있다.

1) 의사결정의 특성

- 전문직 사람들이 각각 맡고 있는 분야에 대해서 의사결정을 도출해 내는 것이다.
- 미래의 기업예측에 대한 의사결정문제는 기업의 존립여부에 영향을 끼친다.
- 불확실한 미래는 의사결정으로 인하여 예측 가능변수로 전환되며, 미래에 대한 비전으로 제시되고, 목표에 의한 조직원의 추구가 이루어진다.
- 기업경영은 끊임없는 의사결정을 반복한다.
- 조직 구성원의 선택으로 이루어진다.
- 중요한 변수의 일부를 가지고 의사결정을 하게 된다.

4. 정보의 가치

지속적인 성장을 하기 위해서는 기업은 소비자에게 다양한 제품과 서비스로 감동을 시켜야 한다. 최근에는 소비자의 욕구가 다양해지고 시장상황이 불투명해지면서 소비자의 미래 수요를 미리 파악하고 신제품을 출시하지 않으면 안 된다.

정보가 기업에서 활용되는 대표적인 사례는, 패션업계의 강자로 떠오른 자라(Zara)를 들 수 있다. 차별화를 갖는 구체적 방안중의 하나로 최초(the first)임을 부각시키는 전략이 있다. 최초라는 말에는 여러 가지 의미가 있다. 우선 최신(the latest)의 유행을 선도하는 제품(trend setter)이란 의미를 갖는다. 패션업계의 강자로 떠오른 자라(Zara)는 200여명의 길거리 디자이너(trend spotter)를 통해 소비자들의 패션 니즈와 유행을 수시로 포착한다. 선정된 아이템은 곧바로 디자인으로 연결되고 고객이 원하는 패션아이템은 초고속 생산시스템(fashion-on-demand process)으로 생산되어 판매된다.

일반적으로 시장 조사에서 신제품이 매장에 공급되는 데까지는 6개월이 걸리는데, Zara는 2주일 정도면 가능하다고 한다. 그리고 제품의 품목별로 매장에 4주 이상 진열하지 않는다고 한다. 이 때문에 자라의 열성 고객들은 더욱 자주 매장을 방문하게 된다고 한다. 제품수명주기를 짧게 가져가면 소비자의 선호와 맞아떨어질 확률도 그만큼 높아지기 마련이다.

보통 소비자가 자신이 선호하는 매장을 방문하는 것은 1년에 평균 3번 정도인데 자라의 경우 17번으로 늘어난다고 한다. 변화하는 트렌드에 맞춘 매장이 바로 광고자체인 셈이다. 이러한 사례는 소비자의 다양한 욕구에 부응하면서 고객을 만족시킬 수 있는 정보를 현실감, 생동감을 현장에서 반영하여 성공한 사례이다. 기업의 가치를 정보 활용으로 잘 이끌어가는 예를 조금 더 알아본다.

- 삼성물산은 맞춤 마케팅으로 기성복 가운데 고객이 원하는 옷이나 색상이 없을 경우 공장에서 직접 만들어 가정으로 배달해 주는 서비스운영을 하고 있다.
- 도요타 자동차는 맞춤 마케팅으로 주초에 고객이 제시한 차종, 엔진, 색상, 선택 사양 등을 토대로 그 주 금요일에 배달해 주는 맞춤 생산 서비스를 실시하고 있다.
- 델 컴퓨터 말레이시아 공장은 맞춤 마케팅으로 아시아 지역에서 주문한 개별고객의 주문사양에 맞게 조립하여 국제특급배달 서비스를 이용하여 고객에게 직접 배달해 준다.
- 국내 이동통신업체들은 업체 간 정보를 공유하고 통신요금 체납자 정보 및 분실 또는 도난 된 이동전화 단말기 정보를 토대로 만들어진 데이터베이스를 가입 신청 시 불량고객 색출에 활용한다. 또한 맞춤 마케팅으로 다양한 고객을 동시에 끌어 들이고 고객이탈을 방지하기 위해 다양한 요금옵션과 할인제도를 도입한 서비스 프로그램을 제공한다.
- Tesco PLC는 표적 마케팅으로 고객의 식료품 구입기록을 토대로 취향에 맞는 제품에 대한 할인쿠폰만을 배달해 주는 서비스이다.
- Experience information Solutions은 정보의 상품화로 고객의 신용거래실적 정보를 가공하여 타 업체에 서비스를 제공하고 있다.
- Merck-Medco Managed Care는 정보의 상품화로 의료보험 클레임 기록 자료를 분석하여 특정 처방의 효과를 분석하여 제약업체에 판매를 한다.
- Travlocity는 맞춤 마케팅으로 특정 목적지의 항공권 구입을 위해 5일 이내 3회 이상 검색 할 경우 맞춤형 여행제안을 제시하고 있다.

제3절 의사결정의 중요성

개인이나 기업과 같은 조직이 의사결정을 내리는데 있어 정보는 꼭 필요한 요소이다. 아울러 정보시스템은 의사결정을 지원하도록 정보를 체계적으로 관리해야 한다. 그러므로 의사결정에 대한 올바른 이해가 없이는, 정보에 대한 올바른 이해도 기대할 수 없을 것이다. 따라서 본 절에서는 의사결정의 중요성과 연관시켜 모형을 제시해 본다.

1. 의사결정의 모형

사이몬(Simon)의 고전적인 의사결정 진행에서 탐색(Intelligence)과 디자인(Design) 그리고, 선택(Choice)을 들 수 있다.

그림 2-4 Simon 모형

- 탐색: 탐색하는 과정에서 모든 주어진 여건을 충족시키려면, 각종문제에 관한 돌출 상황이 발생한다. 이때 의사결정의 필요성이 대두된다.
- 디자인: 현대사회에서 살아남을 수 있는 가장 큰 원동력은 디자인이다. 미국의 경영학자 톰 피터스에 따르면, 소비자들이 상품 진열대에서 '이 제품이 마음에 들다'라고 판단하는데 걸리는 시간은 불과 0.6초라고 한다. 물론 이 짧은 시간에 제품의 기술적 장·단점까지 판단할 수는 없을 것이다. 그러나 짧은 시간에 보여 지는 디자인이 구매에 결정적인 영향을 미친다고 하니 디자인의 중요성이 커지는 현상을 보여준다.

LG전자는 국내에서 어느 회사보다도 오랜 디자인의 역사를 가지고 있고 디자이너 수가 500명에 달할 정도로 세계적으로 큰 규모 조직을 가지고 있다. 그러나 세계 최고 수준 디자인을 창조하는 데는 아직도 배워야 할 것이 많다. 디자인은 예술 영역뿐만 아니라 공항, 건축, 경영 등 분야에서 다양한 의미로 혼용된다.

일반적으로 경영에서 기획, 공학에서는 설계, 예술에서는 도안의 의미로 통용된다. 미국산업 디자인 협회에서는 생산자와 사용자에게 모두 혜택을 줄 수 있도록 상품의 기능, 가치, 외관을 최적화하는 전문적 활용을 디자인으로 정의하고 있다.

1966년 마이클 파르(Michael Farr)의 저서 '디자인 경영(design management)'에서 기업이 디자인 인력과 프로젝트를 관리하는 활동을 '디자인 경영'이라고 최초로 정의하였다. 소비자 중에서 한국시장이 세계에서 제일 까다롭다고 한다. 과거 하드웨어에서 애니콜이 가장 잘 팔리는 것은 디자인 면에서 소비자들에게 만족을 시켜주기 때문이었다. 1980년대 일본의 전성기 때를 놓고 보면 디자인을 핵심 경쟁력으로 삼는 기업이 소니, 필립스, 스와치 등 많이 있었다는 것을 알 수가 있다.

미국도 1990년대 전성기를 맞이할 때에도 많은 기업들이 디자인에 신경을 많이 썼다는 것을 알 수가 있다. 그러므로 다국적 기업들에게 디자인경영은 오늘날 가장 중요할 수 밖에 없다.

- 선택: 소비자들에게 감동을 줘야 살아남을 수가 있다. 감동을 주지 못하는 기업의 제품을 차선책으로 선택은 하겠지만 바람직하지는 않다.

[그림 2-5]는 사이몬의 모형을 발전시켜서 루빈스타인과 해버스트로의 의사결정의 결과로 피드백과 실행을 추가 시켰다.

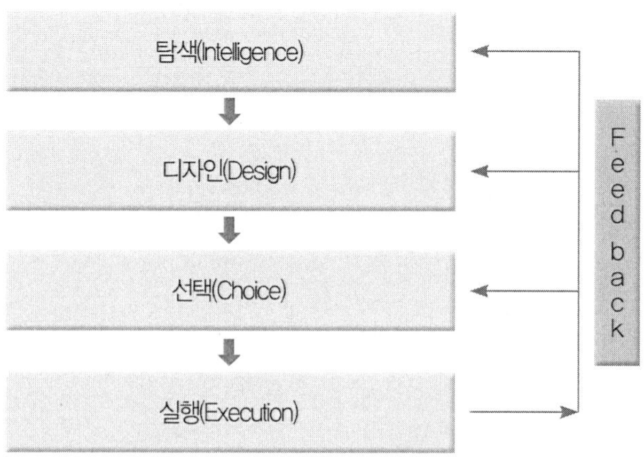

그림 2-5 루빈스타인과 해버스트로 모형

- 실행: 정보에 의한 올바른 의사결정은 곧 실행으로 진행된다.
- 피드백(Feedback): 실행 과정 중에 잘못된 의사결정으로 인해서 다시 되돌려서 올바른 선택을 할 수 있도록 피드백 시킨다.

2. 의사결정의 유형

1) 전략적 의사결정

조직의 목적을 결정하는 것으로 미래의 환경 변화를 예측하여 소비자 욕구에 부응하는 새로운 제품개발에 내려지는 의사결정이다.

2) 전술적 의사결정

중간관리자는 조직의 자원들이 얼마나 효과적으로 운용되고 일상적인 업무들이 잘 수행되고 있는가에 주로 관심을 갖는 의사결정이다.

3) 운영적 의사결정

일선관리자는 경영진 또는 중간관리자에 의해 내려진 의사결정 등을 어떻게 수행할 것인가를 결정하는 의사결정이다.

3. 의사결정의 구조화

1) 비구조화(un-structured)

경영자가 항상 불규칙한 상황에서 외부의 수집된 정보를 통해서 의사결정을 하는데 항상 비 반복적이다.

2) 반구조화(semi-structured)

중간관리자로서 전술에 해당되며 의사결정을 하는데 있어서 비 반복적이지도 않고 항상 반복적이지 않는 의사결정이다.

3) 구조화(structured)

정해진 1일 생산량을 목표로 해서 항상 반복적이며 변하지 않는 구조이다.

4. 의사결정의 경제적 성과

기업에 있어서 의사결정은 고도의 기업경쟁사회에 생존과 발전을 위해 끊임없는 선택의 과정(의사결정)을 거치지 않으면 안 된다. 기업의 선택과정은 근래 그 중요성이 강조되고 있는데 그 배경은 다음과 같다.

- 기업의 의사결정에 대한 분권화를 들 수 있다. 전문직 사람들이 각각 맡고 있는 분야에 대해 다양한 문제에 대해서 의사결정을 도출해 내는 것이다.
- 경영계획문제, 불확실한 미래의 대안보다, 구체화된 정보와 이에 따른 의사결정이 요구되기 때문이다. 그 결과 기업예측에 대한 의사결정문제는 기업의 존립영향을 가르는 잣대가 될 수 있다.
- 불확실한 장래에 대한 의사결정은 예측가능변수로 전환되고, 미래에 대한 비전이 제시 되므로 목표에 의한 조직원의 추구가 이루어질 수 있다.
- 과거에는 의사결정자체가 기업입지에 크게 영향을 미치지 못하였으나, 근래의 의사결정은 기업 존립자체를 움직일 수 있는 의사결정이 많다.

기아차의 질주는 디자인에서

현대차와 기아차가 '형제지간'이 된 것은 1998년 기아차가 부도나면서다. 이때 기아차와 국내 자동차 시장 1,2위를 다투던 현대차는 부도 이듬해인 1999년 재빠르게 기아차를 인수 합병했다. 이 인수합병은 역대 한국 기업의 인수합병 중 최고의 시너지 효과를 낸 딜(deal)로 평가되고 있다. 합병 직후인 1999년부터 2005년까지 기아차는 7년 연속 흑자를 기록했다. 판매대수도 상승세를 유지했다.

문제는 영업이익, 영업이익률은 2003년 6.3%를 기록하면서 정점을 찍은 후 계속 하락하더니 급기야 2006년, 2007년에는 적자를 기록했다. 내수시장뿐 아니라 북미, 유럽, 중국 등 해외 주요시장에서의 수익성도 크게 하락하고 있는 상황이었다. 2001년 27%였던 국내시장 점유시장 점유율은 2005년 23%대까지 하락했다. 이형근 부회장은 "기아차 외부로는 적자 전환, 판매 저조, 생산성 하락 등의 문제만 노출됐지만 실은 내부에 더 큰 문제가 도사리고 있었다"고 분석했다.

기아차 출신 임직원들이 현대차에 대해 피해의식을 갖고 있었고, 기아차만의 '무엇'이라고 할 만한 상품 차별화가 없었다. 노사 간 신뢰도 부족해서 매년 극심한 파업이 발생했다. 이처럼 취약한 기업문화와 기업 이미지 하락이 실적 하락으로 이어졌던 것이다.

기아차의 영업이익률이 특히 좋지 않았던 것은 '기아차는 현대차의 아류'라는 이미지 때문이었다. 기아차가 현대차와 차별성을 갖지 못하다 보니 제값을 받기 어려웠다. 소비자로서는 현대차보다 비싼 돈을 주고 기아차를 살 이유가 없었다. 현대차보다 저렴하게 차를 구입하나다는 생각으로 기아차를 구입하다 보니 기아차의 영업이익률은 현대차보다 낮을 수 밖에 없었다.

답답한 마음에 기아차는 비싼 돈을 주고 외부 컨설팅을 받았다. 외부 컨설팅 업체 역시 기아차의 문제인식과 크게 다르지 않았다. 당시 컨설팅 업체는 기아차의 문제점을 '3-less'로 요약했다.

▲ 내수를 비롯한 글로벌 전 시장에서 브랜드 경쟁력이 취약해 안정적 판매시장이 없다는 것(Homeless) ▲ 그동안의 경쟁우위였던 가격경쟁력마저 악화됨으로써 핵심 경쟁우위가 사라졌다는 것(Edgeless) ▲ 조직 전체의 사기가 저하되고 기아차 고유의 기업문화가 상실됐다는 것(Spiritless)이 그것이다.

기아차의 성장은 이런 문제점을 자각하면서부터다. 형의 그늘에 가려 부모에게 인정받지 못하는 동생이 그렇듯이 기아차는 '튈' 방법을 찾기 시작했다.

현대차가 갖지 못한 것을 가질 필요가 있었다. 바로 디자인이었다. 기아차는 세계 3대 자동차 디자이너로 불리던 피터 슈라이어 당시 폭스바겐 디자인 총괄책임자를 CDO(최고디자인책임자)로 영입했다. 당시 국내에 드물던 CDO체제를 구축한 것이다. 피터 슈라이어에게는 연봉 조건을 제외한 모든 디자인 관련 활동을 자유롭게 할 수 있는 권한이 주어졌다. 독자적으로 디자인 관련 결정을 내릴 수 있는 권한을 부여받은 피터 슈라이어 부사장은 기아차의 디자인 정체성을 확립해 나가기 시작했다.

국내 자동차업체로서는 처음 시도하는 일이었다. 일반 소비자가 기아차의 차별성을 인지하기 시작한 것은 기아차가 각종 국내외 디자인상을 수상하면서부터다.

기아차는 국내 최고의 권위를 대한민국 디자인대상 및 굿디자인상 대통령상뿐만 아니라 해외에서도 세계 3대 디자인상인 레드닷, iF, IDEA를 수상해 그랜드슬램을 달성했다. 자동차뿐 아니라 모든 국내업체들을 통틀어서 최초였다.

소비자들은 '외관 디자인 수입차 같다', '그동안 우리나라에서 보지 못했던 새로운 디자인이라 자꾸 쳐다보게 되고 타보고 싶은 생각이 든다' 등의 반응을 보이며 기아차를 다시 보기 시작했다. 동생이 형의 그늘에서 벗어나 홀로 우뚝 서기 시작하는 순간이었다.

1999년 기아차와 현대차의 합병은 기아차 입장에서 재기할 수 있는 소중한 기회였다. 그러나 기업 정체성 측면에서 볼 때는 커다란 도전이었다.

당시 2위 업체였던 기아차가 1위 업체인 현대차와 합병하면서 기아차 임직원들은 패배주의에 사로잡혔다. 디자인 경영의 성공은 기아차가 패배주의를 극복하고 '할 수 있다'는 자신감을 갖게 해 준 획기적인 사건이었다.

자신감이 회복되고 창의적인 기업문화가 확립되면서 대외적인 브랜드 이미지도 젊고 역동적으로 형성되기 시작했다. 기아차가 스스로의 강점을 정체성 확립에서 찾는 이유다.

디자인을 중심으로 한 전사적인 혁신

디자인 경영은 단순히 제품 외관에 국한된 것이 아니다. 기아차는 판매, 서비스 등 모든 고객 접점에서 기아 정체성이 담긴 디자인을 녹여냈다. 디자인을 중심으로 전사적인 혁신을 추진한 것이다.

그 결과 2007년까지만 해도 적자였던 기아차는 2011년 8.2%의 영업이익률을 기록하는 등 수익성이 눈부시게 좋아졌다. 8.2%의 영업이익률은 자동차업계 전체에서 보더라도 상위권에 해당한다. 판매대수로도 전 세계 10위 자동차 메이커로 도약했다. 이형근 기아차부회장은 이와 관련해 "숱한 경영위기를 이겨낼 수 있었던 것은 디자인 경영 덕분" 이라고 말했다.

원가절감 노력도 병행

기아차의 급격한 수익성 개선은 디자인 경영과 함께 비용절감 노력을 병행했기 때문에 가능했다. 2007년부터 2009년까지 기아차는 3년 안에 재료비 20%를 절감하는 원가혁신활동을 했다. 제품의 가치나 품질을 떨어뜨리지 않고 비용을 절감하려는 기아차의 시도를 가치 공학(VE: Value Engineering)이라고 부른다. 이 활동의 골자는 협력사와의 협력에 있다. 수입부품의 국산화를 통해 원가를 줄이고 협력사의 경쟁력 향상을 위해 함께 노력하는 것이다. 글로벌 재고관리를 강화해 재고비중을 줄이는 활동도 시작했다.

특히 매년 되풀이돼 골머리를 앓던 노사 문제는 원칙에 따른 대응으로 노사 간 신뢰를 쌓으면서 풀어 나갔다. 파업을 하지 않는 해에는 무상주를 지급했지만, 그렇지 않은 해에는 무상주를 지급하지 않았다.

파업을 하면 파업을 하지 않는 경우보다 더 유리한 결과가 나타난다는 관념을 깬 것이다. 그 결과 2010년에는 20년 만에 처음으로 무파업 합의를 이끌어낼 수 있었다.

자부심과 열린 소통 높인다.

2008년부터 기아차는 차별화된 기업문화를 구축하기 위해 뉴 기아(New KIA)캠페인을 실시하기 시작했다. 이는 △ 소통을 장려하고 (DOC · Design Our Communication) △ 회사와 일에 대한 자부심을 고취시키며(DOF · Design Our Feeling) △ 개인의 합을 넘는 시너지를 창출하는 팀을 만들고(DOT · Design Our Team0 △ 업무 역량을 높이기 위한(DOW · Design Our Work) 4개 실천분야로 구분된다.

열린 소통을 위한 DOC활동은 팀과 조직의 구분을 넘어 자유롭게 의견을 나누고 서로에 대해 이해할 수 있는 만남의 자리를 주선한다. 직원들의 자부심을 높이기 휘한 DOF 활동은 임직원을 넘어 가족들이 함께할 수 있는 프로그램을 제공하고 있다. 자녀의 학교에 아빠가 방문해 일일교사로 활동하면서 기아차를 소개하고 간식을 선물하는 '아빠는 기아인' 프로그램도 임직원들로부터 높은 호응을 받고 있다.

(출처: 매일경제, 2012.8.25.)

제 3 장
지식경영의 세계화

제1절 기업의 지식경영

지식경영 세계화는 글로벌 기업들의 조직에 큰 가치를 부여한다. 지적자산을 발견하고, 공유하고 창조하여, 높은 생산성, 새로운 가치로 향상된 경쟁우위를 연결시키기 위한 기업의 전략이다. 글로벌 기업들은 지식경영을 통하여 눈에 보이지 않았던 자산을 발견하여, 그 가치를 인식하게 되고 지식경영 실현을 통해, 기업에 새로운 가치를 더하여 기업의 경쟁우위인 원천으로 사용할 수 있다.

1. 글로벌 기업들의 지식경영

지식경영은 인류역사 이래 지속되어 온 것이다. 기업경영 측면에서 볼 때 기업은 창조하는 지식과, 존재하는 지식을 잘 관리하고 활용하는 것으로서 지식을 기업의 가장 중요한 생산요소 그리고 산출물로 보는 지식기업의 경영활동 성공 사례들을 살펴보자. 한 예로 홍콩에는 포도밭이 없다. 포도주가 생산될 리 만무하다. 그럼에도 홍콩은 아시아의 '와인허브'이다. 와인 없는 지역에 '와인허브'가 될 수 있다는 것은 지식경영을 통한 좋은 사례이다.

홍콩이 와인허브 프로젝트에 나선 것은 2008년도 평균 80%에 달하던 와인 수입 관세를 그해 완전 철폐했다. 그로 인하여 와인 수입량은 매년 40~80%씩 늘었다. 중국을 비롯한 아시아 각국의 와인 수입 창구로 부각된 것이다. 그리고 프랑스, 미국, 호주 등 와인 제조업체를 끌어 들였다. 세계적인 와인 축제를 유치해 큰 성공을 거두었다.

와인산업 정상회의 '와인 퓨터 2011'이 홍콩에서 열렸다. '차이나 머니'도 가세했다. 와인 투자에 눈을 뜬 중국 거부들이 시장에 뛰어들면서 홍콩은 세계 최고의 와인 경매 도시로 등장했다.

2010년 홍콩의 와인 경매 거래액은 약1억 6400만 달러로 뉴욕을 제치고 세계 1위를 기록했다. 와인은 이제 무시할 수 없는 산업이기도 하다. 홍콩에는 약 3350개의 와인 관련업체가 활동하고 있다. 세계 와인 관련 업체들이 속속 홍콩으로 몰려들면서 고급 일자리를 만들어 가고 있다. '허브의 힘'이다.

또, 스위스는 인삼이 한 뿌리도 나지 않는 나라이다. 그런데 우리의 30배나 되는 인삼 제품을 수출하고 있다. 현재 연간 거래량이 3600여t 가운데 미국삼의 비중이 90%를 넘는다. 2009년도 200억 달러(약 24조원) 정도로 추정되는 세계인삼시장에서 미국인삼과 중국인삼이 각각 75%와 20%를 차지했다. 한국인삼은 3%에 불과하고 기타가 2%였다.

스위스의 유명 제약사 '파마톤'은 백삼에서 추출한 사포닌 성분으로 파마톤(피로회복제)과 긴사나(자양강장제)를 생산 연간 30억 달러 이상의 매출을 거두고 있다. 이것이 지식경영의 산물이다.

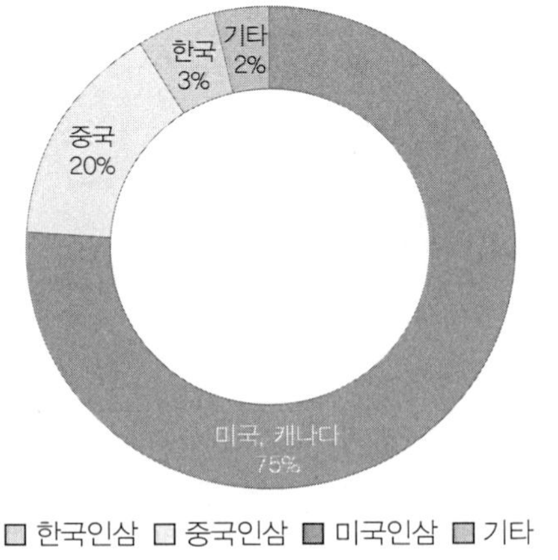

그림 3-1 세계 인삼시장 점유율(2009년)

2. 지식의 분류

노나카(Nonaka)는 지식을 언어화나 형태화가 곤란한 주관적인 암묵지와 언어 또는 형태로 결정된 객관적인 형식지, 양자의 상호작용으로 창조된다고 주장하였다.

1) 암묵지

암묵지(Tacit knowledge)는 보이지도 않고 들리지도 않는 것으로 언어화나 형태화가 곤란하고 주관적이다. 암묵지는 말로 표현하기 힘들지만 개인경험, 이미지, 숙련된 기능, 조직문화, 풍토 등의 형태로 신체적인 아날로그 지식이라고 한다.

예를 들면 첫째, 일본 쓰나미가 일어나는 순간, 지진 근원지 부근에서 조업 중이던 일본 어부 몇 명이 그들 특유의 경험과 감각으로 지진과 쓰나미를 미리 인지한다. 그때 그들은 당황하지 않고 선조들이 전해준 생활의 교훈을 떠올렸다. '지진과 쓰나미가 일어나면 육지가 아닌 근원지 쪽으로 배를 돌려 돌진하라'빠르게 이를 행한 그들은 몇 번의 심한 격동을 겪었지만 결국 모두 무사했다고 한다.

둘째, 주식의 고수들에게 어떤 가이드라인으로 투자를 하느냐고 물어보았다. 여러 분석 자료나 주위 정보를 기반으로 하지만 결정적인 순간에는 오랜 투자생활에서 시행착오를 통해 터득한 자신만의 '노하우'에 의지한다고 한다.

셋째, 음식점에 가면 똑같은 재료로 만든 음식이라도 어떤 집은 맛이 일품인데, 어떤 집은 짜고 맵다. 어떻게 다른 것인가 물어보면 심플하게 주인장의 손맛 차이라고 한다. 이와 같이 오랜 기간 축적된 경험, 관념, 신념 등 언어로 표현하기 어려운 주관적이고 개인적인 지식을 암묵지(暗默知·Tacit knowledge)라고 한다.

2) 형식지

형식지(Explicit knowledge)는 매뉴얼과 같이 언어, 문장으로 표현할 수 있는 객관적이고 이성적인 것으로 문서화, 그림, 컴퓨터프로그램 등 눈에 보이는 지식을 의미한다. 언어 또는 형태로 결정되고 객관적이다. 제품사양, 문서, 데이터베이스, 매뉴얼, 화학식들의 공식, 컴퓨터 프로그램 등이 형태로 잘 표현된 것으로 서술하기 쉽고, 명확하고 딱딱하며 객관적이고 조직적이고 논리적인 디지털 지식이 형식지(形式知·Explicit knowledge)이다.

우리나라가 빠르게 성장할 수 있었던 배경에는 경제개발계획과 같은 국가적 형식지가 있었지만 경제를 주도했던 관료, 기업인들의 암묵지가 큰 도움이 되었다고도 볼 수 있다.

제2절 지식경영 요소

지식을 창출 한다는 것은 지식이 만들어져 진행된다는 것으로서 벤치마킹하여 새로운 것을 추구하는 개념이다. 이것을 언어화 문서화 시키는 것이 지식축적이며, 다른 사람들에게도 지식은 이동 또는 흡수시켜야만 지식의 효용가치가 있는 것이다. 이렇게 맞물려 돌아가야 지식이 창조되는 것이고 노나카의 네 가지 지식창조 유형에도 적용시켜 볼 수 있다.

1. 노나카의 지식변화

지식경영의 4대 요소는 프로세스, 사람, 조직, 정보기술이 있다. 이중에서 프로세스는 다양한 각도에서 분석 할 수 있다. 모형에 따라 창출(generation), 형식화(codification), 전파(transfer)의 과정으로 나누어진다.

- 창출: 창조(creation) → 획득(acquisition) → 통합(synthesis) → 융합(fusion) → 각색(adaptation) 등 지식을 만드는 단계를 말한다. 정보를 외부로부터 수집한 것을 가공하는 개념이다.
- 형식화: 언어화되어 있지 않은 지식을 언어로 바꾸는 과정에서 지식의 결합이 일어난다.
- 전파: 지식의 이동(movement) 및 흡수(absorption)를 말한다.

위의 3가지 프로세스는 맞물려 돌아가며, 우선순위를 매기는 것은 맞지 않다. 경우에 따라서 형식화를 거치면서 창출이 일어나기도 하고 그 반대로 창출된 이후 형식화 단계를 거치기도 한다. 노나카의 지식변화에 관한 SECI 모형은 〈표 3-1〉과 같다.

표 3-1 노나카의 SECI모형

	암 묵 지	형 식 지
암 묵 지	사회화(Socialization)	외부화(Externalization)
형 식 지	내면화(Internalization)	종합화(Combination)

첫째, 암묵적인 지식은 사회화라는 과정을 통해 암묵적 지식의 형태로 전달된다고 가정하고 있다. 즉 개인의 경험을 가지고 지식을 전수하는 것이다. 누가 가리켜 주는 것이 아니라 터득하는 것이며, 숙련된 기능공의 지식은 개인의 풍부한 경험으로 얻어진 자산이다.

둘째, 노나카의 모델은 암묵적인 지식이 외부화 과정을 통해 형식적 지식으로 변화하며 생기는 지식이다. 제품개발 과정이나, 최고경영자의 생각을 언어화 또는 문서화 하는 일, 숙련된(기능공)노하우의 언어화 등으로 형식지가 창조된다.

셋째, 형식적 지식은 내면화라는 과정을 통해 암묵적 지식으로 변화한다는 것을 가정하고 있다. 음식점을 오픈하기 위해서는 준비과정이 필요하다. 준비된 사람만이 성공할 확률이 높기 때문이다. 개인이 가지고 있는 기존의 노하우에 음식점에서 6개월 동안 취업을 하여 음식 만드는 비법을 배우고 터득하여, 요리 만드는 과정을 자신만의 비법으로 업그레이드시켜 창업을 하면 성공할 확률이 높다고 볼 수 있다.

넷째, 이 모델을 형식적인 지식이 종합화라는 과정을 통해 형식적인 지식으로 전달된다. 모든 각종 자료들을 편집 가공하여 중요부분만 가공하여 문서화시킨 지식의 창조이다. 예를 들면 방송국에서 각 프로그램을 방영할 때 마다 편집, 가공하여 문서화로 준비하는 과정에 비유할 수 있다. 즉, 사회화, 외부화, 내면화, 종합화의 변환과정을 통해 지식이 창조되고 공유된다는 것이다.

2. 인재 경영

좋은 인재를 뽑으려면 유비가 삼고초려 했던 것처럼 경영자가 직접 가서라도 데려와야 한다고 말한다. 기업을 부강하게 만드는 것이 곧 인재이다. 기업이나 국가나 인재가 매우 중요하다는 것을 알 수가 있다.

최근 최고혁신책임자(CIO: chief Innovation officer)를 두는 기업들이 늘고 있다. 급변하는 경영환경에 대응하기 위해 위로부터의 혁신이 필요하다는 판단에 따른 것이다.

CIO뿐만 아니라, 최고문화책임자(CCO), 최고지속가능 경영책임자(CSO), 운영(COO), 정보(CIO), 마케팅(CMO), 위기관리(CRO), 기술시스템(CTO), 재무회계(CFO) 등 기업 내에 새로운 고위급 직책이 늘고 있다. 그러나 새로운 직책을 수행할 리더십을 갖춘 인재는 부족하다.

CIO를 둔 기업들은 코카콜라, 듀폰, 씨티그룹, AMD, 하얏트, HTC, 휴매나 등이고 LG그룹은 기술시스템(CTO)을 두고 있고, 듀폰은 최고지속가능경영책임자(CSO)을 두고 있다. 구글은 2006년 최고문화책임자(CCO)를 도입했다. CCO의 임무는 독특한 기업문화를 유지하고 2만 여명의 구글 직원들을 행복하게 만드는 것이었다.

CIO의 부상은 2000년대 초 프록터앤드 갬블(P&G)은 프랑스의 한 중소기업이 탁월한 피부재생기술을 보유하고 있다는 정보를 입수했다. P&G는 이 기술을 활용해 올레이(Olay)라는 화장품을 개발했다. 올레이는 출시된 지 8개월 만에 시장점유율 1위에 올랐다. P&G의 유명한 개방형 연구소전략의 성공사례 중 하나다. 앨런 래플리 최고경영자는(CEO)는 필리포 파세리니 최고정보책임자(CIO)에게 개방형 혁신전략을 수립하라고 주문했다. 파세리는 이 전략을 통해 P&G의 기업전략과 문화를 개방형으로 통째로 바꿔놓았다. 최고혁신책임자(CIO) 역할을 한 셈이다. 포브스는 이와 관련 과거 CIO(Information)가 CIO(Innovation)로 바뀌어야 할 시대가 왔다고 평가했다.

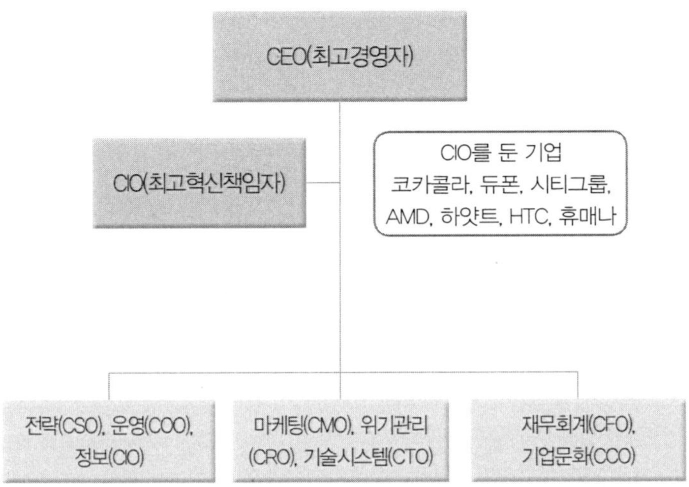

그림 3-2 기업의 혁신 CIO

CIO를 두는 글로벌 기업들은 계속 증가하고 있다. 매일 치열한 생존경쟁을 벌여야 하고 살아남으려면 선택의 여지가 없다. CIO의 역할은 다양하다. 매출을 늘리는 전략을 짜고, 신사업을 발굴한다. 외부기업과 제휴를 주도하거나 투자 집행을 어디에 어떻게 해야 할지 정하기도 한다. 사실상 'CEO의 두뇌'라고 해도 과언이 아닌 셈이다.

'CIO'는 1998년 출판된 '4세대혁신'이란 책에서 처음으로 언급되었다. 인텔 등을 거친 기업 연구, 개발(R&D)전문가인 이 책의 저자 윌리엄 밀러는 혁신이 기업의 필수 생존조건이라고 강조했다.

사실상 'CEO의 두뇌' 역할을 하면서 신사업, 기업문화와 혁신을 주도하는 최고혁신책임자이다.

1) 정보담당 총괄이사(CIO: Chief Information Officer)

다수의 기업에서는 핵심중역 정보기술위원회가 조직되어 있다. 여기서 정보시스템 관련 전략계획을 수립하며, 프로젝트에 대한 조정을 하고 있다. 이 위원회에서는 조직의 핵심중역과 정보담당 총괄이사(CIO)가 포함된다. 기업들은 정보시스템 부문을 총괄하는 중역을 두고 있다.

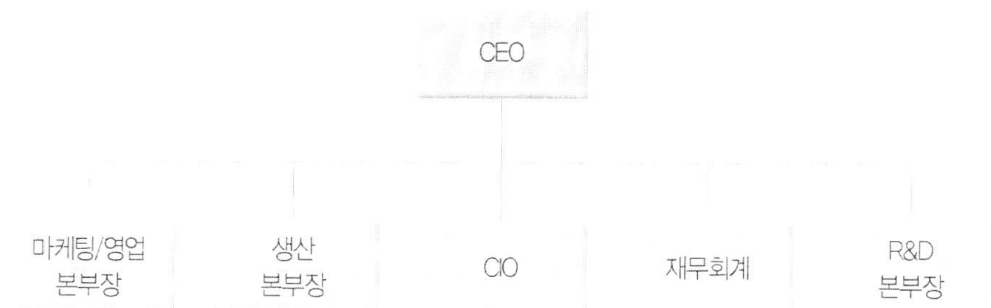

그림 3-3 기업 조직도

[그림 3-3]에서 보는 바와 같이 여러 부문의 중역과 함께 IT와 정보시스템을 담당하는 CIO직제를 두고 있으며, 임원 중의 하나이다. 정보기술 부서는 기업의 규모와 특성에 따라 구조와 기능이 달라진다. IT인력의 규모도 업종과 기업 규모에 따라 차이가 있다. A은행의 경우 400명까지 근무하기도 하고, B은행은 아웃 소싱하여 적은 인력으로 근무하기도 한다. 최근 기업에서는 정보총괄담당이사(CIO)을 정보기술자원에 관한 중요

한 의사결정과 최고경영자의 보좌기능을 CIO에 맡기고 있다. 정보총괄담당이사 밑에는 시스템운영, 시스템개발, 기술지원 책임자를 두고 있다.

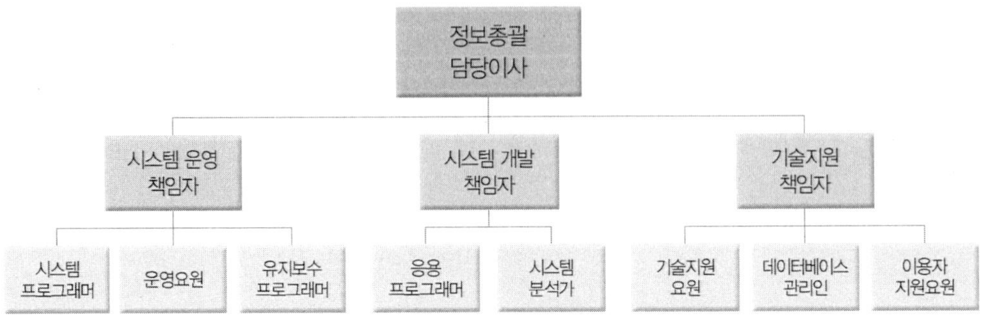

그림 3-4 정보시스템 부서조직도

2) 최고 마케팅경영자(CMO: Chief Marketing Officer)

CMO는 최고경영자(CEO)를 포함한 다수의 임원들에게 좋은 이미지를 주기에는 어려운 점이 많다. 게다가 CEO보다 직장을 오래 다닐 가능성이 현저히 낮다. CMO에서 CEO로 승진하기는 매우 어렵다.

마케팅의 중요성이 해마다 강조되면서 1980년대 후반부터 마케팅담당자들이 속속 C 레벨 최고경영진 임원으로 승진하기 시작했다.

2011년에는 위기에 빠진 휴대폰 제조업체 노키아가 CMO를 처음으로 임명한 데 이어 지난해 세계적인 식품업체 캠벨도 회사 역사상 첫 CMO 승진 인사를 단행하는 등 마케팅 담당자들을 최고경영진에 입성시키는 기업이 늘어나고 있다.

그러나 그만큼 회사를 떠나는 CMO도 늘어나고 있다. 글로벌 서치펌 스펜서스튜어트(Spencer Stuart)는 최근 미국, 캐나다 등 미주 100대 브랜드회사의 CMO근무기간을 조사해 발표했다.

그 결과 CMO의 평균 근무기간은 22.9개월로 CEO근무기간(53.8개월)의 절반도 채 안되었다. 이는 CEO 1명의 재임기간에 적어도 2명의 CMO가 해고당했다는 것을 의미한다. CEO와 CMO의 불협화음을 넘어서 CMO의 권한도 위협받고 있다. 비즈니스 분석 전문기업 SAS와 영국 경제주간지 이코노미스트의 산하 연구기관 EIU(Economic Intelligence Unit)가 세계 42개국 389명 임원을 대상으로 조사해 이달 발표한 CMO보고서에 따르면 응답자 중 20%가 CMO는 기업 마케팅 전략에 대해 상담역을 수행할 뿐 주도하지 못한다고 답했다. 응답자 중 3%는 아예 CMO가 마케팅 전략에 있어 어떠한 역할도 하지 않는다고 답하기도 했다.

CMO가 CEO를 비롯한 최고경영진에게 외면 받는 까닭은 CMO스스로가 자신들의 존재가치를 입증하는 데 어려움을 겪고 있기 때문이다. SAS·EIU의 CMO 보고서에 따르면 CMO 3명 중 2명은 자신들이 조직 내에서 제품에 대한 고객의 피드백 등 VOC(고객의 목소리·Voice of Customer)를 가장 잘 이해하고 있는 직책이라고 생각했다. 그러나 CEO 등 기타 최고경영진은 오직 13%만이 CMO가 VOC를 대변한다고 답했다.

CMO와 CEO 등 최고경영진과의 불신도 심했다. CMO의 24%는 회사의 마케팅 투자지원 부족으로 비즈니스 가치 창출이 저해되고 있다고 생각했다. CEO와 기타 최고경영진의 오직 17%만이 CMO의 주장에 동의했다.

CMO는 기업 마케팅의 최우선 과제로 신제품과 새로운 서비스 개발(22%) 신규고객확보(20%)를 꼽았다. 그러나 CEO 등 다른 최고경영진을 마케팅의 최우선과제가 수익증대(30%)라고 답했다. 이처럼 CMO들은 조직의 타부서에서 마케팅전략을 잘 이해하지 못해 자신들이 외면 받고 있다고 믿었다. 반면 CEO 등 기타 최고경영진들은 마케팅 부서가 스스로 투자가치를 입증하지 못하고 있다고 주장했다. 스티브캐넌 메르세데스벤츠 미국사장을 이러한 CMO딜레마를 잘 극복한 대표적인 케이스로 꼽는다. 캐넌 사장은 2007-2011년 5년간 CMO를 지냈다. 그는 CMO당시의 성과를 발판으로 삼아 지난해 1월 CEO로 승진하는 데 성공했다. 캐넌사장은 CMO임기 당시 빅데이터 분석을 통해 자신의 존재 가치를 부각시키고 마케팅 전략에 대한 CEO와 기타 최고 경영진의 의구심을 불식시켰다.

그는 CMO당시 메르세데스벤츠가 미국에서 매년 약 500만 건의 설문조사를 실시한다는 것을 깨달았다. 설문조사의 의도는 좋았지만 데이터를 분석한 뒤 정보로 전환해 이를 마케팅으로 활용하는 데는 미숙했다. 캐넌 사장은 설문 조사 등 아직 분석되지 않은 빅데이터들을 모아 자신의 마케팅 전략을 추진하기 위한 하나의 우군으로 활용했다.

그는 조직 전반에 흩어져 있는 고객경험관리(CEM) 프로그램을 한데 모아 CEO직속 중앙그룹으로 통합시켰다. 그동안 고객 경험관리 프로그램이 조직 전반에 흩어져 있어 비용은 비용대로 들이고 데이터를 제대로 분석하지 못했다.

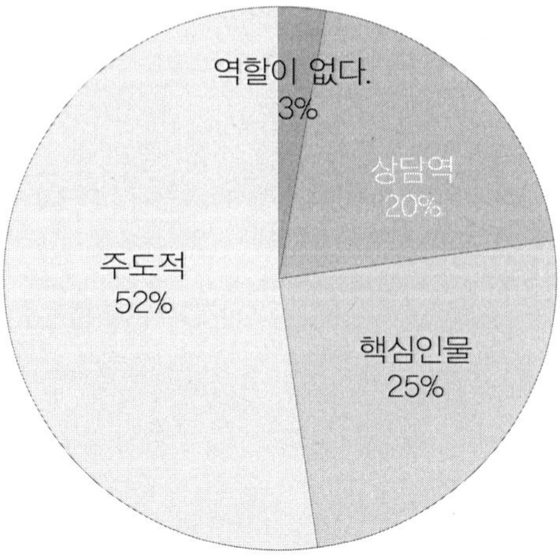

(출처: 매일경제, 2013. 1. 26.)

그림 3-5 CMO가 마케팅 전략에서 차지하는 역할

또한 캐넌 사장은 500만 건의 설문조사를 분석해 2만2000여 명의 직원과 358개의 딜러에게 마케팅 정보를 전달했다. 캐넌사장은 SAS·EIU보고서에서 '모든 고객 경험 하나 하나가 결정적 순간(brand moment of truth)이라며 광고물을 통해 구매 욕구를 일으켜놓고 매장을 찾은 고객에게 실망감을 안겨준다면 결국 마케팅에 악 영향을 미친다'고 지적했다. 영국항공(British Airways)도 적극적인 고객 데이터 분석을 통해 CMO 딜레마를 극복했다.

영국항공은 작년 2월 고객 데이터 통합 분석 프로그램인 노미(know me)를 출범시켰다. 영국항공은 다양한 부서에서 만들어지는 200여 가지의 마케팅 데이터를 통합하는데 10년이란 세월을 투자했다. 영국항공은 탑승관리용원부터 승무원까지 모든 자신의 존재 가치를 스스로 증명하고 마케팅 최고 책임자란 고유의 권한을 잃지 않으려면 부서간 서로 담을 쌓고 내부 이익만을 추구하려는 사일로 현상을 없애야 한다고 SAS·EIS 보고서는 지적했다.

이를 위해서는 CMO가 속한 마케팅팀이 VOC를 가장 잘 인식하고 있고 이를 바탕으로 기업의 전체 마케팅 방향을 수집하고 있다는 점을 조직 전반에 일깨워줘야 한다는 것이다.

SAS관계자는 CMO와 CEO 등 기타 경영진 모두 마케팅이 비즈니스 가치에 기여하기 위해서는 고객관계관리(CRM)에 투자가 이뤄져야 한다는 점에 동의했다며 이는 CMO가 앞으로 고객과 시장 관련 데이터를 제대로 확보할 줄 알고 이를 적극적으로 분석, 활용해야 살아남는다는 것을 의미하기도 한다고 말했다.

3) 최고혁신책임자(CIO: Chief Innovation Officer)

CIO는 매출을 증가시킬 수 있는 전략을 수립하고, 새로운 사업을 발굴하는 업무 및 외부 기업과 제휴를 주도하거나, 투자집행을 어디에 어떻게 해야 할지 결정하는 역할 등을 담당한다. 기업의 필수생존조건으로 혁신을 강조하였다.(윌리엄 밀러)

4) 최고운영책임자(COO: Chief Operating Officer)

2000년부터 미국의 기업에서 생겨나기 시작해 세계적으로 파급된 직책으로 기업 내의 사업을 총괄하는 책임자를 말한다. 영문인 chief operating officer를 번역한 것으로 기업에 따라 최고업무책임자, 최고집행책임자, 업무최고책임자 등으로 폭넓게 쓰인다.

최고 경영자인 CEO의 다음 직책을 보통 사람이 겸임하지만 경우에 따라 CEO가 겸임하기도 한다. CEO의 독재형 경영구조를 막고, CEO가 개발이나 다른 업무에 매진할 수 있도록 돕는 한편, 경영구조의 진문화를 꾀하려는 목직에서 도입되있다. 회장의 정책에 따라 회사 내의 일상적인 업무를 원활하게 추진하기 위한 결정을 내리는 역할을 하는데 미국과는 달리 한국에서는 사장이 CEO수석부사장의 역할인 최고운영책임자의 역할도 맡는 경우가 많다.

5) 최고문화책임자(CCO: Chief Culture Officer)

기업경영에 있어서도 문화가 미치는 영향을 점차 커지고 있다. 그래서 세계적인 기업들을 시작으로 기업문화 책임자는 CCO라는 직책이 생겨나고 있으며 이들은 C레벨의 경영진들이 기회와 위험을 더 빠르게 인지해 더 나은 의사결정을 내릴 수 있도록 돕게 만들고 있는 것이다.

CCO는 누구와도 대화를 나누고 그들로부터 대답을 귀 기울여 들을 줄 알아야 하며, 필요하다면 대중문화를 모니터링 하는 것을 게을리 하지 않아야 한다고 말한다. 사실 그래야만 새로운 시각을 통해 외부의 지식을 융합할 수 있는 기회를 좀 더 높은 확률로 가져갈 수 있을 것이다.

기업에서 빼어난 최고문화책임자 한 사람을 영입하는 것이 고위 임원 여러 명을 충원하는 것보다 낫다.

사내문화가 기업을 성공으로 이끌 수도 있고 끝없는 나락으로 떨어뜨릴 수도 있다는 생각에서이다.

기업문화가 끊임없이 변화는 가운데 글로벌 경제위기까지 겹쳐 경기 침체에 대한 중압감이 커진 기업들은 생존수단으로 기업문화 관리에 관심을 집중하고 있다.

CCO덕을 톡톡히 본 대표적인 기업이 구글이다. 구글은 2006년 스테이스 설리번 인사부장에게 CCO직책을 겸임하도록 조치했다. 그의 임무는 구글 만의 기업문화를 지키는 것이었다. 구글은 사내에 무료식당, 수영장, 마사지숍 등을 마련하는 등 사원복지로 유명하다. 직원이 행복해야 생산성이 최고라는 구글의 기업문화는 구글을 거대한 다국적 기업으로 발전시키는 원동력이 되었다.

CCO는 서서히 변하는 사내 비즈니스 환경을 제대로 파악하고 있어야 한다. CEO를 잘 보필하려면 직원들 속으로 들어가야 한다. 직원들과 함께 숨쉬며 직원들의 모든 것을 고유하면서 CEO의 귀가 되어야 한다는 것이다. CEO가 잘못된 아이디어를 제시하면 CCO가 바로 잡을 수도 있다. CCO는 고객관리도 잘 해야 한다. 최근 고객관리와 기업문화를 동일시하는 경향이 늘고 있기 때문이다.

6) 최고지속가능 경영책임자(CSO: Chief Sustainable Officer)

대체연료와 친환경 제품 생산을 위해 기술, 생산, 재정, 담당, 최고책임자들과 협의를 한다. CSO는 중요한 환경관련 현안이 논쟁될 때는 강력한 발언권을 행사하고 있다.

전통적이 환경파괴기업이라는 오명으로부터 성실한 친환경기업으로 변신한 듀폰의 경우 CSO의 파워가 더욱 막강하다.

기업의 CSO는 일반적으로 회사 돈을 쓰는 자리였지만 이제는 회사가 돈을 벌수 있게 해주고 있다고 말해 환경문제에 관한 사회적 관심이 커지는 가운데 지속가능한 경영이 기업의 수익에도 도움이 되고 있음을 시사했다.

에너지소비를 줄이고 제품을 생산할 연구에 얼마든지 돈을 쓸 수 있는 권한이 주어진 것은 물론이며, 기업들은 온실가스 배출을 줄이고 환경친화제품을 만들어 판매하라는 압력을 회사 내의 임원들로부터 받고 있다. 지구가 계속 더워지는 상황에서 최고 경영자들은 간부에게 어떤 물건을 만들어야 할지를 주문하고 있기 때문에 CSO의 존재는 더욱 중요해질 수 밖에 없다. CSO는 대부분 거칠고 감성적인 데가 많다. 하지만 그들의 부상은 기업들이 궁극적으로 지속가능성과 효율의 제휴 필요성을 인식했음을 보여주고 있다. 그러면 우리의 현실은 어떤가?

1990년대 초 두산전자의 낙동강 페놀방류사건으로 혼이 난 두산그룹이 환경친화경영을 표방하고 있지만 전반적으로 구색 갖추기 그 이상도 이하도 아니라는 것이 환경계의 평가다.

그러나 뉴욕타임스의 보도에서 보듯, 세계적으로 환경담당CSO의 정착은 대세다. 우리 기업이 글로벌 기업으로 인정받고 불과 몇 년 후부터 탄소배출 규제를 받을 것이 확실한 지금, 기업에 CSO를 두어 글로벌 시대에 대비해야 한다.

CEO : Chief Executive Officer	최고경영자
CCO : Chief Culture Officer	최고문화책임자
CSO : Chief Sustainable Officer	최고지속가능경영자
COO : Chief Operating Officer	최고운영책임자
CIO : Chief Information Officer	최고정보책임자
CRO : Chief Risk Officer	최고위기관리책임자
CTO : Chief Technology Officer	최고기술책임자
CFO : Chief Financial Officer	최고재무책임자

그림 3-6 기존 유형의 C레벨

CCO : Chief Creative Officer	최고창조책임자
CCO : Chief Customer Officer	최고고객책임자
CCO : Chief Content Officer	최고콘텐츠책임자
CIO : Chief Investment Officer	최고투자책임자
CNO : Chief Networking Officer	최고네트워킹책임자
CPO : Chief Privacy Officer	최고개인정보관리책임자
CGO : Chief Green Officer	최고환경책임자
CSO : Chief Satisfaction Officer	최고고객만족책임자
CTO : Chief Talent Officer	최고인재책임자
CVO : Chief Visionary Officer	최고비전책임자

그림 3-7 미래 유형의 C레벨

7) 최고 정보 책임자(CIO: Chief Information Officer)

최고정보책임자는 정보나 정보기술에 관한 최고의 임원을 말하며, CIO 등으로 부른다. 기업 경영에 정보통신이 핵심 전략요소로 절대적인 힘을 발휘하면서 최고 정보책임자들이 점차 경영층의 핵심으로 치달으며 기업 판도마저 뒤바꿔 좋은 주요자리이다. 기업 총수인 최고경영자의 경영전략에 맞춰 사업을 펴가는 중요한 자리이다. 지난 80년대 초에 미국기업들 사이에 싹틀 CIO는 기업의 경영전략을 꿰뚫어보고 사내외의 정보통신 전문가를 경영전술에 끌어들이는 기업의 정보사령관이다. 이들은 그룹회장이나 최고경영자의 절대적인 신임아래 큰 규모의 관련 정보통신비용을 주무르며 기업의 혈액인 방대한 정보시스템을 구축해 기업의 사활을 건 정보전을 펼친다.

미국에서는 GE, 애플 등에서 도입했고, 우리나라에서는 삼성, 아시아나항공 등에서 이 제도를 도입해 실시하고 있다. 경영전략에 따른 정보전략이나 IT 투자 계획 책정 등에 책임을 진다. 정보시스템부문의 책임자를 겸하는 경우도 많다. 직무상 보고자는 최고경영책임자 일경우가 많지만, 최고 재무책임자(CFO)에게 보고하는 경우도 있다. 또 한 군사조직에서는 지휘관에게 보고한다. 개인정보를 보호하고, 정보유출을 막는 책임을 지는 기능을 담당한다.

CIO에 관련된 명확한 자격은 없지만 CIO역할을 하려면 정보과학, 소프트웨어 공학 등의 지식이 필요하다. 경영에 관한 지식이나 리더십 등의 경험도 요구된다.

8) 최고 위기관리 책임자(CRO: Chief Risk Officer)

기업 활동에 있어서 수많은 위험에 대한 대회를 위해서 최고 책임경영자를 두고 있다.

9) 최고기술책임자(CTO: Chief Technology Officer)

기업 활동 중에서 기술을 효과적으로 획득, 관리, 활용하기 위한 모든 경영지원 활동을 총괄하는 책임자다. 기술경영은 보통 연구 개발 제품개발 등의 경영 활동 중에서 생산관리나 마케팅과는 구분하여 쓰는 말이다. 기술경영은 구매 회계 노사관계와는 독립적으로 활동하여, 핵심역량 제고로 평가한다.

많은 미국 기업에서는 금융시장에서 자금조달이 핵심적인 기업 활동이었고 재무담당 최고경영자(CFO)가 CEO가 되는 것이 통례였다.

시장에서 상품의 차별화로 경쟁하였던 일본기업에서는 대부분 기술책임자가 최고경영자가 되는 경우가 많다. 한국에서는 기업의 주요 자금원이 정부의 정책자금이었으므로 기업의 경영권을 가진 사람 중심으로 운영되어 왔다.

21세기의 두 가지 큰 변화는 금융개혁과 시장개방이다. 금융개혁을 통하여 기업은 자금을 시장에서 직접 조달하게 되었고, 개방된 시장에서는 기업의 독자적인 기술이 없으면 경쟁우위를 차지하기 힘들다. 특정기업에 대한 정책적 보호가 없는 자유시장에서 기업은 경쟁을 위하여 독자적인 핵심경쟁력을 구축하여야 한다. 따라서 기업경영은 핵심역량을 구축하는 기술경영이 중심이 된다. 효율적인 기술 획득, 관리, 활용이 바로 기업의 경쟁 우위가 된다.

기술의 핵심이 기업의 전반적인 경영이라는 의미로 변하면서 기술경영과 기업경영이 기업의 주요 핵심요소이다. 첨단기술 벤처비즈니스의 최고경영자는 기술경영을 할 수 있는 자격이 있다.

두 번째는 R&D의 e-비즈니스화이다. 기업의 R&D활동이 기업 내부 종업원들의 자신들에게 내재된 지식을 보편타당성 있는 원리에 따라 지식을 실현화시키고 이를 컴퓨터 네트워크를 통하여 서로 공유하는 활동으로 변하였다.

세 번째는 고객 개개인에 맞추는 맞춤 상품의 유행이다. 정보기술의 발전으로 예측한 추세지만 인터넷의 파급으로 회사와 고객 간에 쌍방향 통신이 가능해졌고 동시에 상품의 정보비중을 크게 높이는 것도 가능해졌다.

네 번째는 기술경영의 학습조직도입니다. 종업원 개개인의 창의성을 최대로 발휘할 수 있도록 하는 조직은 기술경영에서 뿐만 아니라 기업 전반의 운영조직으로 도입해야 하지만 특히 창의적인 독립성이 기업 경쟁력과 직결되는 시대의 새로운 조류이다.

다섯 번째는 해결책의 아웃소싱이다.

기업의 핵심역량이 아닌 문제의 해결책은 외부로부터 도입하는 것이 경제적이고 효과적이다. 아웃소싱의 능력도 기업의 경쟁력이다.

기업 환경의 변화로는 세계화를 통한 개방된 시장에서 경쟁 환경과 정보통신기술의 급속한 파급으로 대량정보의 신속한 유동으로 발생하는 경쟁 환경을 선세로 하였나. 기술경영은 더 이상 기업의 독립적인 경영활동으로 간주할 수 없다.

10) 최고재무회계책임자(CFO: Chief Finance Officer)

기업의 경리, 자금, 원가, 심사 등의 조직을 하나로 통합하여 이를 총괄하는 재무담당 최고 책임자를 말한다. 종전에는 단순히 결산과 재무제표를 작성하는 것으로만 흥분했으나 기업 활동에서 직·간접 금융의 필요성이 커지고 원활한 자금흐름의 중요성이 증대되고 있어 의사결정지원으로 전환하는 것이다. CFO는 정기적으로 경영층의 전략을 검토하고, 투자자들에게 회사현황 및 향후발전 방향을 충분히 설명할 수 있어야 한다. CFO는 최고경영자(CEO), 최고업무책임자(COO)와 함께 3대 최고경영인으로 분류된다. CFO는 미국, 유럽 등에서는 보편적인 제도로 정착되었고 국내에서는 LG그룹이 최초로 도입하여 대기업을 중심으로 확산되고 있다.

- 대기업: 재무를 총괄하는 임원인 CFO(재무최고책임자)가 있고 그 아래에 자금을 담당하는 부서와 회계를 담당하는 부서가 분리되어 있다.
- 중견기업: 재경부 등의 이름하에 자금팀과 회계팀으로 구성되어 있다.
- 중소기업: 재무 또는 경리라는 명칭으로 통합 관리하는 경우가 일반적이다.

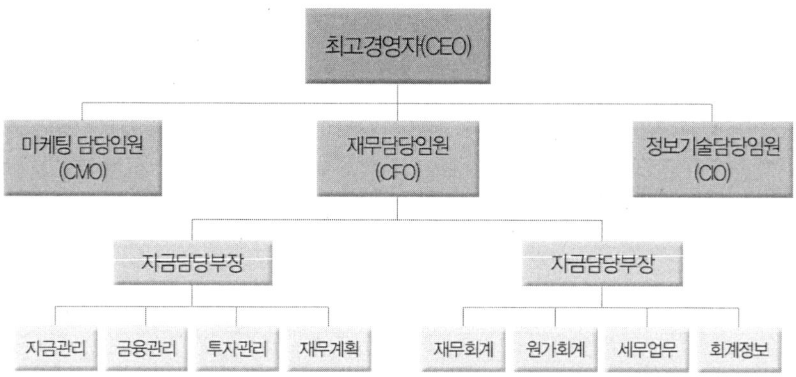

그림 3-8 기업의 일반적인 재무조직

3. 조직의 역량 강화

프레드 글럭 전 맥킨지 회장 등의 발의에 따라 발족한 MGI의 업무는 실제로 돈벌이와 아무런 관련이 없는 연구기관이다. 여기에는 노벨경제학상 수상자를 비롯하여 학자, 언론인, 등으로 구성된 별도 위원회를 두고 있다. 이 연구소는 맥킨지의 축적된 경험과 노하우를 바탕으로 세계의 정치 경제 그리고 사회적 이슈 들을 보다 거시적이고 중장기적 관점에서 파악하여 미래의 컨설팅 수요에 사전에 대응하는 역할을 하고 있다.

1) 네트워크 조직

미국의 맥킨지는 세계적인 경영컨설팅 회사로 유명하다. 전 세계 거미술 같은 구소이며 수평적 네트워크 조직이다. '지사' 대신 '사무실' 단어를 사용하게 했다. 세계 어느 곳에 있든지 간에 하나의 회사라는 점을 잊지 않기 위해서다. 맥킨지는 전문지식개발위원회(CPDE)라는 조직을 구성하고 있으며, 개인과 팀의 역량개발에 적합한 조직이다.

2) 그룹웨어조직

맥킨지의 전 회장이었던 오마이 겐이치는 맥킨지는 구성원들끼리 정보, 지식, 노하우, 지혜까지 공유하는 그룹웨어조직이다. 지식공유시스템은 많은 변화를 주었다. 신입 톰 피터스는 당시 맥킨지의 신참 컨설턴트였음에도 불구하고 그가 프로젝트에 곧바로 투입되어 재빨리 일을 추진할 수 있었던 이유는 고도로 발달한 맥킨지의 '지식공유 시스템'이 있었기에 가능했다.

3) 지식경영의 성장 동력

지구촌 국가경쟁의 최대 무기는 '지식경영'이다. 지식으로 무장한 나라나 기업은 경제, 영토, 싸움에서 공격과 방어가 자유롭다. 지식은 단순히 재산을 넘어 그 자체가 하나의 거대한 권력이다. 한국의 미래 먹거리는 바로 지식경영에 달려 있다. 1990년대 초 '기술을 살 수 있는 화폐는 지식뿐이다'며 지식경영을 재계에서는 강조해 왔다. 지식경영에는 특허, 상표, 디자인 등이 매우 중요해졌다.

사 례

페이스북 "인스타그램인수"…

세계 최대 소셜네트워크서비스(SNS)인 페이스북이 출시 두 돌도 되지 않은 사진 공유 사이트를 1조 원 넘는 돈에 사들이길 했다. 급증하는 스마트폰 이용자를 겨냥해 모바일 경쟁력을 강화하려는 포석이다.

SNS 업계의 최강자임에도 변화하는 시장 환경에 발맞추지 못하면 살아남을 수 없다는 절박함이 묻어 있다. 2012. 5월 나스닥 상장을 앞두고 페이스북의 공모가 산정에도 적지 않은 영향을 줄 것으로 보인다.

페이스북은 2012.4.9.(현지시간) "(사진 공유 사이트인) 인스타그램을 인수하기로 했다."면서 "현금과 주식 등으로 인수액을 지급하고 2012. 6월말까지 인수 작업을 마무리할 것"이라고 밝혔다.

인수액은 10억 달러(약 1조 1395억원)이며 뉴욕타임스(NYT) 등 외신은 이번 인수가 지금까지 이뤄진 페이스북의 인수·합병 가운데 가장 큰 규모라고 보도했다. 페이스북의 공동창업자 겸 최고경영자(CEO)인 마크 저커버그는 자신의 페이스북을 통해 "우리는 수년 동안 친구나 가족들과 사진을 공유할 수 있는 최적의 서비스를 제공하려고 노력했다"면서 "이번 인수로 그 서비스가 가능해졌다"고 말했다. 페이스북의 인스타그램 인수는 지금까지 기술력을 가진 소규모기업을 흡수 통합 형식으로 인수했던 것과는 달리 인수 규모는 물론 인수 후 독립적인 경영 허용이라는 점에서 차별성을 띤다.

업계 전문가들은 페이스북이 이번 '승부수'를 통해 스마트폰과 태블릿PC등 이동통신기기상에서 경쟁력을 끌어올릴 수 있을 것으로 내다봤다. 2010년 설립된 인스타그램은 스마트폰으로 찍은 사진에 쉽게 효과를 넣을 수 있도록 해 전문가처럼 사진을 꾸밀 수 있게 돕는 서비스다.

편집한 사진은 페이스북과 트위터, 플리커 등 여러 SNS에 올려 친구들과 공유할 수 있다. 2011년 애플 스마트폰인 아이폰 애플리케이션(앱)서비스를 시작한 이후 현재 이용자수는 3000만명에 이른다. 2012.4월 구글 안드로이드 운용체제(OS) 기반 스마트폰용 앱도 내놓아 성장세에 가속도가 붙을 전망이다.

웰스트리트저널 등은 페이스북이 인스타그램을 인수한 것은 상대적으로 취약한 모바일 경쟁력과, 날로 중시되는 사진을 강화하기 위한 포석인 동시에 인스타그램에 눈독을 들여온 트위터와 구글을 견제하기 위한 것으로 분석했다.

10억 달러의 돈벼락을 맞으며 '신데렐라'가 된 인스타그램은 직원이 고작 10명 조금 넘는 소기업이다. 그나마 창업 때는 공동창업주 2명을 빼고는 직원이 2명뿐이었다. 동갑내기인 케빈 시스트롬(28)과 마이크크리거는 아이디어 하나를 밑천 삼아 사업을 시작했다. 시스트롬은 스탠퍼드대 2학년생이던 2004년 같은 학교에 다니던 저커버그로부터 "함께 일해 보지 않겠느냐."는 제안을 받았다. 시스트롬이 만든 대용량 사진 공유 프로그램인 '포토박스'에 주목했기 때문이다.

페이스북의 인스타그램 인수 소식이 알려지자 일각에서는 비판의 목소리도 터져 나왔다. 인스타그램 이용자들이 "페이스북이 인스타그램에 등록한 개인정보를 마음대로 사용할 것"이라며 비판했다고 NYT가 전했다.

인스타그램 창업자 시스트롬은 무일푼 창업 15개월 만에 4556억원 '돈방석'

인스타그램 창업자 겸 최고경영자(CEO) 케빈 시스트롬이 회사 설립 15개월 만에 4억 달러의 돈방석에 앉으면서 그에 대한 관심이 집중되고 있다. 중학생 시절부터 컴퓨터 프로그래밍을 하다 대학에서 비즈니스로 눈을 돌렸다고 월스트리트저널과 비즈니스 인사이드 등이 2012.4.9.일 보도했다. 인스타그램의 지분 40%를 가진 시스트롬 외에 공동창업자 마이크크리거는 10%의 지분으로 1억 달러를 챙겼다. 직원들은 근무 연수 등에 따라 스톡옵션으로 10%를 받는다. 나머지는 창업과정에서 자금을 댄 벤처캐피털 회사들에 돌아간다. 시스트롬이 무일푼으로 벤처회사를 세워 단기간에 '초대박'을 터뜨린 것은 우연이 아니다. 2010년 10월 애플의 아이폰 전용 사진 공유 앱 서비스회사인 인스타그램을 설립하기 이전에 구글과 트위터에서 일하면서 벤처기업 설립과 매각 등의 과정을 지켜 봤다. 인터넷 포털서비스의 모바일 버전에서 구동되는 웹 표준인 HTML5에 근거한 위치 공유 서비스 회사인 비븐도 세웠다. 1983년 12월 3일 태어난 시스트롬은 미국 보스턴에서 자랐다. 2006년 스탠퍼드대학을 졸업하고 트위터를 탄생시킨 오데오에서 인턴으로 일했다. 시스트롬은 그 다음 구글에서 2년간 일했다. 그는 한 인터뷰에서 "첫해에는 지메일과 구글리더 등의 서비스 분야에서 다음 해에는 기업개발팀에서 일했다"고 말했다. 시스트롬은 자사 홈페이지에서 "소통하는 사회적 서비스에 관심을 사진에 대한 열정이 자연적으로 인스타그램 창업으로 이어졌다"고 밝혔다. 하늘과 구름을 촬영하는 것을 좋아한다.

(출처: 서울신문, 2012.4.11.)

제 4 장

인 터 넷

제1절 인터넷 환경

인터넷은 1960년대 미국 국방성의 한 프로젝트로 시작된 것으로서 표준화된 네트워크 소프트웨어를 사용하여 전 세계의 컴퓨터를 연결시켜 주는 글로벌 컴퓨터 네트워크라 할 수 있다.

이것이 점차 보편화되어 현재에는 기업은 물론 지구촌 구석구석 누구든지 인터넷에 연결하여 원하는 정보를 손쉽게 얻을 수 있는 획기적인 도구로 활용되고 있다.

1. 인터넷의 배경

인터넷으로 인하여 전 세계의 통신망이 하나의 통신망으로 연결되어 사람들은 정보를 얻고, 상대방과 정보를 주고받으며 인류에게 없어서는 안 될 존재가 되었다 즉 '네트워크의 네트워크(Network of network)'이다. 지구촌이 하나로 연결된 통신망의 구성이다. 미국의 인터넷 개발배경은 다분히 군사적인 목적에 의해 개발되었다.

미 국방부 산하 'ARPAnet(Advanced Research Project Agency Network)'이 1969년에 미 국방성에 의해 개발된 인터넷을 1991년 스위스 제네바에 있는 유럽 입자물리연구소(CERN)의 프로그래머인 팀 버너스-리(Tim Berners-Lee)가 쉽게 사용할 수 있는 프로그램으로 개발하였다. 이 소프트웨어 프로그램을 이용하여 다른 관련 문서와 쉽게 연결할 수 있는 웹문서를 개발할 수 있었다. 인터넷상에서 하이퍼 링크된 문서의 집합을 World Wide Web(WWW or W3 또는 단순히 Web)이라고 한다. 간단한 웹(web)으로 전 세계의 수많은 정보들을 인터넷을 통해 검색을 할 수가 있다. 그러므로 세계의 모든 정보들에 대한 연결망이라 할 수 있으며, 인터넷 대중화의 실질적인 주역이다.

2. 인터넷의 성장

1970년에 미국4개 대학(UCLA대학, 스탠포드대학, UC산타바바라대학, 유타대학)의 메인프레임 컴퓨터를 연결하였으며, 이 대학들이 패킷교환방식을 통해 정보연결을 시도한 것이 인터넷의 기원이다.

1972년에는 40개의 기관이 연결되어 전자우편 원격접속(remote login), 파일전송 프로토콜(File Transfer Protocol: FTP) 등의 기능을 사용하여 보다 많은 정보의 전송이 시작되었다. 그 후 이기종간의 컴퓨터 접속 문제를 해결하기 위해 DARPA(Defense Advanced Research Project Agency)가 결성되었다.

1974년에 빈톤 서프와 로버트칸에 의해 인터넷 프로토콜인 TCP(Transmission Control Protocol)와 IP(Internet Protocol)가 개발되었다.

1979년에 미국 내 여러 대학과 ARPAnet 그리고 국립과학재단이 결성하여 CSRnet (Computer Science Research Network)를 만들어 TCP/IP와 이기종의 컴퓨터를 연결할 수 있는 통신장치인 게이트웨이(gateway)를 통해 범용 네트워크 구축을 시도하였다.

1982년에 이 네트워크를 통한 정보의 전달이 현실화됨으로서 인터넷의 실질적인 연결 문제가 해결되었다. 1986년 등장한 NSFnet(National Science Foundation Network)은 미국 내 여러 대의 슈퍼컴퓨터 센터를 연결하면서 인터넷의 중추적인 역할을 하게 되었다.

1987년 미 국립과학재단(NSF:National Science Foundation)은 미국 5개 대학의 슈퍼컴퓨터를 연결하기 위하여 FSFnet를 개발하였다. NSF는 NSFnet를 개발한 후 바로 ARPANET에 연결하였는데, 이 연결 통합된 통신망이 바로 오늘날의 인터넷이다.

개인용 컴퓨터와 고속모뎀의 급속한 보급과 인터넷에 산재한 여러 정보를 하나의 통일된 인터페이스로 제공하는 1992년의 고퍼(Gopher)의 등장은 인터넷의 활성화에 지대한 공헌을 하게 된다. 이와 같은 웹(web)의 출현은 통합인터페이스는 물론 하이퍼미디어의 개념을 도입하여 각종 멀티미디어의 정보까지도 제공하는 인터넷의 혁신을 몰고 오게 된다.

특히 모자이크(Mosaic)와 넷스케이프(Netscape)등의 웹브라우저(Web Browser)의 등장은 인터넷을 보다 사용하기 쉬운 환경으로 조성해 주었다. 산업사회에서 사이버 사회로 바뀌는 오늘날 국제적으로 표준화된 정보기술이 바로 인터넷이다.

현대에는 인터넷 등장에 따른 환경의 변화가 지구촌 사람들에게 편리성을 제공함과 동시에 모든 물건의 저렴한 구매가 가능해졌다는 것이다.

첫째, 판매자와 구매자간의 관계 변화를 들 수 있는데 거래 관계가 지역장벽이 없이 글로벌화 되었다. 예를 들어, 외제차가 국산차보다도 가격이 저렴하고 품질이 우수하면 자연스럽게 외제차를 선호하는 것은 글로벌시대의 당연한 결과이다.

둘째, 적극적인 마케팅 수단으로 활용되고 있다. 인터넷 홈페이지가 단순히 정보제공 홍보차원이 아니라 적극적인 마케팅 수단으로 활용 된다

셋째, 기업과 소비자 간의 직거래가 가능하다는 것이다. 전자상거래를 통하여 기업과 기업(B to B), 기업과 소비자간(B to C)의 직거래가 가능하게 되었으며, 중간 마진이 없어짐으로서 가격하락을 가져온 기존 유통구조에 새로운 변화를 가져왔다.

넷째, 사이버 공간에서의 새로운 사업기회 창출가능성이 높아졌다.

3. 인터넷과 경영환경의 변화

인터넷은 네트워크의 확산효과를 극대화시킴으로서 기업대 기업(B to B), 그리고 기업과 소비자(B to C)간의 직거래가 가능하게 하였으며 기존 유통구조에 가격하락을 가져왔다.

경제적 측면에서 비효율성 비대칭성 즉 과거에는 공급자가 소비자에 비해 월등히 많은 정보를 갖고 있는 상황에서 시장의 효율성이 낮아질 수 밖에 없었으나, 인터넷으로 인해 지금은 소비자와 공급자가 대등한 수준의 정보를 보유하게 됨으로써 거의 비용 없이 시장의 효율이 향상된다는 점이 각광을 받고 있다.

인터넷을 활용하는 소비자가 공급자보다 더 많은 정보를 검색할 수 있기 때문에 소비자는 선택의 폭이 광범위해진 상태에서 전 세계를 상대로 다양한 정보를 신속하게 획득하여 구매 의사결정을 내리기 때문에 소비자가 얻을 수 있는 이점은 다음과 같다.

첫째, 지리적인 장벽이 없이 글로벌화 되었다는 점이다. 때문에 상점을 방문할 필요 없이 완벽한 정보를 바탕으로 다양한 제품 중에서 선택할 수 있다.

둘째, 편의성이 증대되었다는 것이다. 물품 및 서비스를 구매하는데 따른 시간과 비용의 절감을 할 수 있다는 점이다. 또한 가상점포를 통한 필요한 제품과 서비스를 일괄적으로 구매하고 해결하는 원 스톱 서비스(one stop service)를 받을 수 있게 되었다.

셋째, 저렴한 가격으로 구매 및 맞춤형 거래가 가능하다. 경쟁이 치열해짐에 따라 가격은 하락하고, 정보가 쌍방향(소비자와 기업)으로 신속하게 전달된다는 점에서 맞춤형 거래가 가능하다.

넷째, 정보가 실시간으로 전 세계로 교환됨에 따라 근로자들도 업무활동의 영역이 글로벌화 되었다. 고용 및 충원을 위한 정보를 인터넷을 통하여 폭 넓게 활용할 수 있다.

1) 인터넷에 나를 알렸더니 세계 온라인 인맥이 취직을 돕더라.

외국에서 일자리를 찾는 젊은이가 늘고 있다. 해외 취업을 꿈꾼다면 자기가 만든 프로그램, 했던 일을 인터넷에 기록하고 적극적으로 알릴 필요가 있다. 한국산업 인력공단에 따르면 해외에서 취업한 이들은 2003년 193명에서 2010년 2771명으로 10배 이상 늘었다. 산업인력공단측은 더 큰 꿈을 좇기 위해 해외로 떠나는 '글로벌 프런티어(Global Frontier)'세대 라고 말한다. 진출 국가도 곳곳으로 확산되고 있다. 미국, 일본, 캐나다 등 선진국 위주에서 중국 등 신흥국과 중동 국가로까지 범위를 넓히고 있다. 직종도 정보기술(IT)이나 기계 금속 분야의 기술직 위주에서 사무, 회계직이나 호텔, 항공사 등 서비스 직종으로 다양해지고 있다. 정부도 2009년부터 '글로벌 청년 리더 양성 계획'을 세워 해외 취업을 지원하고 있다. 다수의 지원자들은 영어로 된 해외 취업 인터넷 홈 페이지를 통해서 취업하는 사례가 많았다. 취업한 이들의 공통점은 경력보단 실력으로 평가받는 문화가 좋다 고 말한다. 해외취업을 앞두고 외국어 공부에만 매달리는 후배들에겐 외국어 실력은 비슷비슷하다, 전공을 배우든, 경력을 쌓든 외국어 말고도 자신만의 확실한 무기가 있어야 한다고 조언했다. 인터넷에 나를 알려 취업한 이들의 공통적인 사항들이다.

(자료: 산업인력공단)

그림 4-1 연도별 취업자 통계

표 4-1 해외 취업 국가별 현황 (2010년)

국가	취업인원수	국가	취업인원수
중국	745	우간디	3
호주	639	네델란드	2
캐나다	392	대만	2
일본	281	독일	2
미국	97	러시아	2
싱가포르	112	스러바키아	2
홍콩	109	알제리	2
아랍에미리트	93	온두라스	2
이탈리아	34	우크라이나	2
필리핀	33	인도	2
카타르	28	폴란드	2
뉴질랜드	25	헝가리	2
베트남	19	괌	1
캄보디아	16	네팔	1
리비아	15	노르웨이	1
몽골	13	체코	1
방글라데시	13	케냐	1
인도네시아	13	레바논	1
태국	9	콩고민주공화국	1
말레이시아	9	마카오	1
사우디	5	마이티	1
쿠웨이트	4	예멘	1
트르크메니스탄	4	파크스탄	1
과테말라	3	요르단	1
키르기스탄	3	우즈베키스탄	1
세계 50개국		2771명	

2) 인터넷이 미치는 산업구조

인터넷을 통해 기업이 고객에게 다가갈 수 있는 관계로 새롭고 직접적인 통로를 제공하기 때문에 유통의 협상력을 약화시킨다. 인터넷은 다양한 방식으로 산업의 효율성을 향상시킨다. 인터넷 기술로 공급자와 관련된 정보로 구매자의 협상력을 강화시킨다. 또한 인터넷은 조직화된 판매 인력과 기존 유통망에 대한 접근 등으로 필요성을 감소시킨다. 인터넷의 개방성은 기업의 독점적인 공급을 지속적으로 유지하기가 곤란하다. 다수의 기업이 인터넷을 통하여 파괴적인 가격경쟁에 참여시켜 변동비 및 고정비용 위주로 비용구조가 형성된다.

인터넷을 통하여 기업의 구매와 마케팅, 유통 등 난관이 줄어들 수는 있지만 구매자와 판매자가 거래를 성사시킨다고 반듯이 수익이 창출되는 것은 아니다.

3) 인터넷을 통한 국내 창업

인터넷을 통해서 해외로 진출하는 부류가 있는가 하면, 국내에서 인터넷을 활용하여 창업하는 부류도 있다. 아이디어만 있고 돈은 없어 막막했던 소규모 벤처 창업자, 앞으로 인터넷을 통해 사업 아이디어만 있고 자본은 없어 막막했던 소규모 벤처 창업자 앞으로 인터넷을 통해 사업 아이디어를 알리면 수백 명으로부터 10만, 20만원씩 자금을 모아 초기 투자금을 마련할 수 있는 길이 열린다. 바로 '크라우드 펀딩(crowd funding)'이 그것이다. 크라우드 펀딩이란 인터넷이나 트위터, 페이스 북 등 소셜네트워킹서비스(SNS)를 통해 다수의 투자자로부터 자금을 모으는 것으로 아이디어를 사업화하기 위해 2억~3억원 가량의 자금이 필요한 소규모 벤처가 이용할 만한 자금조달 방식이다. 이것은 조기 벤처가를 위한 새로운 자금조달 통로가 생기는 것이다.

4) 인터넷의 산업구조에 미치는 영향

- 제품 및 서비스에 대한 대체제의 위협이 나타나고 있다. 인터넷은 모든 산업에서 효율성을 향상시킴으로써 시장규모를 확대시킬 수 있다.
- 인터넷의 활용방법이 급속히 확대됨에 따라 새로운 대체재의 위협이 나타나고 있다.
- 공급자의 협상력으로써 인터넷을 통해 보다 많은 고객에게 접근 할 수 있는 통로를

제공하기는 하나 인터넷을 활용한 조달업무는 공급자에 대한 협상력을 증대시키다.

- 인터넷은 중간상의 개입 여지를 줄임으로써 공급자가 최종 구매자에게 도달할 수 있는 채널을 제공한다.
- 인터넷을 활용한 조달업무와 디지털 장터를 통해 공급자에 접근할 수 있는 기회를 모든 기업이 동등하게 갖게 되며, 차별화 요인이 사라지자 표준화된 제품을 구매하게 된다.
- 낮아진 진입장벽과 경쟁자의 급속한 증가로 공급자의 협상력이 강화된다.
- 구매자의 협상력은 강력한 힘을 지닌 유통망이 사라지거나 전통적인 유통망에 대한 협상력이 개선된다. 또한 협상력이 최종 고객에게 이전되고 전환비용이 감소한다.
- 진입장벽은 판매원, 유통망 접근, 물리적 자산의 필요성과 같은 진입장벽이 낮아진다. 인터넷 기술로 인해 불필요해졌거나 예전에 비해 훨씬 쉽게 수행하게 된 일이 있다며, 인터넷 기술로 인해 진입장벽이 낮아진 것이다.
- 신참자들로부터 인터넷 응용 프로그램을 독점적으로 지켜내기란 어렵다.
- 신참자들이 많은 산업으로 홍수처럼 밀려들어가고 있다.
- 독점적 제공물의 유지가 곤란해짐에 따라 경쟁자 간의 차이점이 적어진다.
- 경쟁 양상은 가격경쟁으로 바뀌고, 경쟁자 수가 증가함에 따라 시장의 지리적 경제가 확대된다. 또한 가격할인 압력이 증가함에 따라 고정비에 비해 변동비의 비중이 낮아진다.

4. 인터넷의 미래

글로벌 지구촌 세상은 모두 인터넷으로 통한다. 사람, 기업, 행정서비스 등이 인터넷을 통해 편리함을 가져다주는 사회인프라이기 때문이다. 오늘날 다양한 형태의 콘텐츠가 많이 개발되었으며, 새로운 서비스에도 빨리 적응하고 있다.

예를 들어 IP 주소를 32bit 즉, 현재의 인터넷 주소 43억(IPv4)개의 사이트를 가지지만, 미래에는 IP주소를 128bit까지 무한대(IPv6)의 주소가 가능하게 되었다.

이렇게 인터넷 혁명을 불러일으키게 되면서 큰 발전을 가져오며, 인류생활에 대 전환기를 맞이하게 된다.

〈인터넷 와인구매〉

수입와인을 인터넷에서 30% 저렴하게 구입할 수 있다. 정부가 수입와인 인터넷 판매를 허용한다고 했을 때, 와인 통신판매 즉 온라인, 전화주문, 택배판매로도 가능하다.

인터넷판매로 와인 가격인하효과를 가져온다. 부작용도 우려되는데, 탈세우려, 청소년접근성, 국민건강 저해, 형평성 논란 등이 있다. 하지만 이런 우려는 시스템적으로 보완하면 가능하다.

수입 와인 인터넷 판매 활성화로 가격 인하 효과를 가져 온다.

주류 인터넷 판매는 전통주에 한해 이미 진행(2010년 4월)되고 있는 상황이다. 와인 인터넷 판매에 있어서는 성인 인증시스템을 따라야 한다. 전통주는 인터넷판매 활성화 방안으로 범용 인증서뿐 아니라 은행용 공인 인증서로도 성인 인증을 허용하고 하루 최대 판매량을 100병 까지 허용한 상태이다.

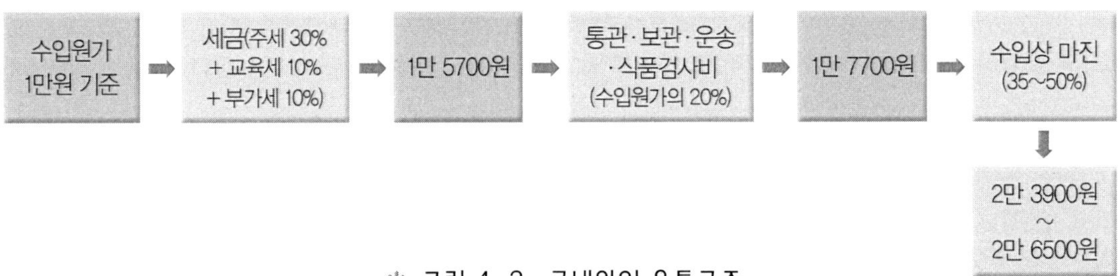

그림 4-2 국내와인 유통구조

제2절 인터넷의 구성 원리

컴퓨터들을 서로 연결하려면 통신규약(protocol)이 필요하듯이 인터넷은 TCP/IP(Transmission Control Protocol/Internet Protocol)통신 프로토콜을 사용하고 있으며 독특한 IP 인터넷 주소를 가지고 있다.

1. 인터넷 프로토콜

사용자가 인터넷상에서 메시지를 보내고자 할 때, TCP는 메시지를 패킷으로 조각내고 나중에 다시 이를 조합하는 역할을 하며, 분할된 각 패킷을 해당 목적지 컴퓨터의 IP

주소를 가지고 있다.

IP는 패킷이 정해진 목적지로 보내지도록 하는 역할을 수행한다. 패킷은 클라이언트 컴퓨터에서 해당 서버 컴퓨터로 보내지는데 해당 목적지 컴퓨터에 도달하기 위하여 라우터(Router·망간을 연결해 주는 장비)라는 인터넷장비를 통하여 해당 목적지 컴퓨터로 전송된다. 역으로 서버 컴퓨터에서 클라이언트 컴퓨터로 보내고자 하는 각 메시지도 패킷으로 분할된다. 분할된 각 패킷은 해당 IP 주소를 갖고 있기 때문에 인터넷 망에 있는 라우터 장비를 사용하여 서버 컴퓨터는 해당 목적지 클라이언트 컴퓨터로 패킷을 전송한다. 그래서 TCP/IP는 인터넷에 있어서 매우 중요하다.

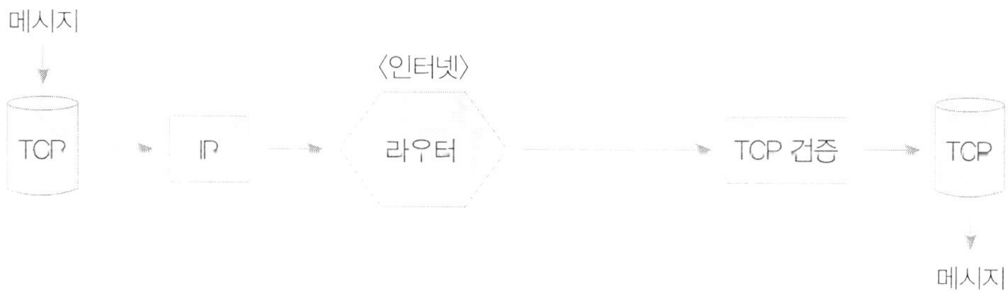

그림 4-3 TCP/IP 개념도

2. 도메인 네임 시스템(DNS)

인터넷 사용자가 10 숫자로 된 IP주소(205.127.32.81)를 기억하는 것이 어렵기 때문에 도메인 네임 시스템(DNS: domain name systems)이 IP주소를 도메인 이름으로 바꾸어준다.

도메인 이름(domain name)은 인터넷에 연결된 서버 컴퓨터의 IP 주소에 해당하는 인간이 기억하기 쉬운 문자(WWW.naver.co.kr)로 된 이름이다.

도메인 명칭을 한국인터넷진흥원(National Internet Development Agency of Korea) 창구에 등록해야 한다. 한국 최 상위 도메인인 kr이 필요한 경우가 여기에 해당된다. 또 국제인터넷주소관리기구(Internet Corporation for Assigned Names and Numbers: ICANN)은 com, 또는 net이 필요한 경우에 여기에 등록을 해야 한다.

도메인 네임 시스템은 IP 주소와 도메인 명칭에 대한 정보를 토대로 변환시켜 주는 역할을 하는 서버이다.

표 4-2 DNS의 계층구조

상위·도메인 (기관 성격 및 국가코드)	com, edu, gov, net, org 신규추가: biz, info, aero coop, museum / co.kr, ac.kr
2차 도메인 (기관 이름: mit, amazon, chosun, kbs 등)	mit.edu, amazon.com, chosun.com, kbs.co.kr
제3차 도메인(서버 컴퓨터 이름)	www.mit.edu, www.amazon.com, www.chosun.com, www.kbs.co.kr

네이버 웹페이지를 요청할 때 여러분이 브라우저 창에 www.naver.co.kr을 입력하면 DNS서버가 이를 202.131.30.83 변환하여 인터넷으로 내보낸다. 인터넷은 www.naver.co.kr를 이해하지 못하므로 이런 변환작업은 반드시 필요하다.

도메인 명칭에 변환은 여러 절차를 거쳐 작동한다. 국제인터넷주소 관리 기구인 ICANN은 전 세계에 걸쳐 수십 대의 대형 컴퓨터에 최상위인 com을 도메인정보에 담아두고 있다. 예를 들면 www.abc.com을 변환하려면 우선 가장 근처에 있는 ICANN의 최 상위 도메인 서버에 접근해 com 도메인 서버를 변환해주는 서버의 IP주소를 알아낸다. 이어 이 서버에 접속해 abc.com 주소를 변환해주는 서버의 IP주소를 알아낸다. 그런 다음 그 서버에 접속해 www.abc.com의 IP주소를 파악해 낸다.

이렇게 복잡하게 진행되는 것처럼 보이지만 실제로 매우 빨리 수행된다. 그 이유는 수천대의 DNS 서버가 실제 존재하기 때문이다. ISP업체, 대학교, 정부기관, 대기업, 등에 자체적으로 구축되어 있다.

제3절 인터넷 관련 기술

기업에서는 인터넷을 기반으로 인트라넷과 엑스트라넷을 활용하여 원가를 절감하고, 기업의 리드타임 및 대고객 응답시간을 절감하고 있다. 또한 기업들은 전자상거래를 이용하여 정보를 공유하여 고객 및 공급업체를 하나로 묶고 신제품과 서비스를 개발하여 경영활동을 혁신시키고 있다.

1. 인트라넷과 엑스트라넷

1) 인트라넷(Intranet)

인터넷을 활용하여 손쉽게 기업정보통신망을 구축하려는 것이 인트라넷의 출발이다. 기업들은 사내의 통신망 구축을 위한 별도의 전용선구축에 따른 비용 또는 기술 등 많은 어려움이 있으나, 인터넷과 같은 공중통신망을 활용함으로서 이러한 문제점들이 해결될 수 있게 되었다.

인트라넷은 TCP/IP 프로토콜을 지원하는 LAN을 기반으로 기업 내의 모든 정보를 인트라넷 서버(웹 서버)에 저장하고, 이것을 웹브라우저를 통해 검색하는 개념이다.

인트라넷을 활용하여 얻을 수 있는 기업가치는 종업원들을 별도로 훈련시킬 필요가 없고, 비용을 절약할 수 있고 지역에 관계없이 기업전체의 커뮤니케이션 향상과 신속한 업무처리, 멀티미디어 문서제작 가능, 각종 서류의 표주화로 조직의 표준화가 이루어진다.

아울러 비즈니스 정보수집, 정보 분석, 의사결정 등 온라인 경영정보시스템 구축이 가능하다는 것이다. 그러나 인트라넷의 진정한 가치는 인터넷을 활용하여 구축된 네트워크에 연결된 사용자 측 단말기를 가지고 네트워크에 연결된 모든 다른 컴퓨팅 기기와 통신이 가능하다는 점이다.

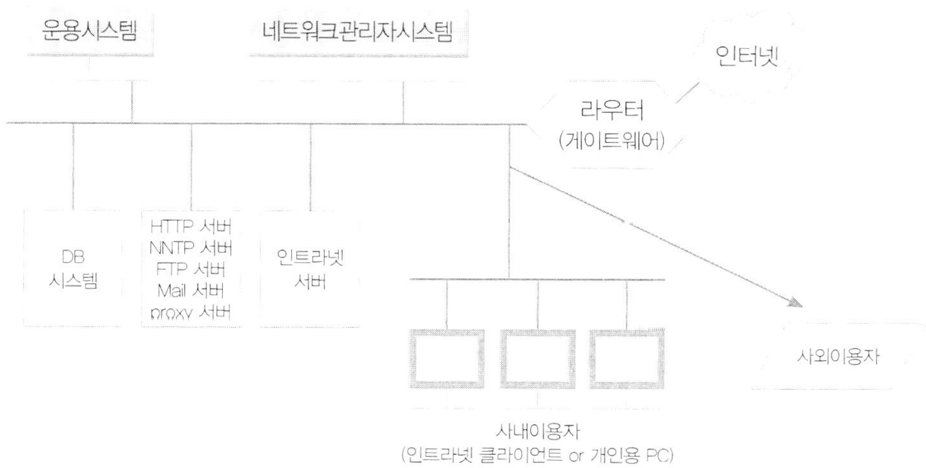

그림 4-4 인트라넷의 구조

2) 엑스트라넷(Extranet)

엑스트라넷은 외부 거래업체들과 정보를 공유하고 업무를 수행하기 위한 시스템으로 정의할 수 있다. 즉 기업체 외부와의 통신을 전제로 한 것이다. 인터넷이 세계적인 통신 체계로서 불특정 다수인들에게 정보교환을 위한 매체라면 엑스트라넷은 공통된 관심과 이익 및 사업을 수행하는데 있어 거래하는 특정 집단과의 통신채널이라는 것이 다른 점이다.

즉, 기업 외부에 있는 협력회사, 거래은행, 대리점, 및 자재 공급업체, 관공서 등 기업에서 수행하는 사업과 관련된 집단 및 최종소비자를 위한 정보교환의 통신구조를 웹 기술을 기반으로 구축한 것이 엑스트라넷이다.

아울러 기업의 내 외부 관련 업체와 인터넷을 통한 실질적인 정보공유의 차원을 넘어 재화와 서비스가 교환되는 전자상거래의 기반을 형성하는 글로벌시장을 형성해 주기도 한다.

엑스트라넷을 활용하는 기업의 가치로는 기업이 고객 및 공급업체와의 전략적 관계를 수립하고 강화시킬 수 있는 새로운 방안으로서 시장 지향적인 제품을 신속하게 출시할 수 있도록 온라인 제품개발, 마케팅, 고객지향적인 요구사항 등을 적극 수용한다. 그러므로 외부 관련업체와 상호 긴밀한 협조체제에 따른 업무협조를 통하여, 보다 나은 제품 및 서비스와 생산성 향상에 기여한다는 것이다.

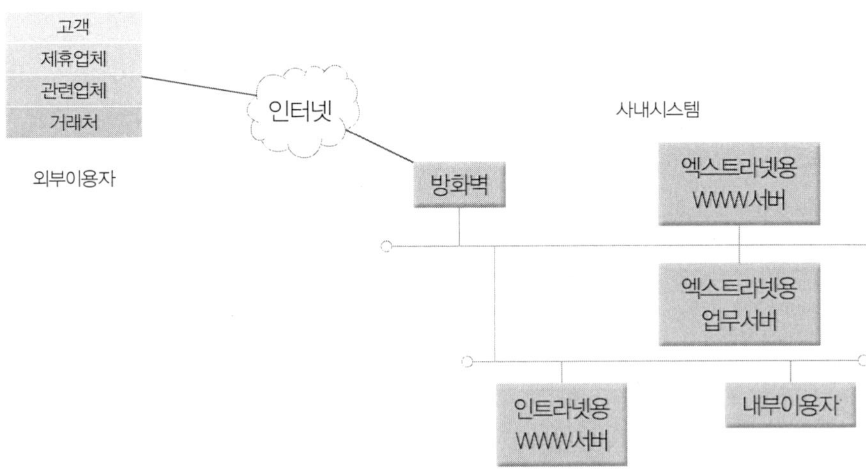

그림 4-5 엑스트라넷의 구조

2. IP주소(IPv4)

우편물 주소가 정확해야 우편을 받아 볼 수 있듯이 이메일 주소가 있어야 사용자에게 보낼 수 있다. 컴퓨터 네트워크에서 IP(Internet Protocol) 주소는 전 세계 컴퓨터에 중복되지 않고 사용할 수 있도록 부여된 주소이다. 우리나라의 IP주소는 한국인터넷진흥원(www.kisa.or.kr)에서 관리한다. 인터넷에 연결된 컴퓨터IP주소는 IPv4(IPversion4)의 형태이고, 주소체계는 3자리 숫자가 4마디로 표기된다. 표기되는 숫자는 총 32개이며, 123.123.123.123.'과 같은 식이다.

따라서 옥텟의 숫자는 0~255를 넘을 수 없고, IP주소로는 4개의 십진수로 나타내며 0.0.0.0.에서 255.255.255.255.까지 약 43억 개의 IP주소를 가질 수 있다. 그러나 고유한 IP주소를 가져야 하는 상황에서 인터넷이 전 세계적으로 많이 사용하다보니 IP주소가 고갈되어 가고 있는 상황이다.

IP주소의 앞부분은 네트워크 번호가 되고, 뒷부분은 호스트 번호가 된다. IP주소체계는 클래스 A .B. C 가 있다.

A Class : Network Address 0–127

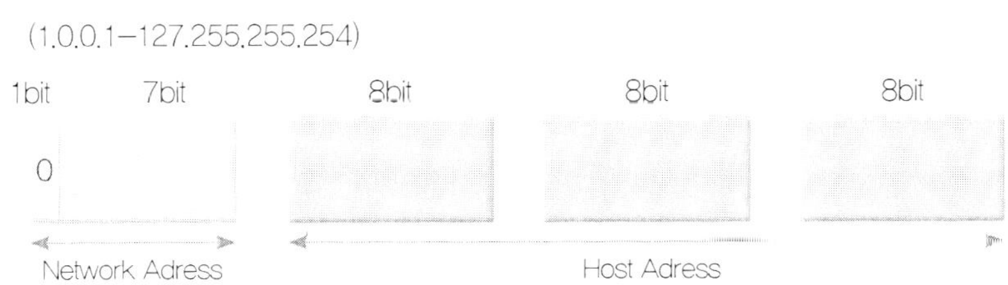

그림 4–6 IP의 네트워크 주소와 호스트 주소

클래스 A는 앞의 8bit가 네트워크 번호를 나타내지만, 항상 0으로 시작하기 때문에 1bit를 제외한 앞 7bit가 네트워크 번호이다. 뒤의 24bit가 호스트 번호를 나타낸다.

B Class : Network Address 128-191

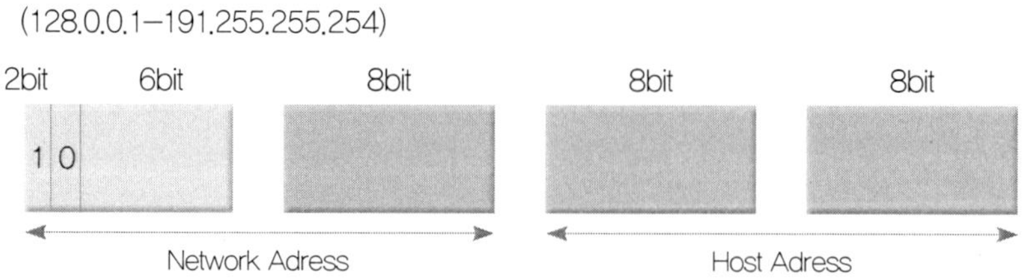

클래스 B는 앞의 16bit가 네트워크 번호가 된다. 항상 10으로 시작하기 때문에 2bit를 제외한 앞 14bit가 네트워크번호가 된다. 뒤의 16bit가 호스트번호를 나타낸다.

C Class : Network Address 192-223

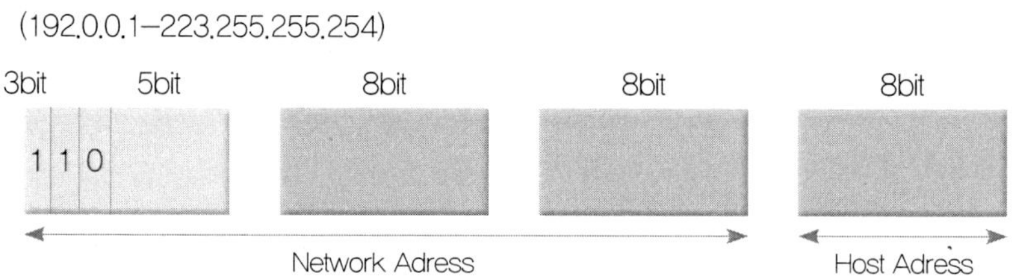

클래스 C는 앞의 24bit가 네트워크번호가 된다. 항상 110으로 시작하기 때문에 3bit를 제외한 앞 21bit가 네트워크 번호가 된다. 뒤의 8bit가 호스트번호를 나타낸다.

클래스 A는 총 IP주소의 50%를 차지하고 있으며, 대형 통신업체 및 GE, IBM, Ford 자동차 등 대기업이 차지하고 있다. 총 128(2의 7승)개의 네트워크가 있으며, 각 네트워크 당 최대 16,777,214(2의 24승)개의 호스트를 지원할 수 있다.

클래스 B는 총 IP주소의 25%를 차지하고 있으며, 대형 통신업체나 글로벌기업 등이 차지하고 있다. 16,384(2의 14승)개의 네트워크가 있으며, 각 네트워크 당 최대 65,534(2의 16승)개의 호스트를 지원 한다

클래스 C는 총 IP주소의 12.5%를 차지하고 있으며, 특수 목적용으로 지정되어 있다. 2,097,152(2의 21승)개의 네트워크가 있으며, 각 네트워크 당 최대 254(2의 8승)개의 호스트를 지원할 수 있다.

미국정부와 대기업들은 미래에 사용하기 위해 수백만 개의 IP주소를 보유하고 있다. 상당한 수의 클래스A 및 B호스트 주소가 사용되지 않고 있기 때문에 최근 인터넷 인구가 급성장하는 것을 고려할 때 IPv4 체계로 계속 운영된다면 IP주소의 부족 사태가 초래될 것이다.

이와 같이 IP주소 부족 문제를 해결하기 위해 새롭게 제시된 신규 버전이 IPv6이다. 새로운 IP주소는 숫자가 128개로 늘어나고, 마디도 16개로 증가하여 거의 무한대로 사용할 수 있다. 이런 현상은 컴퓨터 관련 기기뿐만 아니라 소비자들이 편리하게 사용하는 일반가전제품에도 IP주소를 부여할 수 있어 각 기기간의 통신이 가능해진 '유비쿼터스'시대가 도래 할 것이다.

3. IP주소(IPv6)

IPv6는 IPng의 일부분으로 여기서 ng는 New Generation의 약자로 IP가 업그레이드 되는 것을 말하는 것이고 IPv6에서 v6는 IPng의 6번째 버전이라는 의미이다. 버전 업그레이드 작업은 앞으로도 계속 인터넷 표준화 작업 기구인 인터넷통신규약(IETF: Internet Engineering Task Force)을 통해 진행되고 있다.

IPv6는 128bit의 주소체계로 3.4×1038개의 주소를 가지고 있으며, 주소도 CIDR를 기반으로 계층적으로 할당한다. 주소 유형은 유니캐스트, 멀티캐스트, 애니캐스트, 3가지다. IP주소의 길이가 128bit로 늘어났으며, 이는 폭발적으로 늘어나는 인터넷 사용에 대비하기 위한 것으로 네트워크 속도의 증가에 대처하고 특정한 패킷 인식을 통한 높은 품질의 서비스를 제공하고자 한다.

IPv4의 주소구문은 157.143.167.53와 같은 숫자로 표시되는데, IPv6은 이진수 형식으로 (0010000111011010101010001000111 … 11101 등 128bit로 표시되고 다시 16비트(0010000111011010)씩 8개 블록으로 나누어진다. 16bit 블록은 16진수로 변환되고 21DA:00D3:0000:2F3B:02AA:00FF:FE28:9C5A와 같이 쌍점(:)으로 구분된다. 0을 없애고 21DA:D3:0:2F3B:2AA:FF:FE28:9C5A로 단순하게 주소를 만들 수도 있다. 이 경우 각 블록마다 하나의 숫자가 있어야 함으로 한 블록에 0만 있을 경우에는 하나는 남겨 두어야 한다.

이 정도의 bit라면 T.V, 세탁기, 라디오 및 거리에 있는 자동판매기에도 IP를 부여하고 남을 개수이다. 인터넷으로 자동판매기에서 팔린 음료수의 개수가 판매수익 등을 웹으로 볼 수 있고 직접 자판기를 조정할 수도 있다. IPv6는 암호처리 및 사용자의 인증을 내장함으로서 안정적인 네트워크를 구성할 수 있을 것이다.

표 4-3 IPv4와 IPv6의 비교

구 분	IPv4	IPv6
주소크기(개수)	32비트(약 43억개)	128비트(약 43억 × 43억 × 43억 × 43억개 → 거의 무한대
표시 방법	8비트씩 4부분으로 10진수로 표시 (예: 201.25.6.33)	16비트씩 8부분으로 16진수로 표시 (예: 2002:0203:abcd:dddd : 0000 : gggg:1111)
헤더필드	기본 12개(복잡)	기본 8개(단순)
플러그 & 플레이	없음	확장기능에서 기본으로 제공
주소 할당체계	A, B, C, D 등 클래스단위의 비순차적 할당(비효율적)	네트워크 규모 및 단말기 수에 따른 순차적 할당(효율적)
모바일 기능	곤란(비효율적)	가능(효율적)
웹 캐스팅	곤란	가능
보 안	IPsec 프로토콜 별도 설치	확장기능에서 기본으로 제공

제4절 인터넷의 문제점 및 대응 방안

인터넷은 현대인에게 필수가 되었다. 그래서 인터넷의 오남용 위험은 더 높아지고 있다. 특히 인터넷이 개방성을 갖는 우리 공용의 네트워크이다 보니 위험성도 크고 그만큼 피해도 크다고 하겠다.

1. 인터넷 해킹

인터넷이 관공서나 기업들에게 활발하게 사용되면서 불법 해킹에 대한 많은 주의가 필요하게 되었다. 가장 일반적인 공격으로 Dos(서비스거부)와 DDos(분산서비스거부)공격이다. Dos(Denial of Service)와 DDos(Distributed Dos)는 대상 컴퓨터에 ping 메시지를 집중으로 몰리게 함으로서 시스템 자체를 다운되게 만든다. 좀비(Zombie)는 공격한 사람이 시키는 대로 따라서 하는 개념이며, 컴퓨터가 좀비에 감염되는 경로는 이메일바이러스, 파일공유사이트, 채팅 등이 있다.

좀비에 감염되면 스펨 메일을 대량으로 발송하면서 또 피싱(phishing) 메일로 보내기도 한다. 피싱은 적법하게 보이는 이메일을 상대방에게 은행, 신용카드, 전자상거래 사이트 등에서 보내는 것처럼 여러 사람들에게 신상 및 계좌번호를 요구하여 정보를 입력하면 피싱자에게 속아 피해를 본다는 것이다. 파밍(pharming)은 인터넷뱅킹을 무대로 피싱을 더욱 고도화한 사기수법이다. 피싱처럼 위장 이메일을 보내지 않고 아예 은행 사이트를 중간에 탈취(도메인 하이재킹)하는 방식이다.

바이러스는 인터넷을 통해 감염되는데, 파일을 다운받거나, 이메일을 열어 볼 경우에 감염되는 것으로서 파일삭제, 프로그램제거, 하드디스크 파괴 등 다양하다.

2. 사이버 테러(Cyber Terror)

전산망 해킹이나 악성코드 유포처럼 고도의 기술적 방법으로 거대 정보통신망을 공격하는 것이다. 여러 대의 PC가 한 사이트에 집중적으로 접속해 시스템을 마비시키는 '디도스(DDos·분산서비스거부)'공격 등이 대표적 수법이다. 개인 차원의 해킹보다 피해가 훨씬 크다.

국내 주요 전산망에 침입하는 전 세계 해커들과 '소리 없는 전쟁'을 치른다. 사이버 테러가 발생하면 나라 전체가 치명적으로 타격을 입을 수 있기 때문이다. 한국은 전 세계에서 손꼽히는 'IT강국'이다. 국민 절반이상이 스마트 폰을 이용하고, 인터넷 속도 역시 세계 최고 수준이다. 훌륭한 네트워크 인프라를 갖췄다는 것은 역설적으로 그만큼 사이버 테러도 빠르게 이뤄질 수 있다는 것을 의미한다. 한국은 전 세계 악성코드 감염률 1위와 유포율 3위에 올라 있다. 국내에서 발생한 사이버 테러는 9607건, 최근 5년 새 80%대에서 66%로 낮아졌다. 해커들의 공격 방식이 날로 진화하고 있기 때문이다. 하루에 6만개 이상의 신종 악성코드가 출현하는데, 이중 실제 공격을 위한 부분이 20%, 분석 방해를 위한 부분이 80%가 된다. 따라서 분석할 때마다 코드가 다른 형태로 바뀌는 등 신속하게 파악하는 데 어려움이 있다.

특히 사회적 이슈들을 이용해서 악성코드에 이용된 것이 좋은 예이다. 해커들은 악성코드를 담은 첨부파일에 사회적 관심사가 될 만한 제목을 붙여 이메일로 보낸다.

이 첨부파일을 열어보면 해커가 조종하는 '좀비PC'로 포섭된다. 자신도 모르게 주요 국가기관의 사이트를 공격하는 데 활용 될 수 있는 것이다.

표 4-4 사이버 테러의 주요 내용

	유형	내 용
1단계	인터넷 단절	• 사회적 혼란 불가피
2단계	각종 서비스 불통	• 주식거래 • 인터넷뱅킹, 신용카드 결제 • 교통 물류시스템 • 인터넷 쇼핑 • 메신저 SNS • 주요 포털, 공공, 민간 웹사이트 • 전자행정 시스템 • 이메일 • 지식정보, e-러닝 서비스 • 병원 환자 관리 시스템 • 발전소, 상하수도 등 공공 인프라 • CCTV 및 보안 시스템
3단계	생활마비	• 자금 유동성 약화 • 금융 업무 마비 • 현금 및 수표이용 급증 • 택배, 운송업체 업무마비 • 온라인콘텐츠 기업 도산 • 온라인홍보, 커뮤니케이션 수단 상실 • 전자, 우편 과부하서비스 지연 • 웹 데이터손실 • 기업내 기업간 거래·전산 업무마비 • 전통적 교육 수단으로 회귀 • 진료사고 및 진료대기 시간 증가 • 상하수도 및 환경 문제 발생 • 에너지, 물 등 생활필수품 공급부족 • 치안 및 안전 문제 심화
4단계	산업 사회 붕괴	• 금융시장 붕괴 • 탈세 급증, 재정투명성 약화 • 운송, 물류산업 붕괴 • 온라인 콘텐츠시장 붕괴 • 출판, 공연, 관광산업 위축 • 사회 불안 및 공포분위기 만연 • 의료 및 보건환경 악화 • 노동력 질 저하 고용시간 경색 • 교육 시장의 양극화 획일화 • 공공 및 기업 행정 마비

페이스북이나 트위터 같은 소셜네트워크서비스(SNS)도 악성코드의 주요 유통 창구다. 호기심을 일으키는 문구와 함께 짧은 웹페이지 주소를 붙이는 방식이 주로 이용된다. 모든 생활이 인터넷에 연결된 지금, 사이버 테러가 발생하면 사회적 혼란이 불가피하다. 테러로 인터넷망이 단절될 경우 금융, 운송, 문화, 교육, 건강, 보안 등 사회 전 부문이 무너진다. 가장 민감하게 반응하는 곳이 금융시장이다. 주식거래는 물론 인터넷뱅킹과 신용카드의 사용이 즉각 중단된다. 또 스마트폰 트위터, 페이스북은 물론 카카오톡, 이메일 등 모든 커뮤니케이션 등이 정지된다. 포털 사이트 역시 이용이 불가능하다.

병원에서 진료사고가 벌어지고, 전기, 가정, 상하수도 등에서도 문제가 발생할 수도 있다. 인터넷 단절이 장기화할 경우 대표적인 사례가 지난 2007년 4월 에스토니아에서 발생한 국가 마비 사태이다. 에스토니아는 발트해의 인터넷 강국이다.

당시 대통령궁을 비롯해 의회, 정부, 은행, 언론사 등 주요 기관의 홈 페이지와 전산망에 디도스(DDos)공격이 감행됐다. 특정 사이트에 엄청난 양의 접속이 몰려 서비스 불능 상태에 빠뜨리는 수법이다. 전 세계 100여 개국에서 100만대 이상의 '좀비PC'가 동원됐다. 인구가 130만 명에 불과한 에스토니아가 감당하기 어려운 수준이었다.

에스토니아는 해외에서 유입되는 접속을 차단했다. 하지만 3주 동안 지속된 공격에 국가 기간망이 1주일 이상 마비됐다. 금융거래행정업무가 불통상태가 됐다. 피해 규모는 수천만 달러에 이르는 것으로 추정된다.

사이버 테러의 특성상, 공격 주체를 명확히 밝히기는 그만큼 어렵다. 최근에는 국가 주요시설을 대상으로 극도로 정교한 공격을 감행하는 사례도 발생, 세계 각국이 심각한 국가적 위협으로 인식하고 있다. 군사적 무기 수준의 악성코드 '스턱스넷(StuxNet)'이 대표적이다. 스턱스넷은 전력, 철도, 항공, 수도, 원자력 등 국가기반 시설을 감시 통제하는 전산 시스템을 공격한다.

최근 미국의 한 발전소에서는 악성코드가 터빈통제 시스템을 공격하는 바람에 3주간 발전소 가동이 중단되는 사례가 발생했다. 외부 용역업체 직원이 악성코드가 깔린 USB 메모리를 발전소 내부 컴퓨터에 꽂았다가 발생한 사건이었다.

실제로 한국수력원자력은 2011년 한 해 동안 900여건의 해킹 시도가 있었다고 밝혔다. 사이버 테러에 대한 위협이 점차 증대되는 만큼 전국가적 차원의 대응 체계가 필요하다.

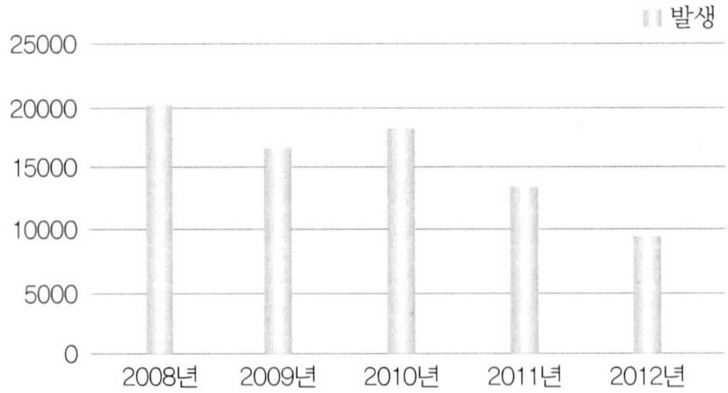

그림 4-7 국내 사이버 테러 빈도 수

표 4-5 국가 주요 기관 사이버 테러 사례

시기	대 상	사 례
2009. 7	한·미 35개 주요 사이트	• 디도스 공격으로 사이트 마비 • 국내외 좀비 PC 27만대 동원
2011. 3	금융사 등 40개 주요 사이트	• 디도스 공격으로 사이트 마비 • 좀비 PC 10만대 동원
2011. 4	농 협	• 농협 전산망에 악성 코드 침투 • 인터넷뱅킹, ATM서비스 마비 • 관리자 컴퓨터 감염시키는 공격방식
2012. 6	중앙일보	• 홈 페이지 변조 및 신문 제작 데이터 삭제

3. 인터넷 문제점 및 대응 방안

인터넷 이용의 가장 큰 문제는 개인 정보의 유출이다. 전자상거래로 개인의 신상 정보들이 노출되어 이를 불법으로 탈취하여 악용하려는 사람들이 날로 첨단화하여 피해를 주는 사례가 늘고 있다. 아울러 다수의 기업들이 고객의 신상정보, 계좌정보, 거래 설정 등을 요구하면서 고객들의 정보를 축적하고 있다. 축적된 고객관련 정보를 잘못 관리할 경우 이들 정보가 유출되어 큰 보안사고로 이어질 가능성이 있다.

국내에 등록된 통신 판매업체만 30만개가 넘는다. 대부분 PC에 개인정보를 저장하면서 아무런 보안 기술을 적용하지 않아 해킹 피해 우려도 크다. 물품 판매업체와 계약할 때 고객정보를 유출하면 불이익을 준다는 내용을 계약서에 명시하고, 또한 개인정보 보호 교육도 하지만 수많은 업체를 일일이 관리하는 것은 불가능하다.

따라서 홈쇼핑과 오픈마켓업체들이 파일을 암호화해 협력업체에 제공하면 고객 데이터베이스(DB)가 중간에 유출되더라도 내용을 알아볼 수 없지만, 아무런 조치 없이 고객들의 개인 정보가 담긴 파일을 암호화하지 않고 엑셀 등 누구나 열어볼 수 있는 형태로 협력업체에 넘기면 일이 커질 수 밖에 없다.

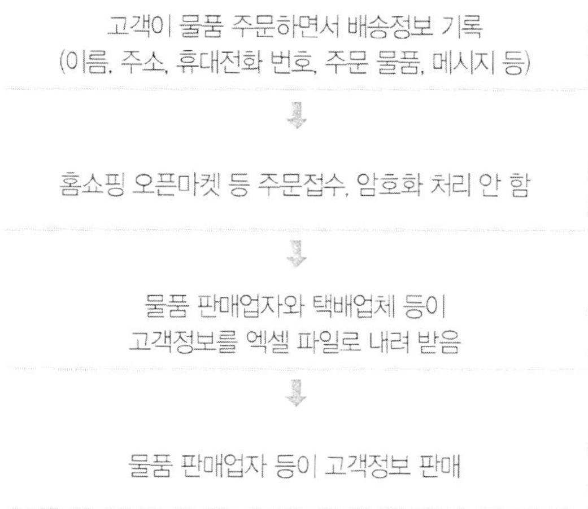

그림 4-8 개인정보 유출 흐름도

소비자는 상품을 구매하면서 주문자나 배송지에 대한 정보를 기록한다. 이러한 정보가 다른 인터넷 쇼핑몰이나 택배업체, 대부업체에 넘어가 개인정보가 유출되면 소비자들은 각종 스팸 메시지에 시달리거나 '피싱'같은 범죄 피해를 볼 수도 있다.

보안 전문가들에 의하면 암호화가 안 된 주문정보가 하루 최소 250만 건 가량 유출되거나 불법적으로 쓰여 진다고 한다. 물품 판매업체들은 수집한 주문정보를 개인 동의 없이 상품판매를 위한 데이터베이스로 이용하거나, 홈쇼핑 회사 내부직원이 개인정보를 텔레마케팅 협력사나 대부업체 등에 판매하고, 택배업체는 주소 정보를 불법적으로 제공하는 사례가 많다. 인터넷 쇼핑몰에 가짜 물품을 올려놓고 주문자 정보만 수집하는 사례도 있다고 한다.

그러므로 순식간에 컴퓨터 범죄로 이어지고 심하면 기업신뢰도의 상실, 피해고객의 배상 요구 등으로 회사의 존페위기로 번질 가능성도 배제할 수 없다.

사 례

인터넷 무게는 고작 딸기 한 개?

후추 스프레이로 어린아이를 공격하는 캘리포니아 경찰, 수십 년간의 철권통치 끝에 비참한 종말을 맞은 카다피의 마지막 모습, 카이로의 타흐리르 광장에서 벌거벗겨진 채 구타당하는 여성, 모스크바 한복판에서 푸틴의 재집권 반대를 외치는 사람들. 이 모든 것을 실시간에 가깝게 전 세계가 공유하고 함께 분노할 수 있었던 중심에는 '인터넷'이 있었다.

500만TB 데이터 + 전기 = 50g
데이터만 계산땐 '먼지 하나'
하루 트래픽 '작은 소금하나'
"인터넷 가치 숫자로 못 따져"

불과 50여년 전 군사적 목적으로 시작된 인터넷은 이제 인류의 삶에서 없어서는 안 될 핵심적인 부분이 됐다.

최근 유명 과학 블로그를 중심으로 인터넷의 무게에 대한 의견이 다양하게 제시되고 있다. 전 세계에 퍼져 있는 7억 5000만대에서 10억대로 추산되는 서버와 개인용PC회사 사이에서 정보를 움직이기 위해서는 엄청난 에너지가 투입된다. 투입되는 에너지가 있으면 이의 결과로 오고 가는 인터넷의 무게도 계산할 수 있다는 것이 과학자들의 계산이다.

출력하거나 USB에 담지 않고 손으로는 만질 수조차 없는 인터넷의 정보를 구하기 위해 과학자들이 택한 방법은 대동소이하다. 정보를 실어 나르는 전자의 총량을 합하는 것이다. 눈에 보이지 않을 정도로 작지만 전자는 분명 무게를 가지고 있다.

예를 들어 휴대용 기기에 전자책 한권을 다운로드받을 경우 실제 전자책의 무게는 미약하지만 늘어난다. 더 많은 책을 다운로드할수록 전자책은 점차 무거워지는 것이 사실이다.

그렇다면 막대한 정보의 보고인 인터넷은 얼마나 무거울까. 정보의 양에 대한 추정이나 계산 방식에 따라 다를 수 있지만 아무리 높게 잡아도 딸기 한 개에 불과한 50g을 넘지 않는 것으로 분석된다.

영국 케임브리지대학의 러셀 자이츠는 인터넷 이용자들이 흔히 사용하는 이메일을 통해 인터넷의 무게에 접근했다. 평범한 이메일 하나를 저장하기 위해서는 약 80억 개의 전자가 필요하다. 80억 개라는 숫자는 어마어마해 보이지만, 실제로 이를 저울에 올린다면 1000조분의 28g의 1만분의 2에 불과하다. 자이츠는 구글 최고 경영자인 에릭 슈밋의 발언을 토대로 인터넷상의 데이터를 500만 TB(테라바이트·GB)로 가정한 뒤 이 같은 방식으로 모든 무게를 합하면 50g 정도가 될 것으로 예상했다.

그러나 이번 연구는 데이터 자체를 실어 나르는 전기의 무게까지 합한 것으로 실제 데이터만을 계산하면 먼지 하나 정도, 가정용 PC에 소모되는 전기까지 감안하면 딸기 3개 정도인 150g이 된다.

인터넷에서 하루에 오고 가는 데이터의 총량을 재는 또 다른 가설도 있다. 과학 칼럼니스트 스티븐 카스는 좀 더 치밀한 계산을 했다. 컴퓨터 메모리의 비트는 0과 1로 정보를 표시하는데, 1일 경우에만 무게를 갖는다. 문서를 첨부한 일반적인 이메일의 크기를 50KB로 가정할 경우 이는 40만 9600비트로 구성돼 있으며, 이 중 절반이 무게를 갖는다. 전자 하나의 무게는 1000000000000000000000000000분의 1g이다. 카스는 이메일이 전체 인터넷에서 차지하는 비중이 9%라는 점에 착안해 전체 인터넷 데이터량을 추정했다. 이 같은 방식으로 계산하면 하루 트래픽의 총량은 40PB(페타바이트·TB)이며, 무게는 6㎍에 불과하다. 이는 작은 소금 조각 하나에 불과하다. 이 같은 과학자들의 계산은 인터넷의 가치가 물리적인 숫자로는 따질 수 없다는 것을 보여준다는 의미로 전 세계 네티즌의 화제를 모으고 있다. 자이츠는 "과학적 방법으로 인터넷의 무게를 잴 수는 있지만, 그것이 무엇을 실어 나르는지에 대한 어떠한 중요한 정보도 주지 않는다"면서 "고작 딸기 정도의 무게를 가진 인터넷이 폭력적인 탱크를 멈추게 할 수 있는 힘이 있다는 것이 중요하다"고 밝혔다.

(출처: 서울신문, 2012.1.3.)

제 5 장 전자상거래

제1절 전자상거래 환경

21세기 디지털 경제시대를 살아가는 우리들에게 인터넷은 공기와 물처럼 소중하고 중요한 존재가 되었다. 인터넷에 기반을 둔 전자상거래는 디지털 경영환경에서의 새로운 비즈니스 패러다임으로 자리 잡고 있다.

1. 전자상거래의 정의

전자상거래는 컴퓨터 네트워크를 통한 상품의 구매와 판매를 하는 것으로 사이버 공간에서 행해지는 모든 상거래 행위이다. 인터넷 사이버 공간상에서 판매상들은 고객들이 구매하고자 하는 상품의 모습을 컴퓨터 화면을 통하여 볼 수 있도록 진열해 놓는다. 고객들은 원거리에서 네트워크를 통하여 해당 사이트를 통해 주문하는 것이다. 이러한 현상들은 전자상거래로 인하여 지역적, 공간적 제약을 극복 할 수 있게 되었으며, 전 세계를 거대한 사이버시장으로 묶었다. 예를 들면 미국 시애틀에 위치한 '아마존(Amazon.com)'이라는 가상서점은 웹 사이트에 접속한 전 세계의 고객들에게 1백만권에 해당하는 도서목록을 제공한다. 이와 같이 전자상거래의 경우 기존상점과는 달리 물품을 진열하고 판매하는 점포의 유지비용이 전혀 들지 않으므로 유통경로 상에 중간상인(Intermediary)들을 배제함으로써 제품가격을 저렴하게 구입할 수 있다.

CALS의 개념은 1995년에 Commerce At Light Speed(초고속상거래 시스템)로 정의되어 상품의 설계, 개발, 생산, 판매, 유지보수, 폐기에 이르는 전 과정에 걸쳐 필요한 자료를 관련된 모든 조직이 컴퓨터 네트워크를 이용하여 교환하고 공유하는 방식으로 기업 간 생산, 물류업무의 효율화를 위한 자료의 전자교환 및 정보공유에 초점을 두고 있다.

2. 전자상거래의 발전

미 국방부의 프로젝트를 수행하면서 사용한 용어가 전자상거래였다. 정보기술을 이용하여 거래가 시작되어 끝날 때 까지 서류가 필요 없는 기업 환경을 만들기 위해 제안된 것이 전자상거래였다. 네트워킹과 컴퓨팅 기술의 경이로운 성장과 표준화 된 멀티미디어 문서의 개발 기술이 발전하면서 전자상거래는 많은 성장을 가져왔다.

인터넷을 기반으로 하는 사이버 공간은 시간적, 공간적 장벽을 넘어 전 세계를 하나의 거대한 시장 즉 사이버 공간으로 만들어 놓았다.

전자상거래는 기업들에 의해 새로운 비즈니스 환경으로 인식되어 급속히 개발되어 활용되고 있다. 이것은 단순히 정보제공 또는 홍보차원이 아니라 적극적인 마케팅 수단으로 활용된다는 것이다. 이러한 위험요인인 동시에 새로운 기회를 주고 있다. 아울러 전자상거래가 급속히 성장하게 된 사회적 배경에는 개인용 PC의 보급과 인터넷 발전이 크게 기여했다. 1990년대 초 전자상거래는 미국의 산업계에서부터 시작되었다.

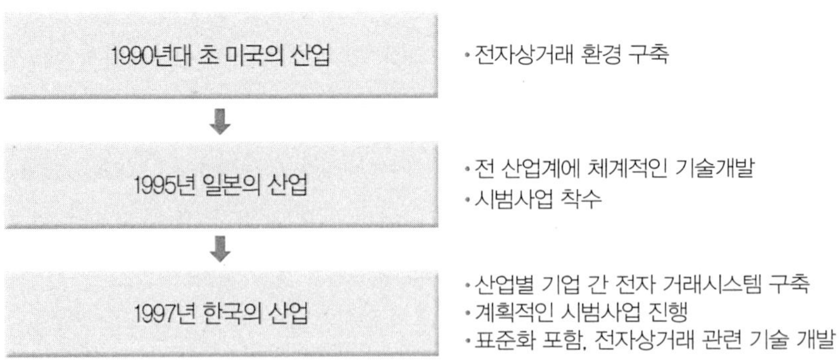

그림 5-1 국가별 구축(EC)

전자상거래 환경이 성숙되는 과정에서 기업들이 전략, 사업기능, 업무 프로세스에는 커다란 변혁이 일어나고 있다.

그림 5-2 환경의 변화(EC)

그림 5-3 경영활동에 미치는 영향(EC)

- 전자상거래의 기업 환경 : 종이 없는 전자데이터의 거래 환경, 정보의 상호 연결 및 공유 환경, 데이터와 프로세스의 표준화된 환경 구현 등을 의미한다.
- 전자상거래 환경에서의 경쟁 : 세계를 무대로 가격, 속도, 높은 품질 등을 의미한다.
- 전자상거래 환경요소 : 관련비용의 최소화, 제품 서비스 인도시간 단축, 향상된 품질, 제조 및 사무생산성의 증대를 목표로 한다.

그러므로 전자상거래 환경에서 경쟁력 제고 차원에서는 기업들의 전자상거래 기술관리, 표준관리, 전자상거래 전문 인력확보, 기업 내 인력 자원의 재배치 및 재교육, 기업 간 정보의 공유, 기업 간 사업과정의 공유 및 공동개발, 자원의 공동이용, 공동의 소비자 가치창출, 공동의 EC, 마케팅 구축전략 등이 있다.

제2절 전자상거래의 경영활동

전자상거래의 발전은 기업내부에서는 제품 및 서비스의 변화, 경영기능의 변화, 비즈니스 프로세스의 변화, 경영전략의 변화 등이 있고, 외부적으로는 기업 간 경쟁 환경의 변화, 공급 수요기업 간 교섭력의 변화, 협력 및 경쟁의 변화를 들 수 있다.

1. 전자상거래의 유형

글로벌 시대에 인터넷 비즈니스도 온라인 기업과 오프라인 기업이 결합한 인터넷 비즈니스가 성공한다는 것이 기정 사실화 되어 있다.

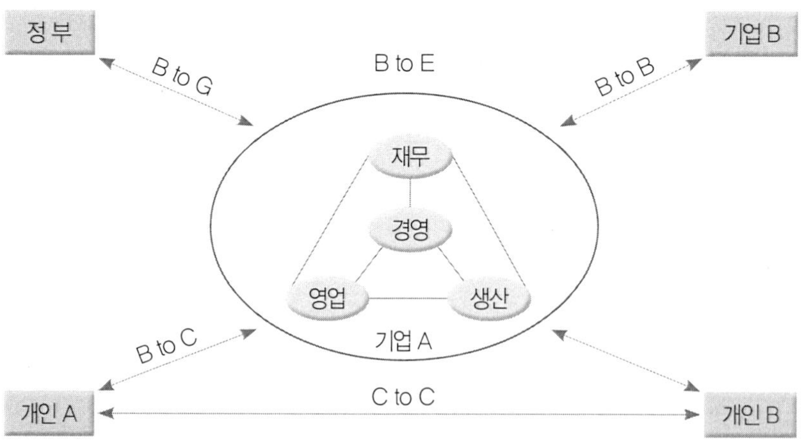

그림5-4 비즈니스의 유형

1) 기업 대 기업 간의 전자상거래 B2B(Business to Business)

가장 큰 시장의 규모를 가졌다. 원자재 및 부품의 조달, 유통 및 물류망의 공유, 생산과 판매의 협력 분야에서 전자상거래의 형태로서 기업들 간의 거래가 인터넷을 통해 기업들 간의 거래가 인터넷을 통해 빠르게 성장하고 있다.

2) 기업 대 고객 간의 전자상거래 B2C(Business to Consumer)

인터넷을 통해 쇼핑몰에서 고객이 상품과 서비스를 구매하는 전형적인 전자상거래이다. 예를 들어 인터넷 뱅킹을 통해 은행 업무를 보는 경우와, 화물운송 발송 시 현재 위치와 전달 여부 등을 인터넷을 통해 직접 확인할 수 있는 것도 전자상거래의 일종이다. 또한 직접 소비자를 상대를 책을 파는 Amazon.com도 전자상거래를 통한 사이버 쇼핑몰이 된다.

3) 고객과 기업 간의 전자상거래 C2B(Customer to Business)

고객이 동호회라는 단체를 구성해서 생산자 또는 공급자에게 가격을 제시하여 합의가 이루어지면 구매하는 형태이다. 즉 인터넷 공동구매의 주도권은 고객 집단에 있다.

4) 고객과 고객 간의 전자상거래 C2C(Customer to Customer)

개인과 개인 간 거래는 정보전달지 등을 통해 부분적으로 진행되었지만, 인터넷의 발전으로 무한적인 사이버 공간의 출현으로 광범위하게 확산되었다. 그 좋은 예가 eBay.com과 Auto.com이라 할 수 있다.

5) 기업과 정부 간의 전자상거래 B2G(Business to Government)

기업이 정부와 거래하는 형태이다. 조달청에서는 입찰 및 계약정보를 인터넷을 통해 공시하고 있으며, 전산입찰시스템을 운영하고 있다.

2. 전자상거래의 신뢰성

전자상거래에서 고객들이 신뢰성을 형성하는 데에는 다음과 같은 것들이 있다.

첫째, 판매자에 대한 신뢰가치의 형성이다. 판매자에 대한 신뢰가치의 형성은 판매자의 능력, 판매자의 호의성, 판매자의 무결성, 판매자의 보안통제성, 사생활보호 등이 있다.

둘째, 인터넷 쇼핑에 대한 신뢰가치의 형성이다. 인터넷 쇼핑채널에 대한 신뢰가치에는 믿음성, 이해가능성, 거래의 보안성과 개인정보 보호능력 등이 있다.

셋째, 법적 제도적 장치 및 거래환경에 대한 구조적 법적 제도적 장치에 대한 신뢰 가치성은 상거래 문화, 소비자 보호, 법적인 보장의 정도 등에 의해서 고객신뢰 형성에 영향을 미친다.

3. e-비즈니스 시스템

1) 비즈니스의 특성

e-비즈니스는 인터넷 관련 정보기술과 관련된 기업의 시스템, 조직 가치사슬 등을 통해 일어나는 일련의 과정이다.

e-비즈니스속에 전자상거래가 포함되며 일반적인 견해는 다음과 같다.

- 방식에 있어서 e-비즈니스 기업의 전반적인 활동에 전자상거래의 상품 밍 서비스 매매활동이 포함된다는 것을 알 수 있다.
- 장점으로는 기업의 경영전략에 중점을 두지만 전자상거래는 매매를 위한 상거래시스템 구축에 신경을 쓴다.
- 단점에는 협력사와 외부 거래 주체들과의 연계를 두지만, 전자상거래는 최종 고객과의 관계에 역점을 둔다.
- 적용분야로는 가치사슬에 새로운 정보기술을 배치하지만, 전자상거래는 신속한 물류에 우선적으로 중점을 둔다.
- 비즈니스모델은 B2B와 B2G가 중심 모델인 반면에, 전자상거리는 주로 B2C 위주로 업무가 이루어진다.

- 시장에서는 주로 공급사슬관리에 중점을 두지만 전자상거래는 판매와 물류에 가치를 둔다.
- 기존 off-line 조직 구축에 노력한다.

위와 같이 e-비즈니스는 전자상거래보다 정교한 전략이 필요하다. 정교한 전략은 새로운 고객을 유치하고, 공급사슬(supply chain)을 최적화하고, 비즈니스 프로세스의 자동화 최적화로 비용과 생산성을 높이고, 고객정보를 공유함으로써 의사결정을 내릴 수 있다.

그림 5-5 가트너(Gartner)의 4단계 e-비즈니스 모형

여기서 이 4단계의 특징은 〈표 5-1〉에 나타나 있다.

현재 e-비즈니스를 선택하고, 수행해 나가기 위해서는 시장 확대, 고객유지, 효율성 개선 등이 뒤따라야 한다.

첫째, 시장 확대는 인터넷을 통해 시장에 진입함으로써 새로운 고객, 시장, 제품과 서비스로 시장을 창출할 수 있다는 것이다.

둘째, 고객유지이다. 인터넷 환경에서 고객은 제품 서비스에서 정보를 수집하여 타 경쟁회사 제품과 비교가 가능하기 때문에 경쟁업체에 고객을 놓치지 않기 위해 지속적인 노력을 해야 한다.

표 5-1 e-Business 단계별 모델

	차 원			
	정보	상호작용	거래	변환
주요목표	•초기시장형성에서의 전략적 자리매김	•가상 공간의 창조	•물품/서비스의 온라인 거래	•시장의 재구상
시장에의 제공 형태	•기업정보(비전, 목표 등) •풍부한 제품/가격 정보	•고객 및 거래상대방과의 대화 창구 •기업정보에의 접근 허용 •고객/거래업체의 맞춤 정보제공 •인사채용	•전자적 거래(카탈로그, 경매, 쇼핑몰 등) •새로운 마케팅 채널 확보 •제품/서비스의 기본적 맞춤화 •고객지원	•신시장에 대한 전혀 새로운 제품/서비스 제공 •고객 지향적 고객유지 노력 •유익한 고객의 확보/발굴
담당조직	•인터넷 추진 위원회 •IT부서는 비용부서 •부서 측면의 접근	•위원회에서 인터넷 일인자로 옮겨감 •부서/기능적 역할의 통합	•일인자가 방향제시 및 감독 •자원과 예산의 확보 •IT부서는 통합프로세스 지원 •범기능적 접근	•인터넷 일인자에서 해당부서로 옮겨감(예전의 업무로 안착) •내부자원보다 외부자원의 협력적 관계가 더큰 비중 차지함 •상호협력적 역할 중시 •IT부서 경제적 가치 제공 •네트워크형 기업조직
핵심역량	•의사소통 효력이 있는 웹디자인/창의력	•고객지향적 •커뮤니티형성 •고객분석/표적 •주문처리/청구서/송장관리 •보안	•고객서비스/지원 •주문처리 수행 •기술구조 설계/유지 •인터넷서비스제공자 선정 및 관리 •비즈니스인텔리전스/데이터마이닝 •프라이버시 관리	•가장 유익한 고객군의 확대 및 충성동 확대 •지식관리 •외부 조직체의 인적자원 관리 •협력업체 평가, 선정, 유지 •신뢰도 배양
프로세스	•마케팅/판매관리 •고객정보의 접근근지 •기본적 온라인 서비스 자리매김	•고객접촉의 자동화 •고객정보의 획득 및 접근허용 •추가 대화채널의 확보 •주로 내부지향적	•다양한 채널을 통한 일관된 고객서비스 •고객서비스 및 주문처리의 효과적 통합 •채널관리 •판매/서비스 정보의 통합 •관계정보의 접근허용 •일부 외향적 프로세스 초점/주로내부지향적프로세스	•e-Business를 전체 업무전략에 반영 •실시간 처리가능 프로세스 •공급망/분배망(내외부)의 완전 통합 •최고 협력업체의 선정 •협력업체와의 수행규칙확보 •기업외적 프로세스 관리 •협력업체와의 협업형 네트워킹 외부 지향적
핵심정보 기술투자	•웹브라우저 •인터넷 적용 •정형화된 자료 •GUI기능 •웹사이트 •콘텐츠관리도구	•검색엔진 •엑스트라넷, 파트너정보포털 •커뮤니티도구(이메일, 토론방, 게시판 등)	•트랜잭션관리 플랫폼 •확장가능한 기반구조 •판매,서비스 배달등의 자동화 및 통합화	•협력업체와의 협업형 네트워킹 •완전한 공급사슬망 •응용시스템의 통합 •모바일 자료처리
협력관계	•설계, 개발 등의 아웃소싱 업체 •사이트운영 아웃소싱 업체	•가상 커뮤니티 •주요종적/횡적관계	•부가통신 서비스제공업체 •비핵심분야의 아웃소싱업체 •ASP업체	•핵심프로세스의 아웃소싱업체 •BSP(업무처리제공)업체 •동료 기업체

셋째, 효율성의 개선이다. 인터넷 시장은 곧 정보시장이다. 기업이 효율적으로 경쟁기업보다 저렴하면서 품질이 좋아야 하며 고객을 만족시키기 위해 최선을 다해야 한다. 이와 같이 시장 확대, 고객유지, 효율성개선 등을 유지할 수 있으면 e-비지니스가 주는 혜택은 다음과 같다.

- 고객서비스 향상에 많은 도움을 줄 수 있다.
- 고객만족이 증대될 것이다.
- 고객유지 비율 또한 증대될 것이다.
- 운영비용의 절감을 가져올 수 있다.
- 제품 및 서비스의 품질이 높아진다.
- 업무효율성이 커진다.
- 경쟁력에서 앞서간다.
- 시장영역의 확대를 가져온다.

4. e-비지니스 모델

기업이 인터넷을 이용하여 경영의 성과 향상을 기대할 수 있는 분야는 전자상거래 외에도 많이 있다. 예를 들면 마케팅, 고객관리, 재고관리, 회계처리, 원가관리 등이 있다. 경영활동 전반으로 확대할 수 있는 새로운 가능성과 e-비지니스가 등장하게 되었다.

e-비지니스 환경은 전사적자원관리(ERP), 공급사슬관리(SCM), 고객관계관리(CRM), 제품정보관리(PDM), 통합기술정보서비스(CITIS), 통합물류서비스(ILS), 유지보수관리시스템(MRO) 등을 포함한다.

비즈니스 모델은 사입하는 방식에 대한 구체적인 규정으로서 인터넷이나 정보 네트워크를 활용하는 사업의 방식을 e-비지니스 모델이라고 한다. 기업의 경영활동이나 사업 기능별로 구분하며, 다수의 기업들은 e-비지니스 모델을 통해 새로운 사업영역으로 확대하여 이를 전략적으로 활용하고자 노력하고 있다.

인터넷 비즈니스 시장이 커지고 웹을 통해 전 세계 어느 나라와도 연결이 가능하므로, 짧은 시간에 비즈니스 성장은 가히 폭발적이다. 웹 서베이 또는 자사 사이트에 가입한 고객들을 대상으로 시장 분석을 통해 고객 성향을 파악할 수 있어서 경쟁력이 가능해진다.

인터넷 비즈니스는 세계의 시장이며, 기업 브랜드를 구축하여 글로벌 환경에서 경쟁하게 된다. 인터넷 비즈니스는 고객의 신뢰가 곧 기업의 생명과도 같다. 불만 고객에 대해서는 반품과 보상이 확실하다는 믿음을 주어야 한다.

제3절 전자상거래의 경제성

전자상거래는 고객 만족과 신뢰에서 온다. 제품 및 서비스를 재구매하거나 반복적으로 구매하여 고객 충성도가 높은 고객을 유지하는 것을 마케팅비용, 광고비용, 거래비용, 고객전환비용, 보상비용 등을 낮추는 효과를 가져 온다.

1. 전자상거래의 마케팅

인터넷을 이용한 전자상거래는 고객들이 웹 사이트를 통해 단골고객이 된 후, 고객 충성도가 높은 고객으로 회사 제품을 많이 사는 경향을 보이고 있다. 개별고객을 대상으로 하는 일대일 마케팅은 자사 제품에 대한 충성도를 한층 강화시킨다. 그리고 고객만족을 유지하는 것은 반복구매를 유도하고 긍정적인 구전효과를 가져오는 등 미래에 지속적인 재 구매를 유도한다.

고객충성도가 높은 고객을 유지한다는 것은 마케팅 비용과 광고비용을 낮추는 효과도 가져 온다. 고객충성도는 전자상거래에서의 고객만족과 신뢰도로 얻어진다. 전자상거래에서 고객만족에 영향을 주는 요인은 다음과 같다.

첫째, 제품 및 서비스와 관련된 정보품질요인 구체적으로 정보내용의 정확성, 최적화, 표현성, 정보내용의 완벽성 등이 있다.

둘째, 웹 사이트의 운영에 관련된 전자상거래 시스템 품질요인에는 개인정보의 비밀성, 안정성, 편안한 디자인, 항해용이성, 이용편리성, 웹 사이트 일관성 등이 있다.

셋째, 구매 전 과정에 걸쳐 있는 고객서비스 품질요인 등으로 구성된다. 서비스 품질요인으로는 대금청구와 배달의 유연성, 주문배달의 적시성, 인수제품의 상태, 대고객 반응성, 정책과 절차의 공정성, 보상과 친절성 등의 세부 요인들이 고객만족에 영향을 주고 있다.

2. 판촉 및 온라인 행사 마케팅

1) 라이브 웹 행사(Live Web Event)

콘서트, 쇼, 인터뷰, 비디오 등을 실시간으로 웹을 통해 제공함으로서 관중을 모으는 방식의 마케팅이다. 콘텐츠의 구성, 목표 관중 수, 방문자와의 상호작용, 일정 등에 특별한 관심을 기울여야만 성공 할 수 있다.

2) 광고 중개인(Advertising Broker)

웹으로 광고만을 대행 해주는 중개 마케팅 방식이다. 특히 제품 서비스를 제공하는 판매자들은 여러 가지 판촉물들을 고객들에게 집중적으로 제공하는 것이 매우 효과적이다.

3) 픽셀 당 광고(Selling Space by Pixels)

웹 페이지의 픽셀을 기준으로, 동일한 가격을 가지고 일정기간 동안 판매하는 마케팅 방식이다. 구입한 픽셀 공간을 제3자에게 광고 목적으로 판매할 수도 있다.

4) 허락 광고(Permission Advertising)

일대일 마케팅에서의 단점을 보안하여, 스팸메일로 불리는 원치 않는 이메일 광고를 받지 않는 방법 중의 하나이다. 이 방식은 제품 또는 서비스를 제공하는 판매자가 고객에게 먼저 자신들의 광고 이메일을 고객이 수신할지의 여부를 묻고 이메일 광고를 보내는 방식이다.

5) 광고수익모델(Advertisement as a Revenue Model)

야후, 구글, 네이버, 다음 등은 광고를 주 수입원으로 잘 활용하고 있으며, 광고수입이 주요 수익원천으로 자리 잡고 있다.

6) 지역화 광고(Localization)

광고내용의 지역화는 국가 또는 문화에 따라 달라져야 하는 것으로, 원래의 광고 내용을 지역문화에 적절히 맞추어 제공해 주어야 한다.

3. 웹 사이트 광고 마케팅

1) 베너 광고(Banners)

웹 사이트에서 제공하는 그래픽 형식의 광고문을 말한다. 베너에는 검색엔진에서 검색어를 찾는 과정에서 출현하는 중심어 베너와 방문자의 의도와 전혀 관계없이 우연히 출현하게 하는 랜덤 베너 방식이 있다. 베너 광고방식에는 맞교환방식과 다자간 베너교환 방식이 있다.

2) 팝업 광고(Pop-up and Similar ads)

웹 사이트 방문자가 사이트를 클릭하였을 때 새 창을 열어 광고하는 방식이다. 그리고 웹 사이트 방문 후 창를 닫았을 때 새로운 창이 열리면서 광고하는 방식을 팝 다운(Pup–down)광고라 한다.

3) 여유시간 광고

시간적으로 작은 여유를 활용하여 하는 광고방식으로, 웹 사이트 방문자가 파일을 다운로드 받는 동안에 잠시 여유시간을 이용하여 웹 페이지나 상자를 보여주는 광고를 말하는 것으로 흔히 틈새시간 광고, 또는 촌각광고 라고 말한다.

4) 이메일 광고(E-mail Advertising)

인터넷을 이용하는 가장 흔한 광고 방법으로 이메일에 광고물을 보내는 마케팅 방식이다.

5) 탐색엔진 광고(Search Engine Advertisement)

전문 정보중개사이트, 전문 광고 사이트들은 자신들이 제공하는 벤더관련 제품 서비스정보의 탐색결과를 보여 주는 데 있어서, 광고를 함께 제공해 주는 댓가로 일정한 수수료를 받고 있으며, 탐색결과에서 우선순위 리스트에 제품정보를 제공하는 조건으로 벤더들로 부터 추가 수입을 올리기도 한다. 탐색엔진을 활용하여 추가광고를 제공하거나 우선순위리스트(Preferred Listing)를 활용하는 광고방식을 탐색엔진광고라 한다.

6) 관계광고표시(Associated Ad Display)

주요 정보중개사이트에서 탐색엔신을 이용하여 정보를 찾고자 하는 고객에게, 정보검색의 결과를 보여줌과 동시에 광고를 함께 제공하는 마케팅 기법을 말한다.

7) 챗룸 광고(Chat Room Advertising)

제품 서비스 벤더들이 채팅룸들을 지원하면서 자사의 제품을 홍보하는 장으로 사용하는 마케팅방식이다.

8) 블로그 광고(Blog Advertising)

커뮤니티를 제공하는 웹 사이트에서, 정보를 제공하는 블로그에 광고하는 방식이다.

9) 사회연결망 광고(Social Networks)

구글, You Tube 등으로 사회연결망 구축을 지원하고 방문객들로 하여금 상호 베너광고를 클릭하게 함으로서 벤더들의 제품 서비스 광고를 촉진시키는 마케팅 방식이다.

10) 광고사설(Advertorial)

신문의 기사를 통하여 광고된 제품의 성격이 짙은 내용을 담고 있는 마케팅 방식을 말한다.

11) 뉴스레터 광고(Advertising in Newsletters)

인터넷 신문사들은 간단한 뉴스레터를 발간하고 이메일을 통하여 보냄으로서 광고효과를 보고자 한다.

12) 광고 게임(Advertise game)

컴퓨터 게임을 이용하여 특정제품, 회사 등을 광고하는 방식이다. 게임을 이용하는 고객들에게 특정 제품이나 상표를 광고하는 방식이다.

사 례

"원가에 민감한 불황 시기가 전자상거래 업체엔 대도약 호기"

2007년 21억위안 매출, 4년만에 64억위안 미국 · 유럽 경제위기에도 고속성장 이뤄.

"알리바바와 거래하는 기업 8만개이지만 중국수출기업은 200만개… 성장여지 커"

알리바바 그룹

알리바바그룹의 주 수익원은 온라인 인상에 생산자와 바이어가 구매·제품 정보를 올릴 때와 광고를 게재할 때 받는 수수료다. 2007년 21억위안 남짓하던 이 회사 매출은 지난해 64억위안으로 급증했다. 하지만 알리바바는 작년 말 최악의 위기를 맞았다. 자회사이자 중국 최대 인터넷 쇼핑몰인 타오바오왕이 2010년에 이어 지난해 미국 무역대표부(USTR)에 의해 '악명 높은 마켓(notorious markets)'에 뽑힌 탓이다.

1. 중국 전자상거래의 규모가 2015년에 미국을 추월할 것이라는 예측이 있다. 발전이 이렇게 빠른 이유는?

"중국에 중소기업의 활동이 매우 활동한데, 이중소기업들이 전자상거래를 주로 이용한다. 지난해 광군제 판촉일의 교역액은 53억위안에 달했다. 광대한 면적도 큰 요인이다. 타오바오왕을 예로 들면 2선, 3선 도시들(중소도시)에서 훨씬 잘된다. 1선도시(대도시) 못지 않게 2,3선 도시들의 소비 능력이 커졌다. 다만 구매 경로가 불편하다. 그래서 인터넷 구매 수요가 많다. 타오바오왕 사이트를 만들었을 때 창업자인 마윈 회장은 '중국 소비자들을 더욱 총명하게 만들자'는 꿈을 가졌다. 1980~90년대생들은 어릴 때부터 컴퓨터를 갖고 놀면서 성장해 인터넷 구매가 습관이 됐다."

2. 알리바바의 경영 목표는?

"마윈 회장은 '고객이 제일이고, 직원이 둘째고, 주주가 셋째다'라고 말한다. 우리는 실적을 달성하려면 반드시 고객을 위해 가치를 창출해야 한다고 믿는다. 기업 이익만 추구하면 영속적인 경영을 할 수 없다. 우리의 목표는 102년된 기업, 즉 '3세기에 걸친 기업'을 만드는 것이다. 회사가 1988년에 설립됐으니 102주년이 되는 해는 22세기가 시작되는 2100년이다. 20세기, 21세기, 22세기까지는 이어지는 기업이 되자는 것이다. 그래서 우리가 추구하는 영리는 반드시 지속 가능해야 한다. 몇 년 전 부동산 시장이 아주 뜨거웠을 때 우리는 발을 들여놓지 않았다. 회사의 이념은 명확하다. '중소기업을 위해 복무'하는 것이다."

3. 알리바바는 회원사인 중소기업들에 어떤 경쟁력을 불어넣는가.

"첫째는 주문서, 둘째는 관리, 셋째는 문화, 넷째는 융자와 통관수속, 신용보증(L/C) 등의 서비스다. 많은 기업이 알리바바와 함께 성장했지만 성장한 뒤 관리상에 적지 않은 문제가 발생했다. 알리바바는 그들이 문제점을 해결하는 데 도움을 줄 수 있다. 또 많은 알리바바의 초기 회원은 기업문화가 알리바바와 아주 흡사하다. 알리바바의 문화를 복제한 것이다. 알리바바는 그들과 문화를 계속 공유할 것이다. 우리는 다른 B2B 기업과 비교했을 때 가장 먼저 만들어진 회사로 기업문화가 월등하게 우수하다."

4. 올 들어 매출 성장이 전년 대비 5% 미만(1분기 기준)으로 주품한데 외부 상황악화 때문인가.

"아니다. 알리바바의 이전 몇 차례 대도약은 오히려 경제 위기 같은 특수한 상황에서 이루어졌다. 전자상거래 업체라는 특수성 때문이다. 2003년 사스(SARS·중증 급성 호흡기증후군)가 유행했을 때 사람들은 모두 전염우려 때문에 집 밖에 나가기를 꺼렸다. 그때 전자상거래 방식이 크게 확산됐다. 2008년의 금융 위기 때도 비약이 이뤄졌다. 당시 수많은 거래 관계가 파탄이 나고 각 회사의 원가에 대한 요구가 훨씬 엄격해졌다. 이런 상황에서 인터넷상거래가 붐을 이뤘다. 유럽 전체 시장의 주문 총량은 재정 위기로 약간 줄었으나 알리바바의 점유율은 여전히 아주 낮다. 중국은 200만개의 중소 수출기업이 있지만 알리바바는 현재 8만개 기업에만 서비스를 제공한다. 성장 여지가 아직도 매우 크다."

5. 중국의 상업신용은 그다지 좋지 않다. 전자상거래에 악영향을 미치지 않나?

"그렇지 않다. 그 반대다. 사회의 신용체계가 좋지 않으므로 오히려 신뢰성 있는 단일 플랫폼이 필요하다. 알리바바의 즈푸바오는 이를 위해 만들어졌다."

6. 타오바오왕이 지난해 미국 정부가 발표한 블랙리스트에 올라 곤욕을 치렀는데.

"회사가 직면한 가장 큰 신뢰 위기였다. 주식시장 상장(上場) 이후 성과지향에 주력하다 보니 공급상에 대한 신뢰 검증 문제에 대한 관심이 느슨해졌다. 인터넷 플랫폼에 사기꾼이 많이 진입한 탓도 있다. 작년 2월과 3월 마윈 회장 스스로 철저한 이 문제 해결에 앞장섰다. 당시 2000여개의 공급상을 퇴출시키고 관련 직원 100여명에게 퇴사 등 징계조치를 내렸다. CEO와 COO는 사퇴했다. 사건 발생 1년 후 회사 전체가 내부 조정과 연수를 했다."

7. 가짜 상품 근절을 위해 어떻게 노력하나?

"타오바오왕과 톈마오는 줄곧 소비자와 판매상 및 브랜드상을 보호하기 위해 판매금지 물품을 배격하며 지식재산권 침해와 가짜제품을 단속해왔다. 예를 들어 각종 기기를 이용해 자동적으로 판매금지 상품을 조사해오고 있고, 전문가 그룹이 24시간 인터넷 플랫폼을 검색하며 순찰한다. 타오바오왕은 모든 상품의 웹페이지에 '이 물건을 고발합니다.'라는 항목을 설치해 모든 구매자가 상품 감독관이 되도록 했다. 나이키 · 리바이스 · 레이밴 · P&G · 유니클로 · 리닝 등 저명 브랜드가 그동안 지속적으로 톈마오 플랫폼에 들어왔다. 이는 우리 회사의 가짜 상품 배격과 지식재산권 보호 노력이 인정받고 있는 증거이다."

전자상거래 세계 1위… 손정의 · 소르스도 지분 투자

알리바바 그룹은 어떤 곳

전직 영어 교사인 마윈이 1988년 직원 18명을 이끌고 창업한 알리바바 그룹은 중국을 대표하는 전자상거래 기업이다. 현재 직원만 2만 5000명에 지난해 총매출은 64억 2000만위안(약 1조 1200억원)에 달했다.

주력사인 알리바바닷컴은 온라인 기업 간 거래(B2B) 장터에서, 타오바오왕은 인터넷 오픈 마켓에서 미국 이베이(eBay)를 제치고 각각 세계 1위이다. 온라인 결제 시스템인 '알리페이'도 올해 가입자가 6억 5000만명을 돌파해 경쟁사인 미국 페이팔을 제치고 세계 1위에 올랐다. 타오바오왕에서 분리된 인터넷 소매 서비스 '톈마오'는 중국 1위다.

알리바바 그룹의 최대 강점은 '고객의 신뢰'다. 알리바바만큼 세계 각국 기업과 소비자의 믿음을 얻은 전자상거래 기업은 드물다. 단적으로 2002년 사스(SARS · 중증급성호흡기증후군)가 중국 전역에서 창궐할 때, 알리바바도 직원 가운데 사스 환자가 생겨 회사 전체가 봉쇄됐다. 마윈 회장은 이런 상황에서도 모든 직원 집에 인터넷을 설치해주며 재택근무를 추진, 서비스 제공을 중단하지 않았다. 인터넷이 보편화하지 않은 중국에서는 상상하기 어려운 통큰 결단이었다. 덕분에 중국 내 업무가 대부분 마비된 상황에서도 알리바바 고객들은 안정적인 비즈니스를 할 수 있었다.

알리바바의 잠재력은 국제적으로 인정받고 있다. 일본 소프트뱅크의 손 마시요시 회장은 2010년 협상 개시 6분 만에 2000만달러를 알리바바닷컴에 투자키로 결정했고, 세계적인 헤지펀드인 퀀텀펀드의 조지 소르스(Soros)회장도 알리바바에 투자해 지분을 갖고 있다.

(출처: 2012.05.19.)

제 6 장

정보기술의 성장 동력

제1절 전사적 자원관리(ERP)

기업의 투자 중복에 따른 과다한 손실로 인하여, 기업이 경쟁력 강화를 위해서 정보기술과 리엔지니어링에 관심을 가지고 새롭게 등장한 것이 전사적 자원관리(Enterprise Resource Planning)이다.

1. 전사적 자원관리의 개념

오늘날 기업 간의 경쟁은 매우 치열하다. 급변하는 경영환경 속에서 기업이 지속적인 성장 발전을 하기 위해서는 경영혁신을 일으켜야 한다. 이러한 혁신을 가져 올 수 있는 대표적인 정보시스템이 바로 전사적 자원관리이다.

전사적 자원관리는 구매, 생산관리, 물류, 판매, 회계 등의 기업 활동 전반에 걸친 업무를 통합한 정보시스템이다. 즉 기업의 전반적 업무처리를 통합된 환경 하에서 처리하는 것이다. 과거에는 각 부서별로 개발된 시스템을 독립적으로 이용하다보니 투자 중복에 과다한 보수유지비용으로 경쟁력 약화를 가져온 원인이었으나, 현재에는 통합된 애플리케이션을 사용함으로서 보다 효율적인 자원의 계획 및 관리가 가능하다. 그 결과 유지비용의 감소와 직원들의 정보 공유를 통한 업무의 효율화와 최고경영자에게는 유용한 정보를 적시에 제공할 수 있는 의사결정을 지원하는 정보시스템이다. 그러므로 매우 효율적인 경영관리가 가능해졌다. 아울러 대규모 소프트웨어 회사들(SAP, ORACLE, Peoplesoft, 삼성SDS)은 전사적 자원관리패키지를 개발하여 판매하고 있는 기업들이다. 또한 전사적 자원관리시스템은 클라이언트-서버(client-server), 그래픽 유저 인터페이스(Graphic User Interface)를 기본적으로 사용한다.

2. 전사적 자원관리의 발전과정

1) 1970년대

전사적 자원관리의 등장 배경에는 소품종 대량생산 중심으로 생산원가 및 물류비용의 절감을 통해 이일을 극대화하는 공급자 중심의 관리기술이다. 전사적 자원관리는 기업의 재고 없이 생산관리를 체계적으로 제조 관리하는 시스템이다. 생산계획, 부품표, 재고정보를 기반으로 제조일정과 자재생산, 조달계획을 합리적으로 관리하는 자재 및 구매 관리의 중심의 시스템이다. 즉 1970년대 전사적 자원관리(Enterprise Resource Planning)는 자재소요량 계획으로 재고최소화로 인한 자재수급관리 시스템인 것이다.

2) 1980년대

생산자재의 계획과 통제에 국한되지 않고 제조와 관련된 모든 자원을 포함하면서 제조환경이 다품종 소량생산의 형태로 진행되면서 고객 지향적으로 업무가 바뀌면서 수주관리, 판매관리, 재무관리의 중요성이 대두되기 시작하였다. 아울러 정보기술의 발달로 인하여 MRP의 단점을 보완하고, 추가적으로 데이터를 수집, 제조활동을 더 안정된 분위기에서 효율적으로 관리할 수 있는 제조자원계획인 MRPⅡ(Manufacturing Resource Planning Ⅱ)는 목적이 원가절감으로서 자재뿐만 아니라 생산에 필요한 모든 자원을 효율적으로 관리하는 것이다.

3) 1990년대

정보기술의 발달과 더불어 급변하는 경영환경 속에 기업들은 발전과 경쟁에서 살아남기 위해 고객을 만족시켜야 한다. 그러므로 시장구조가 생산자 중심에서 소비자 중심으로 경영기법을 도입하는 상황에서 자연스럽게 전사적 자원관리시스템이 도입되었다. 전사적 자원관리의 목적이 기업의 최적화이므로 기업의 생존을 위해 정보기술을 전략적으로 활용한다. 또한 경쟁력을 확보하기 위해 기업의 정보 인프라를 통합하고, 정보를 실시간으로 관리 제공하여 기업 운용을 지원한다. 아울러 데이터의 전략적인 관리를 위하여 데이터웨어하우스(Data Warehouse)를 활용하고 있다.

3. 전사적 자원관리구축의 필요성

글로벌 경쟁시대에서 살아남기 위해서는 기업의 내부와 외부 환경에 대응하기 위해서는 조직의 변화가 필수적이다. 여기에는 전사적 자원관리시스템 구축이 부각되고 있는 것이다. 전사적 자원관리시스템은 전사적인 차원에서 의사결정으로서 조직에 큰 변화를 가져오고 막대한 프로젝트 비용과 시간이 많이 걸려서 전사적 자원관리시스템을 구축하려면 최고경영자의 지원이 필수이다. ERP시스템 도입으로 인한 인원감소라는 두려움이 존재하지만 사원들의 적극적인 변화관리가 필요하다.

기업의 업무를 혁신시키지 못하면 기업이 생존하기 어렵다는 위기의식을 공유시켜 사원들의 의식개혁을 바꿔야 한다. 일반적으로 전사적 자원관리시스템 구축의 문제점을 해결 할 수 있는 방법은 아래와 같다.

첫째, 기업의 경영 목적과 비전을 설정한다. 대내외적인 경영환경은 인건비 상승, 고급인력부족, 금융비용과다, 그리고 핵심부품등은 해외 의존도가 높아 기업의 경쟁력을 점점 약화시킨다 이러한 대안으로 ERP시스템이 구축되어야 한다.

둘째, ERP시스템 구축으로 전산비용이 절감 된다. 즉 정보시스템 개발 및 유지보수비용의 절감이 가능하다.

셋째, 소비자의 요구사항이 점점 다양해지면서 기업이 전사적으로 대응하기 위해 ERP는 절대적으로 필요하다.

넷째, ERP시스템은 비용과 시간, 보안 및 고용문제가 발생될 수 있지만 업무혁신과 리엔지니어링의 성과로 인해 생산성을 극대화 시킨다. 또한 ERP의 기능은 생산, 회계, 영업, 인사, 자재, 무역, 물류 등 경영지원을 하는 기능으로서 혁신적인 업무처리로 인한 생산성을 극대화시키는 개념이다.

4. 전사적 자원관리의 효과

정보시스템의 활용으로 업무처리 방법 및 구조를 본질적으로 개혁시켜 업무의 생산성을 극대화시키기 위한 혁신적인 시스템이다. 이 전사적 자원관리시스템의 특징 및 효과는 다음과 같다.

첫째, ERP시스템은 기업의 통합시스템으로서 정보의 공유, 부서간의 협조 등으로 계열 회사의 응집력과 다양한 기능을 제공시킴과 동시에 활동력을 강화시킬 수 있다. 또한 ERP시스템은 투명한 조직문화로 기업의 관료적 및 정리적인 부분을 배재할 수 있어 피해를 최소화 할 수 있다.

둘째, ERP시스템의 경쟁우위 주된 요인은 원가감소 서비스 향상 등 조직내부의 환경변화를 가져온다. 그리고 통합된 정보공유로 시장점유율과 수익성을 높여 고객서비스로 다시 환원시킴으로서 고객과의 관계를 강화시킨다.

셋째, ERP시스템의 데이터베이스에는 기업의 모든 거래정보가 저장되어 있어 실시간 접속이 가능하고 통합된 정보로 인해 정확성. 신뢰성을 향상시킨다. 아울러 데이터베이스에는 회계, 인사, 구매, 생산 영업을 기업에서 거래하는 모든 자료를 관리한다.

- 회계 : 기업의 재무상태를 파악하여 경영자의 의사를 결정하는데, 도움을 주도록 자금흐름에 대한 정보를 제공한다.
- 인사 : 효율적인 인적관리가 가능하도록 채용부터 평가에 이르는 전 과정을 관리하는 시스템이다.
- 구매 : 원부자재들을 공정하고 적정한 가격을 적시에 구매 할 수 있도록 만들어진 통합된 시스템이다.
- 생산 : 영업 및 자재의 유기적인 연동으로 납기와 생산능력을 수용 가능하도록 생산 계획을 수집하고 생산현황에 관한 신속한 정보공유를 통해 영업에서는 판매할 수 있는 제품 생산현황 정보를 실시간으로 제공받을 수 있는 시스템이다.

- 영업 : 영업 전략의 효과적인 성공을 거두기 위해서는 매출 및 재고정보의 신속한 정보를 제공받는 시스템이다. 아울러 지역에 따라 고객의 다양한 요구사항을 현장에서 수집하여 지원할 수 있는 고객관리시스템도 운영한다.

5. 전사적 자원관리시스템

기업은 경쟁 활동의 수행을 위해 여러 개의 시스템 즉 생산, 판매, 인사, 회계, 자금, 원가, 고정자산 등의 운영 시스템을 갖고 있는데 ERP는 전 부문에 걸쳐있는 시스템을 하나의 시스템으로 재구축함으로써 생산성을 극대화 하려는 대표적인 리엔지니어링기법이다.

과거의 경영지원을 위한 각 서브시스템은 별개의 시스템으로 운영되어 정보가 타 부문에 동시에 연결되지 않아 불편과 낭비를 초래하였다.

이러한 문제점을 해결하기 위해 ERP는 어느 한 부분에서 데이터를 입력하면 회사의 전 부문이 동시에 필요에 따라서 정보로 활용 할 수 있게 하는 것이다.

ERP를 실현하기 위해서는 공급되는 소프트웨어를 ERP Package라고 하는데, 이 패키지는 데이터를 어느 한 시스템에서 입력을 하면 전체로 자동 연결되어 별도로 인터페이스를 처리해야 할 필요가 없는 통합운영이 가능한 시스템이다.

또한 ERP Package는 주기적으로 새 버전(New version)이 공급되어 업무처리 능률을 극대화하기 위한 선진 프로세스(best practice)와 최첨단의 정보기술을 효과를 거둘 수 있고 이는 급변하는 경영환경과 발전에 대응하려는 기업의 고민을 동시에 해결시켜 주는 솔루션이라고 할 수 있다.

1) 인터페이스

서로 다른 두 장치, 2개 이상의 장치나 소프트웨어 사이에서 정보나 신호를 주고받을 때 그 사이를 연결하는 연결 장치나 소프트웨어를 말하는 데 기업경영의 입장에서는 ERP는 각 시스템의 의사결정의 중간, 단계에 위치함으로써 서로 다른 시스템의 의사결정이 상호작용할 수 있게 돕는 역할을 한다.

한마디로, 거미줄처럼 엮여 있는 회사의 다양한 업무를 통하여 시스템화 한 것이라고 말할 수 있다.

따라서 1개의 회사는 겉에서 보기에는 간단한 것 같지만 인사, 재무, 구매, 생산, 판매, 전략기획 등 복잡한 구조로 유기체처럼 구성되어 있다. 회사의 규모가 클수록 더욱 복잡해지고 컴퓨터의 발달에 따라 회사에서는 인사시스템, 재무회계시스템, 구매시스템 등과 같이 부서에서 하고 있는 일들을 컴퓨터로 처리하고자 각각의 시스템을 개발하여 사용하고 있으며, 이러한 시스템이 다 제각각이다 보니 여러 가지 문제(예: 데이터의 통합성, 업무의 중첩)가 발생하게 되는 것이다. 따라서 보다 효율적으로 이러한 시스템을 사용하고자 회사의 경영자가 지시를 내리게 된다. '모든 시스템을 통합하라' 이렇게 해서 탄생한 것이 ERP시스템이다.

표 6-1 ERP의 발전과정

MRP	Material Requirements Planning(자재소요량계획)	70년대	• 목적: 재고의 최소화 • 단순한 자재구급관리시스템
MRP II	Manufacturing Resource Planning(제조자원 계획)	80년대	• 목적: 원가절감 • 자재뿐만 아니라 생산에 필요한 모든 자원의 효율적 관리
ERP	Enterprise Resource Planning(전사적 자원관리)	90년대	• 목적: 생산뿐만 아니라 인사, 회계, 영업, 경영자 정보 등 경영관점에서 자원의 효율적인 관리가 주목적

전사적 자원관리는 기업의 구매, 생산관리, 물류, 판매, 회계 등의 기업 활동 전반에 걸친 업무를 통합한 패키지 소프트웨어이다.

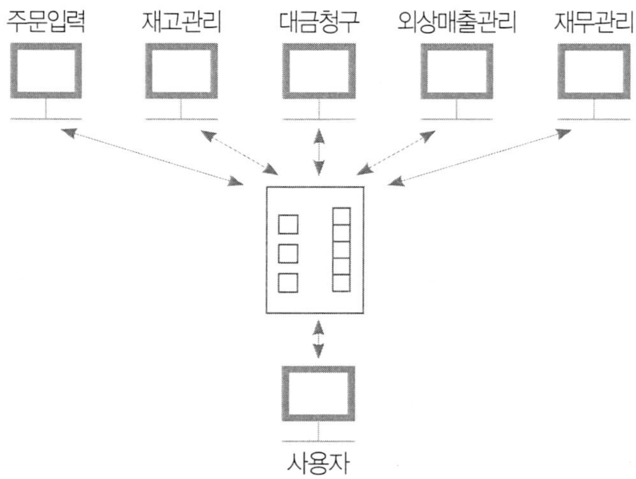

그림 6-1 전사적 자원관리시스템

전사적 자원관리시스템의 특징은 기업의 전반적인 업무처리를 통합된 환경하에서 처리하는 시스템이다.

과거에는 개별적으로 각 부서에서 별도로 개발된 시스템을 이용하였다.

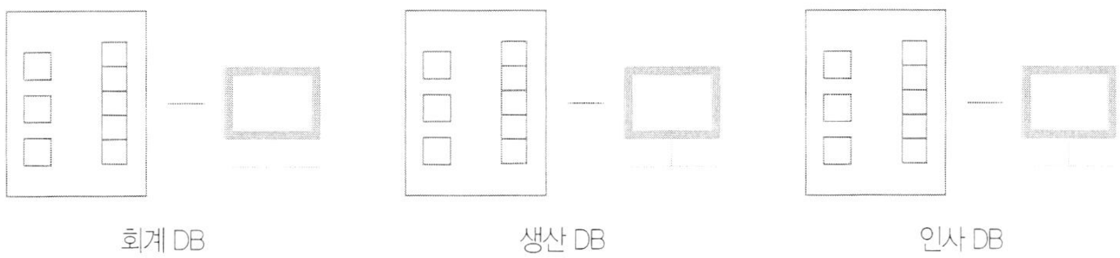

그림 6-2 각 부서별 시스템

현재는 통합된 애플리케이션을 활용함으로써 보다 효과적인 자원의 계획 및 관리가 가능하게 된다. ERP시스템이 이렇게 통합적 시스템으로 부리는 것은 기업의 업무활동을 지원하는 다양한 자료가 통합된 데이터베이스에 저장되어 있기 때문이다. 즉 생산, 영업, 인적자원관리, 재무관리 자료를 한 군데 통합시켜둠으로써 업무현황의 분석 및 의사결정의 조정 등이 보다 용이하게 이루어질 수 있다.

2) 전사적 자원관리시스템의 활용효과

- 모든 부서에서 경영정보를 On-line으로 신속하게 파악할 수 있다.
- 기업의 모든 자료가 표준화되고 정확도가 유지된다.
- 선진 업무모델이 소프트웨어 모듈에 반영되어있다.
- 매우 효율적인 경영관리가 가능하게 된다.
- 장기계획 수립에 사용될 수 있는 분석 및 결과 보고서의 생성이 가능하다.

3) 전사적 자원관리시스템의 판매

- ERP시스템의 경우 소프트웨어 업체에 의해 판매되고 있다.
- 대규모 ERP의 경우 외국의 SAP, ORACLE 등의 업체가 중소규모 ERP의 경우 다수의 국내·외업체가 공급하고 있다.
- SAP, ORACLE, Peoplesoft, 삼성SDS 등과 같은 대규모 소프트웨어 회사들은

ERP패키지를 개발하여 판매하고 있다.

- 이들 업체는 다수 기업체의 개발 경험을 통해 구매, 제조 등과 같은 기본적 업무형태를 심층적으로, 이런 토대로 기업마다 특유의 프로세스 특성을 반영할 수 있는 자료 요구사항을 집대성해 두었다.
- 국내에서도 많은 기업에서 이 ERP 시스템을 도입하여 운영하고 있다.
- 그러나 ERP는 각기 업무 및 시스템의 특성을 갖고 있기 때문에 ERP선택을 위해서 신중한 검토가 필요하다.
- 특히 기업의 규모, 업종, 필요한 개발기간, 사용자의 교육수준, 기존 인프라 환경 등을 고려하여 결정하는 것이 중요하다.

ERP만이 갖는 장점과 단점을 정리하면 다음과 같다.

* 장점

- 환경변화에 신속한 대응을 할 수 있다. ERP는 도입하는 데 소요되는 시간이 짧기 때문에 기업의 급속한 환경 변화에 신속하게 대응할 수 있다.
- 정보의 통합적 관리가 용이하다. ERP는 통합정보시스템이기 때문에 기업정보를 통합적으로 관리한다.
- 개방형 채택이 가능하다. 복수의 하드웨어 업체를 채택할 수 있어 기존시스템과 호환성도 좋고 확장성도 유리하다.
- 업무기능에 따른 모듈의 선택이 가능하다. 기업의 요구에 따라 단위 모듈별로도 도입할 수 있고, 실제로 세계 유수기업들이 주로 사용하는 모듈은 재무, 원가 등 일반관리 및 회계용으로 알려져 있다.

* 단점

- 기본적인 기능만 제공하고 있기 때문에 생산, 설계, 상품기획 등 제조 및 영업을 지원하는 기능이 취약하여 이에 대해 별도의 시스템이 필요하게 된다.
- 세계적인 표준프로세서 중심으로 개발되었기 때문에 우리나라의 국세업무, 통관 외자업무를 포함한 기업 고유의 업무를 적용할 때 이 부문을 추가로 개발해야 한다.
- 중소기업에 불리할 수도 있다. ERP는 대형 시스템으로 어느 정도의 규모를 가진 기업이 사용하였을 때 효과를 극대화시킬 수 있다.

제2절 고객관계관리(CRM)

전사적 자원관리시스템과 더불어 관심의 대상이 되고 있는 통합시스템으로는 CRM시스템을 들 수 있다. CRM시스템의 등장배경, 프로세스, 결과에 대해 살펴본다.

1. 고객관계관리시스템의 등장배경

고객만족을 시키기 위한 다양한 데이터를 전사적으로 수집 가공하여 정보를 공유하기 위해서 등장한 것이 다음과 같은 내용의 CRM시스템이다.

첫째, 고객만족을 위해 기업들의 불특정 다수의 마케팅이 더 이상 효과를 거두지 못하고 있다. 다양한 고객의 욕구를 만족시켜 주기 위해서는 일대일 마케팅으로 고객에 대한 정보를 체계적으로 분석할 수 있는 시스템이 요구되었다.

둘째, 인터넷 사용으로 고객들은 많은 정보를 접한다. 그러므로 비교쇼핑을 통해서 고객을 만족시키지 못하는 제품의 기업들은 살아남을 수가 없다.

셋째, 기업의 경쟁력은 기존고객에게 있다. 기존 고객들의 충성도를 유지하려면 고객이 뭘 요구하는지 계속적으로 관계를 유지 개선시키는 것이 매우 바람직하다. 신규고객에 대해 투자하는 것 또한 바람직하지만 신규고객을 창출하는 데 소요되는 비용이 높기 때문에 기존 고객들의 관리는 더욱 더 중요하다.

넷째, 인터넷 발달로 인하여 고객과의 일대일 마케팅으로 개개인에 대한 정보를 저장 및 분석할 수 있다. 기업의 관점에서 선별된 고객들이 부류로 또한 나누어진다. 기업의 수익에 공헌도가 큰 고객인지, 이탈 할 가능성이 높은 고객인지 등 고객 데이터를 체계적으로 분석하여 경영자에게 제공되고 있다. 그러므로 고객관계관리(CRM)가 중요시되고 있다.

2. 고객관계관리시스템

새로 구축한 '맞춤형 고객관계관리(CRM)시스템은 고객의 구매 데이터 분석뿐 아니라 방문 페이지 체류, 상품조회, 장바구니 이용, 광고메일 열람 데이터가지 분석해 고객의 구매 성향과 취향, 선호도까지 고려한 서비스를 제공하는 것이다.

1) 고객관계관리 진행 과정

- 고객정보를 확보하고 이를 데이터베이스에 축적한다.
- 고객특성을 분석한다.
- 고객별 특성에 따른 활동을 실시한다.
- 결과의 평가 및 피드백을 시킨다.

고객의 인구통계적인 측면의 기본적인 특성과 구매이력이나 서비스 이용 등 행동측면에 대해 데이터베이스에 저장된 데이터는 다차원분석이나 통계적인 분석 등의 과정을 거쳐 고도로 가공되고 요약된 정보로 바뀌며 이 정보를 이용해서 각 고객들에게 무엇을 해 주어야 하는 가를 판단한다.

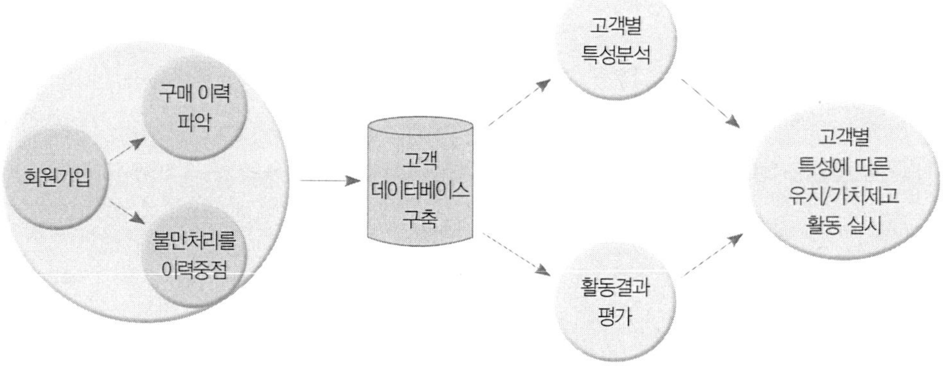

그림 6-3 고객관계관리 시스템

고객관계관리라는 것이 기본이며 '분석된 고객정보에 따라 고객특성을 알아내고 고객별 특성에 따른 활동을 하자'는 것이다.

결국 CRM의 최종적 목표는 가치 있는 고객을 유치하거나, 고객의 가치를 현재보다 더 크게 만들려는 것이지만, 그것을 활동의 목표로 하는 것이 아니라, 각 고객이 필요로 하고 원하는 상품과 품목이 무엇인가를 찾아내고, 그 품목에 대한 경쟁력을 키우며, 고객에게 제안하는 것이 해야 할 활동이다.

3. 고객관계관리시스템의 프로세스

고객관계관리(CRM: Customer Relationship Management)를 잘 하기위해서는 고객을 만족시키고, 고객의 충성도를 높이고, 고객의 정보에 대해 알아야 한다. CRM시스템은 전사적인 차원에서 다양한 고객들의 데이터를 수집하고 저장한 후 체계적인 방법으로 분석하여 연관된 부서와 함께 정보를 공유하는 시스템이다.

CRM은 다양한 고객을 통해 데이터를 수집(인터뷰, CM, 인터넷, 텔레마케팅)하여 데이터베이스에 저장한다. 데이터마이닝(data mining)기법을 활용하여 관련 부서에 맞게 분석하여 판매지원팀, 판매팀, 마케팅팀, 관리팀, 고객서비스팀 등에게 실시간으로 정보를 제공한다. 그러므로 조직전체가 하나의 판매 네트워크로서 역할을 수행한다. 그 결과 고객과의 친밀감과 업무 프로세스 개선을 통해 이를 유지 발전시켜 나간다.

그림 6-4 CRM시스템의 프로세스

4. 고객관계관리시스템의 결과

- CRM시스템을 활용하면서 신규 고객과 접촉하면서 고객을 확보할 수 있고, 시장을 통한 정보에 의해 잠재 이익을 가진 시장을 점유할 수 있게 되었다.
- CRM시스템을 통해 기업은 소비자의 취향에 대해 폭 넓게 이해 할 수가 있었다. 또한 데이터웨어하우징, 전자상거래, 콜센터 등 다른 기술과 통합하여 고객의 욕구, 취향, 불만사항 등 이에 관한 정보를 얻고 분석하여 서비스에 반영시킨다.
- CRM을 이용하여 고객의 요구를 반영시켜 고객과의 관계를 강화시킨다.

- CRM시스템을 이용하여 판매 사이클을 최적화시킬 수 있고, 다른 시스템과 연계시켜 중요한 정보를 고객인터페이스로 실시간으로 전달시킨다. 또한 고객의 과거 구매행동을 분석하여 더 높은 부가가치성 있는 상품을 시장에 출시한다.

제3절 공급망 관리(SCM)

기업의 경쟁력에 꼭 필요한 시스템이 공급망 관리이다. SCM의 프로세스, SCM의 중요성, SCM의 효과에 대해 설명하고자 한다.

1. 공급망 관리의 프로세스

SCM시스템을 제품의 생산 단계에서부터 소비자에게 최종적으로 판매될 때까지 모든 과정을 연결시켜 관리하는 것으로서 더 나아가서는 제품이 폐기될 때까지의 과정을 포함하는 시스템이다. SCM의 시스템은 전체시스템을 효율적이고 비용을 효과적으로 만드는 것이다.

시스템 전반에 걸쳐 발생하는 비용들, 즉 운송과 유통에서부터 원재료, 재공품 및 완제품의 재고에 이르기까지 관련된 모든 비용들을 최소화시키려는 것이다. 그러므로 SCM은 운송비용이나 재고비용의 부분적인 최소화 보다는 전체 시스템적인 접근법을 강조한다. 또한 일련의 과정들은 통합 관리하는 목적을 소비자 만족을 극대화시키면서 소비자로부터 최대의 구매를 유도해 내는 데 있다고 할 수 있다. 이러한 목적을 달성하기 위해서는 SCM의 모든 구성요소가 유기적으로 결합되어 유연하고 통일감 있게 움직여야 한다.

예를 들면 우리들이 자주 이용하는 편의점에서 우유를 사는 경우 우리가 최종 소비자이다. 편의점이 우리에게 우유를 팔기 위해서는 여러 단계의 복잡한 과정을 거쳐야 한다. 우유를 판매하는 데에는 우유를 공급하는 원재료 공급업체, 가공 제조하는 제조업체, 소비업체에 공급하는 도매업체, 일반 소비자에게 판매하는 소매업체, 그리고 우유를 소비하는 최종 소비자가 있다. 이러한 모든 과정을 공급사슬(Supply Chain)이라 한다.

그림 6-5 공급 체계 흐름도

2. 공급망 관리의 중요성

많은 제조업체들은 원재료 공급업체로부터 납품을 받아 제품을 생산하는 것에만 치중하여, 이러한 제품을 도소매업체에게 넘기는 것만으로 끝나는 경우가 많다. 도매업체는 제조업체로부터 받은 제품을 소매업체에 전달하고, 소매업체는 이 제품을 소비자에게 판매하는 데에만 치중하여 제조업체와 도매업체와는 별도의 연관성을 갖지 않은 경우가 대부분이다. 이렇게 원재료 공급업체, 제조업체, 도매업체, 소매업체가 별도로 분리되어 활동하게 되면 비효율적인 일들이 많이 발생 할 수 있다.

SCM은 이러한 일련의 과정을 각각 하나의 채널로 보는 비즈니스 프로세스로서 고객서비스 수주을 만족시키면서 시스템 전반적인 비용을 최소화할 수 있도록 효율적으로 통합하는 정보시스템이 SCM시스템이다.

또한 1800년대부터 산업사회의 가장 핵심적인 경쟁 수단이었던 분업화가 기업 경영에 도입되면서 각 기능별(생산, 판매, 조직, 재무, 회계)로 운영되어 왔다. 그러나 1990년대 접어들면서 기업 전체적인 관점에서 경쟁을 하게 되었고 글로벌화를 지향하게 되었다.

이러한 글로벌한 시장 환경에서 기업들은 수많은 기업들 간의 치열한 경쟁과 짧아진 제품수명주기, 그리고 고객들의 높아진 기대 수요 등으로 다양한 형태의 경쟁 상황에 직면하게 되었다. 그러므로 SCM의 중요성은 오늘날 부각되고 있는 것이다.

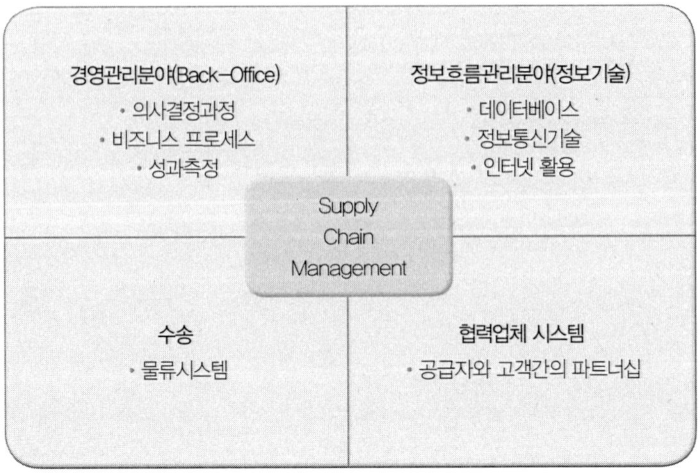

그림 6-6 SCM 구성요소의 중요성

1) 공급망 관리 성공요인

- 목적 및 중요성의 인식이 필요하다.
- 자사만의 강점이 있어야 한다.
- 공급체인 관리에 참여하는 기업은 각각 독립 능력이 있으면서도 상호 의존성을 유지해야 한다.
- 적극적인 자원 투자가 필요하다.
- 정보의 공유가 필요하다.
- 개방적인 커뮤니케이션이 필요하다.
- 정직성과 도덕성이 필요하다.

3. 공급망 관리의 효과

SCM시스템의 도입 효과는 비용절감이다. 먼저 기업들의 정보, 자재, 자금의 유동성을 원활하게 해서 수요와 공급을 균형 있게 만들고 재고를 낮추어 비용절감을 시키고, 또한 납기일을 맞추고, 리드타임을 줄일 수 있게 만든다. 아울러 공급사슬에서 발생하는 비용은 기업 전체 운영비용을 줄인다는 것을 기업의 이윤창출에 많은 영향을 미친다.

SCM시스템은 적정한 재고를 유지함으로서 품절로 인한 기업의 손실 및 기업의 이미지를 사전에 예방할 수 있다. 그리고 품절로 인해 고객이 타 경쟁업체의 제품을 구매하는 일이 없도록 적절한 제품수량을 항상 보유하여 판매극대화로 이어지도록 한다.

4. 공급망 관리의 운송 계획 수립

※ 전국적으로 200개의 영업점을 보유한 택배업체를 대상으로 운송계획을 수립하고자 한다. 각 영업점은 고객으로부터 위탁받은 화물을 해당 영업점을 제외한 199개 다른 영업점으로 운송이 필요하다. (편의상 각 영업점간의 물류비용은 동일하다고 가정함)

1) 200개의 영업점간 1 : 1로 운송계획을 수립할 때 전체 운송경로는 몇 개인가?

문제풀이: 200개의 영업점 간 모두 서로를 잇는 경로는 각 영업점간 다른 199개 영업점을 이어야 하므로 200×199개가 일단 존재하나 각 경로는 양방향이므로 이에는 동일한 경로가 2번 반복되었으므로 2로 나누어 총 19900개의 운송경로가 존재한다.
(200C2 = 200×199/2= 19900)

2) 5개의 영업점을 하나의 지역 거점(또는 물류창고)으로 묶어서 운송계획을 수립하고자 할 때 전체 운송경로는 몇 개인가?

문제풀이: 5개 영업점에서 1개 거점으로 모으고(200/5=40이고, 총 40개의 거점이 있다) 거점 간 운송을 하는 방식이다. 거점 간 운송경로는 40×39/2=780개
영업점과 거점 간 경로(영업점 별 각 영업점과 해당 거점을 잇는 1개 운송 경로가 있으므로) 200개. 총 운송경로 수는 780+200=980개이다.

3) 10개의 영업점을 하나의 지역 거점(또는 물류창고)으로 묶어서 운송계획을 수립하고자 할 때 전체 운송경로는 몇 개인가?

문제풀이: 10개 영업점을 1개 거점으로 모으므로 거점의 수는 20개 20×19/2+200=190+200=390
총 운송경로 수는 390개가 된다.

5. 공급망 관리(SCM)시스템

물건과 정보가 생산자로부터 도매업자, 소매상인, 소비자에게 이동하는 전체 과정을 실시간으로 한눈에 볼 수 있는데, 이를 통해서 제조업체는 고객이 원하는 제품을 적기에 공급하고 재고를 줄일 수 있다. 이것을 공급망 관리라 한다.

기업들은 SCM을 통해 경영의 세계화, 시장의 역동성, 고객 필요성의 다양화 등에 대응함으로써 기업의 경쟁력을 강화할 수 있고, 모든 거래 당사자들의 연관된 사업 범위 내 가상 조직처럼 정보를 공유할 수 있다. 이전 SCM은 기업을 경영하는 데 있어서 중요하다. 그 이유는 제품의 수명주기가 더욱 짧아지고, 시장 경계가 모호해지면서 기업 간의 통합 및 전략적 제휴가 중요해지고, 글로벌 경쟁이 심화됨에 따라 공급망의 통합 및 최적화가 기업 경쟁력의 원천으로 부각되고 있습니다. SCM은 기업이 존재하는 한 기업 경쟁력 강화를 위해서 지속적으로 발전시켜야 하는 필수 경영혁신 도구이다.

SCM의 사례(도요타)

자동차는 제품 특성상 소비자와 회사와의 직거래가 불가능하다. 그렇기 때문에 소비자의 패턴과 기호를 알기 위해서는 중간단계의 유통업자를 즉 판매대리점이 가운데서 소비자와 회사 간의 커뮤니케이션이 원활할 수 있도록 잘 연결해 주어야 하는데 도요타는 이러한 의사소통을 굉장히 잘 활용하는 기업이다. 대리점이 있는 지역의 지형, 기후, 연령대를 조사하여서 소비자의 특성을 구축하였다.

예를 들면 눈이 오는 날이 많은 지역에는 흰색이나 주변의 하얀 배경색과 어울리는 자동차 디자인을 선호한다. 지형이 험한 산간지역에는 지프차 등 고르지 못한 길을 쉽게 갈 수 있는 후륜자동차를 선호한다. 젊은 층이 많이 거주하는 지역에서는 밝은 색의 스포츠카를 선호하며 개성 표현이 강하게 나타난다.

이처럼 도요타는 소비자가 요구하는 내용을 파악하여 빠른 시간 내에 원재료를 구입하고 공장에서 자동차를 생산시켜 각각의 대리점으로 보내는 효율적인 방법을 이루었다.

또한 도요타의 물류SCM은 부품 물류 시스템과 신차 물류시스템으로 나누어지는데, 부품 물류시스템은 차량 계약 방식(적재율이 떨어지면 부품기업이 물류비 부담)과 팔레트방식(적재율이 떨어지면 운송업자가 물류비를 부담)으로 나누어져 있다. 또 신화 물류시스템은 소유권을 딜러에게 이전하여 재고율을 '0'으로 유지하는 것이다.

이런 식으로 도요타의 생산SCM들은 공급자의 입장에선 소비자에게 질 좋은 자동차를 자원의 낭비 없이 신속하게 전달해서 좋고, 소비자의 입장에선 빠른 시간 내에 원하는 제품을 받는 SCM방식에 만족하게 된다.

6. 공급망 관리(SCM)전략

SCM전략 중에서 일부 재검토해야 할 부분이 생겼다. 일본 고유의 생산 방식인 '적시생산시스템(JIT·Just in time)'의 결점이 드러난 것이다. JIT방식은 시장의 수요가 있을 때마다 제품을 적시에 생산해 공급하는 방식으로 재고 비용을 최소화하는 데 목적이 있다. 일본 토요타 자동차가 1990년대 후반 비용절감, 재고절감, 결함제거를 통해 조직의 생산성을 크게 높이기 위해 만든 경영기법이다.

따라서 도요타의 JIT 방식은 미국과 유럽의 여러 나라들이 벤치마킹하여 사용하고 있었다. 그러나 2011년 3월 11일 지진, 태풍 해일의 큰 자연재해로 인하여 일본에서 각 나라로 부품공급이 어렵게 되자 일본의 JIT 방식을 고수해온 수많은 제조업체들이 생산에 비상이 걸렸다. 도요타의 SCM전략에 재검토가 이루어져야 한다는 것이다. 일본 기업 내에서도 JIT 방식을 보완해야 할 시점에 있다고 밝혔다. 그래서 부품 공급을 받는 다수 국가의 기업들이 재고량을 늘려 나갈 계획이라며, 재고량을 비축하는 것이 중요한 일이 되었다고 지적했다.

제4절 데이터웨어하우스

데이터웨어하우스는 분산되어 있는 많은 데이터를 중앙집중식으로 체계적으로 수집, 요약, 정리하여 효과적으로 활용하고자 하는 것이다.

1. 데이터웨어하우스의 개념

데이터웨어하우스는 조직의 오랜 경험에서 축적되어 생긴 조직의 데이터와 외부데이터를 과거에서 현재에 이르기까지의 주제별로 통합하고 요약하여 별도의 조작이 분석 가능하게 하는 통합된 데이터베이스시스템이다. 그런데 현재에는 기업의 규모가 방대해졌으며, 복잡한 시대에 데이터베이스로는 어려움이 많아 여기에 부합되어 나온 것이 데이터웨어하우스이다.

데이터베이스에 저장된 자료를 가지고 의사결정을 지원하기에는 부족한 점이 많다. 예를 들면 고정 단골 고객에게 외상으로 추가적으로 판매해도 되는지 거래하는 고객이 갚아야 할 총 미수금은 얼마나 남아 있는지 추세를 봐가며 거래할 필요가 있다. 현재 미수금 총액의 많고 적음을 떠나서 지난 5개월 동안 점차 감소하였다면 외상거래를 하여도 큰 문제가 되지 않기 때문이다.

그런데 데이터베이스에는 현재 고객이 갚아야 할 미수금 총액만 저장되어 있기 때문에 미수금 총액이 증가 또는 감소하였는지 파악하기가 어렵다. 이 문제를 해결하기 위해서는 주기적으로 고객의 미수금 총액을 추출하여 데이터웨어하우스에 누적시키면서 저장하면 된다.

그러나 데이터를 일정주기로 계속 축적하면서 비교분석을 하다보면 데이터베이스의 규모가 커지는 단점도 있다. 따라서 과거 5년 이후의 데이터는 보조기억장치에 저장하였다가 필요할 때 다시 사용하게 된다. 또한 대용량의 데이터베이스에 대하여 질의를 하게 되면 계산하는 시간이 너무 오래 걸리게 되므로 대개는 원래의 자료로부터 필요한 요약 자료를 미리 계산하여 저장하여 놓는다. 예를 들면 어느 상품의 매출액에 대한 데이터를 주별, 월별, 분기별 또는 연도별로 미리 합산하여 저장한다. 마찬가지로 지역별 매출액을 동별 구별 도시별 도별 또는 더 큰 지역별로 계산하여 저장해 놓기도 한다.

다양한 데이터를 한군데 모아 필요한 데이터와 요약 정보를 추출하여 보관해 두고, 이를 분석, 리포팅, 데이터 마이닝 등에 활용할 수 있도록 제공한다.

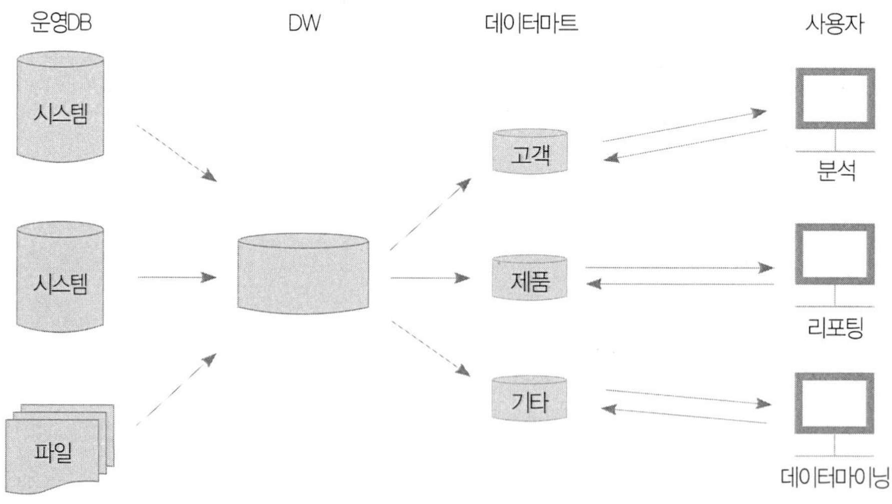

그림 6-7 데이터웨어하우스 개념

2. 데이터웨어하우스의 특징

데이터웨어하우스는 의사결정을 지원하기 위해 체계적으로 수집, 요약, 정리 등 효과적으로 활용하고자 주제별로 분류될 데이터의 저장소로서 다음과 같은 특징을 나타내고 있다.

1) 과거 데이터의 활용으로 인한 통합

과거의 데이터를 보관, 분석, 활용해서 보관한다. 데이터웨어하우스는 과거의 데이터를 보관하고 이를 다시 분석하여 활용한다.

2) 과거부터 현재까지 시계열

데이터베이스의 데이터 값이 변경될 때마다 새로운 값이 데이터웨어하우스로 보내게 된다. 이때 새로운 값이 과거의 값을 지워버리고 대체하는 것이 아니라 시계열 데이터 값으로 저장되므로 갱신이 일어나지 않는 데이터베이스이다.

3) 주제별로 통합된 데이터베이스

주제별로 데이터를 분류하여 활용할 수 있고, 주제에 대한 데이터를 심도 있게 활용한다. 그리고 데이터베이스로부터 필요한 주제를 추측할 수 있다. 과거에는 월별 보고서 형태로 제공되었으나 최근에는 데이터를 수시로 요구하고 있다.

4) 내 외부 데이터의 활동

기업내부의 매출, 고객, 생산, 수주 등 내부의 데이터를 활용하고, 또한 외부데이터를 활용하는 중요한 정보를 경쟁회사, 정부정책 등이다. 뿐만 아니라 경제지표, 인구정보, 해외정보, 날씨, 기온 등은 민감한 사항이다.

5) 온라인(on-line)방식

현재의 시스템은 시스템을 제외하면 오프라인 방식으로 정보를 처리, 분석하는데 시간이 많이 지연되었다. 따라서 데이터웨어하우스는 온라인방식으로 데이터를 처리한다.

6) OLAP(On-Line Analytic Processing)방식

데이터웨어하우스는 프로그램 없이 데이터를 처리 가공 할 수 있어야 한다. 사용자가 컴퓨팅을 하기 위해서는 프로그램을 하지 않고도 원하는 테이블을 쉽게 만들 수 있어야 한다.

표 6-2 데이터하우스의 특징

특징	설명
주체지향성 (subject-orientation)	데이터를 주제별로 구성함으로서 최종 사용자(and user)와 전산에 약한 분석자라도 이해하기 쉬운 형태로 유지한다.
통합성(integration)	데이터가 데이터 웨어하우스에 들어갈 때는 일관적인 형태(데이터의 일관된 이름짓기, 일관된 변수측정, 일관된 코드화 구조 등)로 변환되어 데이터의 통합성이 유지된다.
비휘발성 (nonvolatilization)	데이터 웨어하우스에 일단 데이터가 적재되면 일괄처리(batch)작업에 의한 갱신 이외에는 「Inset」나 「Delete」 등의 변경이 수행되지 않는다.
시계열성(time-variancy)	데이터웨어하우스의 데이터는 일정기간동안 정확성을 유지한다.

7) 주제중심적

- 전사적인 공통 관심주제를 중심으로 관련데이터 통합(데이터가 조직의 Business주제에 따라 분류·저장)

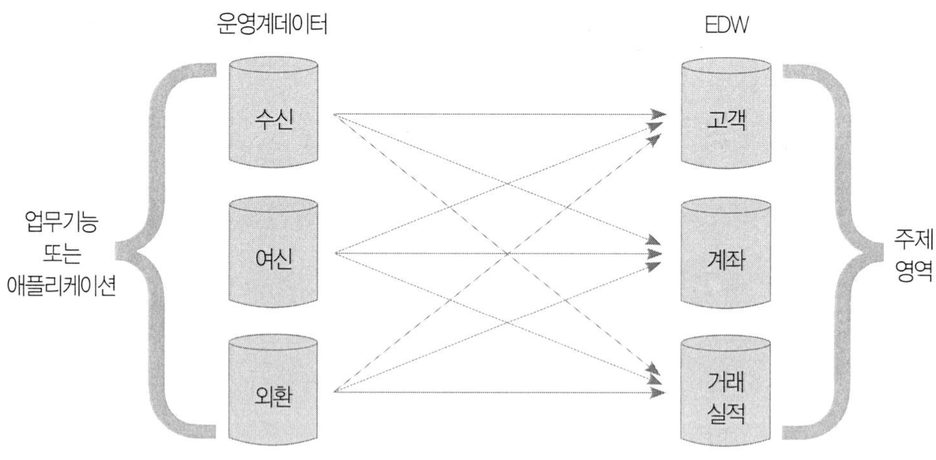

그림 6-8 주제영역

8) 통합적(Integrated)

- 전사적인 데이터 표준화를 통해 데이터 통일성 확보
- 운영계로부터 데이터 획득 시 데이터 통합을 위한 일련의 변환작업 수행

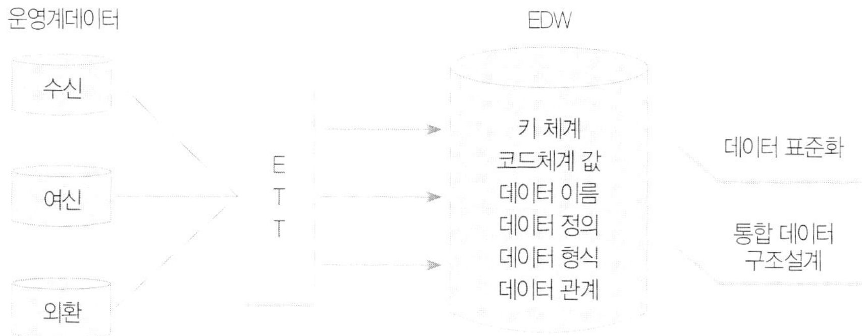

그림 6-9 통합 데이터

9) 시계열적(Time Variant)

- 이력 데이터를 통해 시간 경과에 따른 데이터의 변환과정, 파악가능
- 이력 데이터는 일련의 Snapshot으로 구성

	운영계데이터			EDW			
트랙잭션	주문품	수량		일자(키)	주문품	변경수량	총 수량
최초주문	노트북	5	〉	2013.1.15	노트북	5	5
주문추가	노트북	7	〉	2013.1.16	노트북	2	7
주문추가	노트북	9	〉	2013.1.17	노트북	2	9
	동일 레코드에 갱신			Snapshot으로 추가			

그림 6-10 시계열적 데이터

10) 비 휘발성(Non Volatile)

- 데이터웨어하우스에는 일반적으로 데이터 갱신 프로세스가 존재하지 않음.
- 운영계에서 발생한 변경요건을 갱신하지 않고 Snapshot 형태로 반영

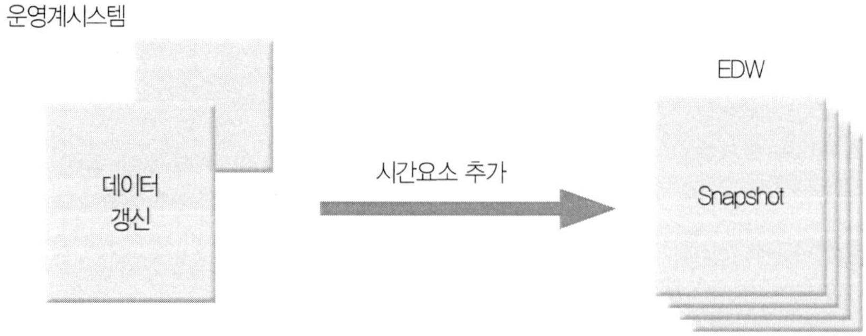

그림 6-11 비 휘발성 데이터

3. 데이터웨어하우스의 효과

데이터웨어하우스의 다양한 효과는 다음과 같다.

- 사용자의 요구에 데이터를 빠르게 표로 볼 수 있다.
- 사용자가 프로그램을 할 필요 없이 데이터 요소만 지정해 주면 된다.
- 데이터의 변환추이를 예측 가정하여 분석할 수 있다.

4. 데이터마이닝

데이터웨어하우스는 광산이고 데이터마이닝은 광산에서 보석을 캐는 것에 비유할 수 있다. 즉 대용량의 데이터를 선택하고 탐색하는 등 일련의 과정을 의미한다. 과거와 달리 관련된 정보를 제공함으로써 조직의 의사결정을 제공한다. 데이터마이닝을 많이 사용하게 되는 이유는 데이터웨어하우스가 광범위하게 구축되고 이것을 이용해서 복잡한 데이터를 분석하려는 욕구가 생겼기 때문이다. 데이터마이닝은 주로 마케팅 분야에 많이 이용된다.

데이터 베이스 내에서 어떠한 방법(유사성)에 의해 관심이 있는 것을 찾아내는 과정. 데이터마이닝은 대용량의 데이터 속에서 유용한 정보를 발견하는 과정이며, 기대했던 정보뿐만 아니라 기대하지 못했던 정보를 찾을 수 있는 기술을 의미한다. 데이터마이닝을 통해 정보의 연관성을 파악함으로써 가치 있는 정보를 만들어 의사결정에 적용함으로써 이익을 극대화 시킬 수 있다. 기업이 보유하고 있는 일일거래 데이터, 고객데이터, 상품데이터 혹은 각종 마케팅 활동의 고객반응, 데이터 등과 이외의 기타 외부 데이터를 포함하는 모든 사용가능한 근원 데이터를 기반으로 감춰진 지식, 기대하지 못했던 경향 또는 새로운 규칙 등을 발견하고, 이를 실제 비즈니스 의사 결정 등을 위한 정보로 활용하고자 하는 것.

데이터마이닝의 적용분야로 가장 대표적인 것은 데이터베이스마케팅이다.

그림 6-12 데이터 베이스 마케팅

1) 마케팅 유형

- 구입하는 제품들이 어떤 연관관계가 있는지 조사하여 구매패턴을 파악한다.
- 비슷한 소재의 제품 자료를 분할하여 여러 가지의 속성을 고려하여 파악한다.
- 분류된 데이터를 이용하여 응용한다.
- 시간에 따라 순차적인 구매로서 고객이 스키에 관한 책을 구입하여 수개월 내에 스키 장비를 구입 가능성이 높다는 것으로서 시간 간격을 파악할 수 있다.

2) 데이터 마이닝 활용분야

데이터마이닝은 다양한 분야에서 활용된다. 천체 관측 사진에서 행성과 성운을 식별하는 패턴인식(pattern recognition)기법은 방위산업과 의료진단 분야에서 활용하고 있다. 데이터마이닝 활용이 가장 활발한 곳은 기업이다. 널리 알려진 사례로는 장바구니 분석(Market Basket Analysis)이 있다. 할인점의 구매데이터를 분석한 결과 아기용 기저귀와 맥주가 함께 팔리고 있다는 사실을 발견해 할인행사나 매장의 상표배치에 활용한 사례이다.

반도체나 자동차, 소비재 등 제조업에서는 생산 공정단계에서 발생하는 데이터를 분석해 불량품이 발생하는 원인을 규명하고 예방하는 품질관리(Quality Control)에 활용한다. 금융 분야에서는 고객의 신용등급에 따라 대출규모와 이자 등을 결정하는 신용점수(Credit Score)산정에 데이터마이닝이 활용된다.

특이한 거래 행위에서 부정행위를 적발(fraud detection)하는 분야에도 활용된다. 잃어버린 신용카드의 부정이용, 보험회사의 허위과다 청구를 예방하기 위해 사용 될 뿐 아니라 국민연금이나 의료보험의 부당 청구와 같은 영역에도 활용하고 있다.

5. 데이터 마트

데이터웨어하우스는 분산되어 있는 데이터를 그중 전체적으로 모아 놓은 대용량의 데이터베이스이며, 데이터마트(Data Mart)는 어떤 특정목적 또는 부서 내에 분산되어 있는 데이터로 모아 놓은 것이라고 할 수 있는 작은 규모의 데이터웨어하우스이다. 이것은 주로 중소기업에서 사용되며, 비용이 적게 들며, 규모가 작은 데이터마트를 사용한다.

데이터마트는 중소기업을 위해 고안해서 만든 데이터웨어하우스이다. 그리고 데이터웨어하우스 보다 더 적은 정보를 저장하고 있기 때문에 배우기도 쉽고 더 신속하게 반응한다. 또한 자체적인 의사결정지원시스템을 구축할 수 있다는 장점도 있다.

대용량의 데이터웨어하우스는 각 부서의 요구사항에 적합하게 맞추어 사용하기가 어렵고 또한 구축하는 데 장기간에 걸쳐 많은 비용이 사용되며, 프로젝트의 위험이 크다.

반면 데이터마트는 단기간에 적은 비용의 투자로 가시적인 성과를 거둘 수 있다는 장점이 있다. 또한 상대적으로 소규모이기 때문에 프로젝트 위험이 작은 데이터 마트를 성공적으로 구축함으로서 이로부터 얻은 경험과 자신을 바탕으로 데이터웨어하우스 구축으로 확장해 나갈 수도 있다.

데이터마트는 데이터 웨어하우스와 사용자 사이의 중간층에 위치하는 것으로, 하나의 주제 또는 하나의 부서 중심의 데이터 웨어하우스라고 할 수 있다. 데이터 마트내 대부분의 데이터는 데이터 웨어하우스로부터 복제되지만, 자체적으로 수립될 수도 있으며, 관계형 데이터베이스나 다차원데이터베이스를 이용하여 구축한다.

데이터마트(Data Mart)는 데이터웨어하우스가 조직의 총괄적인 관점에서의 데이터 집단이라고 하면 데이터마트는 특정 세부 조직이나 특정 주제를 기반으로 조직된 의사 결정용 데이터의 집단이다. 데이터마트는 주로 조직의 특정 조직의 특정 업무 분야에 초점을 맞추어 구성된다. 그러므로 조직의 데이터마트를 통합하면 이를 데이터웨어하우스로 볼 수 있다.

운영 데이터
RDB
외부
DB
데이터 변환
(접속, 발췌, 필터링, 요약, 정렬)
데이터 웨어하우스
RB
복사 및 보급
데이터 마트
지역
고객
마케팅
재무
협력사
데이터마이닝
(통계분석, 클러스터링, 신경망, 규칙추론, 의사결정트리)
최종 사용자
(파워유저, 분석가, 임원, 고객상담자, 응용서버)

그림 6-13 데이터 마트

사례

"훌륭한 아이디어에 No를 외친다" 경영학을 뒤집는 '애플경영'

"우리는 훌륭한 아이디어에 매일같이 '노(No)'라고 말하는 회사다(We say 'no' to good ideas everyday)."

팀 쿡(Cook) 애플 최고경영자(CEO)가 최고운영책임자(COO)를 맡고 있던 2010년 한 애널리스트 대상 설명회에서 말한 이 문장은 '애플 웨이(Apple way)'를 상징한다. '많은 것을 포기한다. 대신 선택한 분야에 모든 에너지를 쏟아붓는다. 그리고 거기서 세계 최고가 된다'.

실제로 애플이 판매하는 제품은 딱 5종 뿐이다. 단순·집중으로 요약되는 창업자 스티브 잡스(jobs)의 경영 철학은 지금도 미국 캘리포니아주 쿠퍼티노시에 있는 애플 본사와 해외 네트워크를 관통하는 애플의 유전자이다. '소비자·주주와 적극 소통하라' '여러 제품으로 위험을 분산하라'는 현대 경영학 이론에 정면 도전하는 '애플경영'의 핵심 기둥은 무엇인가.

▲ 144조원 매출을 단일 부서가 관리. 'One P&L' 구조

애플은 지나해 총매출 1276억달러(약 144조원)를 올렸다. 이 중 절반 정도가 아이폰 한 제품에서 나왔고, 아이패드와 맥PC의 비중은 20% 정도였다. 한때 애플 총매출의 절반 이상을 올렸던 아이팟은 10%대로 떨어졌다. 여느 기업이었다면 아이폰과 아이패드 담당 임원의 고과 평가는 크게 오르고, 아이팟 담당 임원은 문책 받았을 것이다. 하지만 애플에는 이런 일이 없다. 각 부문장은 개발·운영만 맡을 뿐, 실적 관리는 최고재무책임자(CFO·수석부사장급)인 피터 오펜하이머(Oppenheimer) 몫이기 때문이다. 오펜하이머 아래에는 재정과 지출을 담당하는 부사장이 1명씩 있다. 전 세계 임직원이 7만명이 넘고 연간 매출이 대한민국 1년 예산의 절반에 이르는 애플의 손익(Profit & Loss)체제를 단 한 개 재정 부서가 관리하는 것이다. 대다수 글로벌 선진 기업이 조직의 긴장감과 경쟁 촉진을 위해 부문별 독립채산제 등을 도입하는 것과 정반대이다.

▲ 디자인 최우선·CEO 1인 집중 '중앙 통제형 조직'

애플 조직에서 가장 특이한 것은 '산업 디자인 부문(Industrial Design Group)'이다. 조너선 아이브(Ive) 수석부사장이 이끄는 이곳은 수많은 시제품을 만드는 혁신의 산실이다. 제품 포장 상자조차 수백 샘플을 만들어 몇 달이고 테스트한다. 애플 디자인팀은 제품별로 나눠져 있지 않고 단 하나의 독립된 부서로 돼 있다.

디자이너는 각 사안을 CEO에게 직언할 만큼 독립 권한을 인정받으며, 엔지니어·마케터 등과 연석 회의하면서도 최우선 발언권을 부여받는다.

디자인을 제외한 애플의 조직 구도는 철저한 기능 중심이다. 개발 부서는 iOS(아이폰 · 아이패드 운영체제) · 맥PC · 아이튠스 등 핵심 상품 · 서비스 단위로 구분되며, 하드웨어 개발과 마케팅은 독립 부서로 하나씩 있다. 기능 융합을 위해 복잡한 매트릭스 조직을 권장하는 최신 경영 조류를 역행하는 꼴이다. 명령 체계도 본사 직원 2만여 명이 만든 결과물이 CEO 1명에게 집중되는 '중앙집중식'이다. 이런 방식은 해외 지사 운영에도 적용된다. 중앙에서 모든 것을 통제하는 탓에 애플의 해외 지사장들은 권한이 없는 것으로 유명하다. 한 아시아 국가법인 대표는 "현지 문화에 맞춘 현지화 전략을 선보이겠다"고 발언했다가 해임됐다고 한다. 애플의 글로벌 정책에 균열을 가했다는 게 이유였다.

▲ 애플 본사는 정보의 '블랙박스'... 엄격한 비밀주의

대부분의 기업은 제품 발매 전에 여러 미디어 채널을 활용해 정보를 흘리고 우호적인 분위기를 조성하려 애쓰지만, 애플은 제품세부 사양까지 절대 비밀에 부친다. 쿠퍼티노의 애플 캠퍼스 내부를 둘러본 외부인도 손꼽을 정도다. 일반인은 물론 투자자 · 경영학자 · 저널리스트, 심지어 거래처 직원도 극히 제한된 회의실만 들어갈 수 있다. 회사 전체가 블랙박스인 셈이다.

애플의 비밀주의는 실리콘밸리에까지 영향을 미친다. 실리콘밸리 엔지니어들은 사석에서 회사 얘기를 하며 아이디어를 주고 받지만 애플은 예외다. 회사 밖에서 한마디도 회사 얘기를 할 수 없다. 애플 종업원이 페이스북 · 트위터 같은 SNS에서 회사 흉을 봤다가는 당장 해고다. 사내 정보 단속도 살벌하다. 핵심 신제품 회의는 창문도 없는 밀폐 공간에서 한다. 도청 방지를 위해서다. 수석부사장들도 자기 분야 얘기를 마치면 회의장을 떠나야 한다. 회의 정보가 유출되면 즉시 해고는 물론 피해 보상 소송을 감수해야 한다.

▲ 하드웨어 · 소프트웨어 · 소비까지 장악하는 '애플 생태계' 파워

2012.3.4.일 애플의 온라인 응용프로그램(앱)장터인 '앱스토어'는 총 다운로드 수250억회를 돌파했다. 2008년 아이폰용으로 처음 생긴 앱스토어는 아이패드 · 맥PC로 영역을 확장했다. 애플의 앱스토어는 전 세계기업을 통틀어 가장 성공적인 온라인 장터모델이다. 애플의 장터는 소비자들에게는 믿을 수 있는 앱 백화점을, 개발자들에게는 거대한 글로벌 시장을 제공했다.

애플은 음악 · 영화 · 전자책 등 온갖 콘텐츠도 쥐고 있다. 하드웨어에서 소프트웨어, 콘텐츠까지 전부 장악한 기업은 전 세계에서 애플이 유일하다. 소비자의 모든 경험을 틀어쥐고 있는 데서 애플의 막강한 시장 권력이 나오는 것이다.

(출처: 조선일보, 2012.3.24.)

제 7 장
정보시스템의 활용

제1절 정보시스템

치열한 경쟁구조 하에서 기업은 중요한 자원인 정보시스템을 조직목표달성이나 전략적 목표 성취를 위해 최대의 경쟁무기로 사용해야 한다.

1. 정보시스템의 정의

정보시스템(Information Systems)은 데이터를 입력하여 이것을 정보로 변환시키는 시스템이다. 즉 경영자의 의사결정을 지원하기 위해서 정보를 수집, 처리, 저장 및 검색할 수 있도록 해서 새로운 제품을 생산하도록 지원해 주는 것이다. 또한 정보시스템은 조직 또는 환경과 관련된 사람, 장소, 물건에 대한 정보를 가지고 있다. 이런 환경으로부터 자료를 입력받아 정보로 변환시켜 경영자의 의사결정에 필요한 데이터를 가공 및 저장하여 결과를 제시하거나 검색할 수 있도록 해준다.

2. 정보시스템의 특성

정보시스템도 하나의 시스템으로서 입력, 프로세스, 출력으로 구성되어 있다. 입력은 조직이나 외부 환경으로부터 자료를 획득하는 것이며, 프로세스는 입력받은 자료를 좀 더 유용한 형식으로 변환하는 과정이며, 출력은 이런 정보를 사용할 사람들에게 유용한 형태로 출력하는 과정을 말한다. 그리고 출력된 정보가 잘못되었을 경우에는 피드백을 통해서 다시 평가 되어 진다.

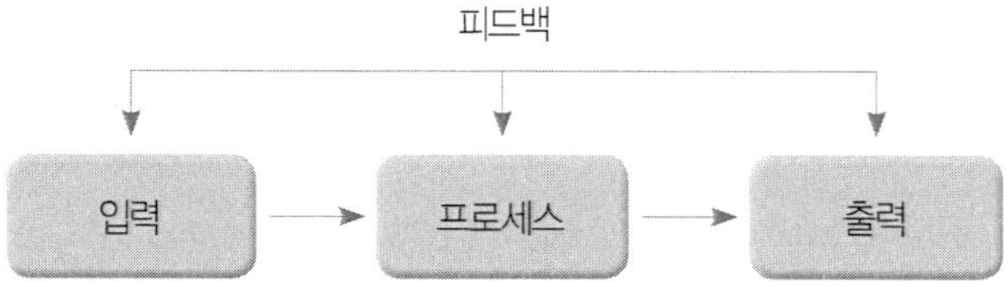

그림 7-1 정보시스템의 기본 구성도

1) 입력

정보시스템에서 입력은 데이터를 찾고 모으는 활동이다. 급여를 계산할 때 급여가 계산되기 전에 각 작업자가 일한 시간이 계산되어야 한다. 급여 계산을 위해서는 초기 입력요소로서 작업자의 근태기록부가 이용될 수 있다.

2) 프로세스

정보시스템에서의 처리는 데이터를 유용한 출력으로 변환하는 것을 말한다. 계산, 비교, 대안선택, 데이터의 저장 등이 처리의 예이다. 급여시스템의 경우 각 작업자의 노동시간과 시간당 정한 임금을 곱한 후 잔업수당을 더한 다음 공제액, 즉 세금, 저축 등을 빼면 작업자에게 지급할 임금이 계산된다.

3) 출력

출력은 일반문서와 보고서의 형태로 유용한 정보를 생성하는 것을 말한다. 종업원의 급여명세서나, 경영자에게 제출할 보고서 또는 주주에게 제공되는 정보 등이 출력의 대표적인 예이다.

4) 피드백

정보시스템에서 피드백은 입력이나 처리활동에 조정이나 변화를 주기 위해 사용되는 출력의 일종이다. 오류나 문제점이 있는 경우 입력데이터의 수정이나 처리과정상의 변화를 야기할 수 있다. 급여시스템을 예로 들면 어떤 근로자의 노동시간이 300시간 대신에 3,000시간이 컴퓨터에 입력되었다고 하자. 최근의 정보시스템은 다행히도 데이터가 일정한 범위 내에 포함되는가를 확인한다. 작업시간의 범위가 0내지 700시간이라 하면, 이 경우에 정보시스템은 3,000시간이 잘못되었다는 되먹임 정보를 제공한다. 피드백은 작업시간을 300시간으로 수정하는데 사용된다. 만약 이 오류를 발견하지 못하면, 이는 실제보다 많은 급여결과를 만들게 될 것이다.

제2절 정보시스템의 구성요소

정보시스템의 구성요소라 함은 컴퓨터를 기반으로 운영되는 시스템을 말한다. 즉 하드웨어와 소프트웨어로 구성되어 운영되고 있으며, 여기에 추가요소로 통신네트워크, 데이터베이스, 사람 등이 포함된다.

1. 하드웨어(hardware)

컴퓨터 하드웨어는 자료를 입력하는 입력장치(input device), 입력된 자료를 처리하는 중앙처리장치(Central Processing Unit: CPU) 처리된 자료를 출력하는 출력장치(output device) 및 자료의 처리와 처리된 자료를 보관하기 위한 기억장치(storage·memory devide)로 구성된다.

중앙처리장치는 일반적으로 대용량의 컴퓨터에서 프로세서(Processor)라고 하며, PC와 같은 소용량의 컴퓨터에서는 Microprocessor로 불리며 컴퓨터의 두뇌 혹은 엔진역할을 수행한다. 즉 중앙처리장치는 프로그램 등을 실행시킨다. 입력된 자료의 처리용량과 실행능력은 컴퓨터 시스템에서 가장 중요한 요소로서 중앙처리장치와 주기억장치의 상호작용에 의해 이루어진다.

입력장치와 출력장치를 총괄하여 입출력장치(Input·Output device: IO device)라 한다. I·O장치는 컴퓨터가 외부로부터 자료를 받거나 전달하는데 사용되는 모든 주변장치(Peripheral device)들을 말한다.

2. 소프트 웨어(Software)

소프트웨어는 컴퓨터 하드웨어를 통제하며, 하드웨어가 프로그램에서 지정된 처리절차에 따라 일을 수행하도록 명령을 내린다. 따라서 컴퓨터시스템이란 하드웨어라는 물리적인 기계장치와, 이를 통제하여 일을 수행토록 하는 소프트웨어로 구성된 기계장치로 볼 수 있다. 소프트웨어는 일반적으로 하드웨어를 통제하고 운영하는 시스템소프트웨어와 시스템 소프트웨어 체제하에서 각 분야에 적용하여 필요한 업무를 처리할 수 있게 하는 응용소프트웨어로 나뉜다.

컴퓨터 소프트웨어는 크게 시스템 소프트웨어(System Software)와 응용소프트웨어(Application Software)로 구분할 수 있다. 시스템소프트웨어는 컴퓨터시스템의 전반적인 운영 및 통제기능을 수행하는 컴퓨터에서의 운영체제(Operating Systems)와, 시스템개발 전문가들이 시스템 구축 및 갱신이 필요한 각종 프로그램 등이 이에 속한다. 반면에 응용소프트웨어는 특정한 문제의 해결이나 특수한 업무의 수행을 위해 사용된다.

가장 기본적인 시스템소프트웨어인 운영체제(Operating Systems: OS)는 컴퓨터하드웨어를 효율적으로 작동시키기 위한 기본적인 소프트웨어이며 그 외의 모든 소프트웨어들은 운영체제하에서만 작동이 가능하다.

따라서 소프트웨어는 컴퓨터 작업을 수행하고 운영할 수 있도록 지시하는 프로그램이다. 급여업무를 처리하고 고객에게 청구서를 발행한다든가 또는 경영자에게 업무 보고서 및 고객서비스 향상을 위한 정보를 제공받기도 한다.

3. 데이터베이스(database)

1) 데이터베이스

■ 어느 한 조직에서 업무처리를 위해 다수의 응용시스템 혹은 다수의 사용자들이 공

용으로 사용하기 위해 통합, 저장된 운영 데이터의 집합을 말한다.

- 중복을 제거한 통합된 데이터, 저장된 데이터, 운영데이터, 공용 데이터를 가리킨다.

그림 7-2 데이터 베이스

표 7-1 데이터 베이스 특징

계속적인 변화	항상 최신의 정보를 유지할 수 있도록 삽입, 삭제, 갱신이 이루어짐
동시공유	여러 사용자가 동시에 접근하여 이용
실시간 접근성	질의에 대해 실시간 처리 및 응답
내용에 의한 참조	데이터의 물리적 주소나 위치에 의하지 않고 사용자가 요구하는 데이터 내용으로 검색

2) 데이터베이스의 구성 요소

개체(Entity)

사람이 생각하는 개념이나 정보 단위와 같은 현실 세계의 대상체로, 현실 세계에 존재하는 유형 혹은 무형 정보의 대상이며 서로 구별이 되는 하나하나의 대상을 말한다. 개체는 하나 이상의 속성(Attribute)을 조합하여 구성한다.

속성(Attribute)

개체의 특성이나 혹은 상태를 기술하는 것을 말한다. 속성으로는 개체를 구분하기 어렵다.

관계(Relation)

두 개 이상의 개체 사이 또는 속성 간의 상호 연관성을 말한다.

- 관계 종류 : 일대일(1:1) 일대다수(1:n), 다수대다수(n:n)

표 7-2 두 개체 관계의 종류

일대일(1:1)	두 개체 간의 구성 원소가 각각 하나씩 대응되는 경우
일대다수(1:n)	두 개체 간의 구성 원소중 하나의 원소와 여러 개의 원소가 대응되는 경우
다수대다수(n:n)	두 개체 간의 구성 원소들이 상호 여러 개의 원소들과 대응되는 겨우

데이터베이스에는 자기디스크, 자기드럼 등의 기억매체에 판매정보, 상품정보, 재고정보, 고객정보 등을 데이터에 저장시킨다. 이 자료들을 일관성 있게 관리되어 자료를 필요로 하는 이용자 사이에 매개역할을 하는 소프트웨어를 둠으로써 조직의 모든 구성원과 응용 프로그램에게 제공된다. 이 매개역할을 수행하는 소프트웨어를 데이터베이스 관리시스템(DBMS · Data Base Management System)이라 한다. 이러한 기능을 수행하기 위해 DBMS는 데이터 정의, 데이터처리, 데이터 출력을 용이하게 하는 고급 프로그램 및 데이터 처리, 데이터 출력을 용이하게 하는 고급 프로그래밍 언어를 제공하고 있다.

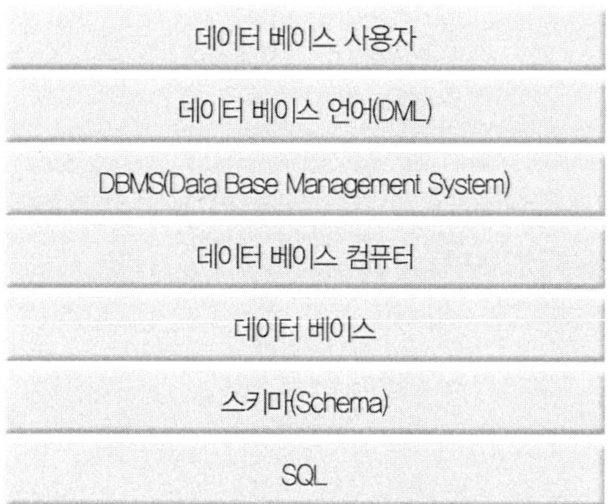

그림 7-3 데이터 베이스 시스템 구성요소

4. 통신과 네트워크

전문가들이 시스템을 운영 관리하면서 프로그램을 통해서 개발된 정보시스템은 기업의 각 부서에서 조직의 업무를 수행하는 담당자들에게 사용된다. 컴퓨터시스템을 컴퓨터와 주변장치 즉, 인터넷, 인트라넷, 엑스트라넷 등과 연결시켜 전자상거래를 통해서 기업과 조직들에게 업무를 쉽게 이어지게 하고 또한 지리적, 시간적 장벽을 극복할 수 있도록 해준다.

그림 7-4 정보시스템의 구성 요소

제3절 정보시스템의 종류

정보시스템은 역할에 따라 크게 운영지원시스템(Operations Support System), 경영지원시스템(Management Support System)과 그룹지원시스템(Workgroup Support Systems)으로 나누어진다.

그림 7-5 정보시스템의 분류

1. 운영지원시스템(Operations Support System)

조직에서 일상적으로 발생하는 업무의 처리를 위한 정보의 입, 출력 및 프로세스 업무를 담당하며, 효율적인 거래 처리를 주목적으로 한다. 예를 들면 금융기관에서의 운영지원시스템의 역할을 종업원의 임금, 퇴직금관리 및 고객 예탁금의 이자 계산 등 단순 반복적인 업무를 신속 정확히 처리하는 것이다.

1) 거래처리시스템(Transaction Processing Systems)

처음으로 기업에 적용된 분야는 임금계산이었다. 그러나 요즈음 조직의 모든 관련부서에서 주로 일상적인 업무처리에 많이 사용되고 있다. 즉 회계처리, 재고관리, 임금계산, 대금청구서 발송 등에 주로 이용된다.

2) 프로세스 통제시스템(Process Control System)

정유공장 또는 제조업체인 조립공장에서 주로 업무를 지원하기 위해 사용된다. 정유공장의 경우 사람의 통제 없이 컴퓨터를 이용하여 자동적으로 제품이나 원자재의 흐름을 통제하기 위해 감지기(sensor)를 이용해 실시간(realtime)으로 프로세스를 조정하는데 통제시스템을 활용하고 있다.

2. 경영지원시스템(Management Support System)

일반적인 의사결정을 하는 데에 있어서 경영지원시스템이 주로 많이 사용되고 있다. 예를 들면, 금융기관에서 고객의 신용도에 따라 대출이자율이 달라진다. 창구 직원은 의사결정지원 시스템의 도움을 받아 대출 이자율을 결정함으로써 고객의 편의와 만족도를 높이고 있다. 또한 전문가시스템은 입력된 자료를 통해 은행담당자가 상부 결재 없이 고객에게 대출이 가능한 지, 대출 시에는 이자율이 몇 퍼센트 적용할 것인지를 그 자리에서 바로 결정할 수 있다. 이로 인하여 고객을 만족시킴과 동시에 업무의 효율성도 높일 수 있다.

1) 경영정보시스템

조직의 일상 업무를 효과적이고 효율적으로 실행할 수 있도록 다양한 정보를 제공해 주는 역할을 한다. 예를 들면, 제조업체에서 경영정보시스템은 관리자에게 원재료에서부터 완성품에 이르기까지 관련 정보를 제공해 준다. 관리자가 필요로 하는 정보는 경영 정보시스템에 의해 생성된 경영보고서에 나타나게 된다. 일정계획보고서(scheduled report)에는 일별, 주기별, 월별, 또는 연도별로 필요한 보고서를 작성하여 제출하는 것으로 주로 회의 자료에 많이 사용된다. 그리고 수시로 작성되는 요구보고서(demand report), 예외보고서(exception report), 요약보고서(summary report) 등이 있다.

2) 의사결정지원 시스템(Decision Support System)

경영자로 하여금 최선의 대안을 선택할 수 있도록 관리자들이 업무와 관련된 정보를 적시에 제공한다.

3) 전문가시스템(Expert System)

컴퓨터가 스스로 문제에 대한 제안과 결론을 전문가처럼 도출해 내는 시스템이다. 예를 들면, 병원에서 사용되는 진료 전문가시스템의 경우 컴퓨터가 환자의 증상에 따라 어떠한 병인지 진찰하며 그에 따른 처방을 스스로 내리게 된다.

3. 그룹지원시스템

인터넷으로 종업원간의 원활한 의사소통과 그룹간의 업무처리를 지원하는 그룹지원시스템이 많이 활용되고 있다. 또한 전자우편(e-mail)을 통해 정보를 공유할 수 있으며, 그룹웨어(Groupware)를 이용하면 그룹으로 작업하는 사람들에게 효율적인 작업환경을 제공하는 소프트웨어로서 공동의 업무일정계획표 등을 손쉽게 작성할 수 있게 되어 있다.

예를 들면, 항공사 스튜어디스 직원이 그룹지원시스템에 들어가서 업무일정 계획표에 체크를 하면 스튜어디스 비행 스케줄이 한 달 계획이 나온다. 그러면 필요할 때마다 수시로 체크해서 비행 스케줄에 맞추면서 근무하게 된다. 그룹지원시스템은 편리함과 높은 효율성을 가져 온다.

1) 그룹웨어시스템(Groupware System)

모든 그룹 업무 활동을 지원하는 컴퓨터 시스템으로 조직 구성원간의 네트워크가 포함된다. 그룹웨어를 통하여 그룹 내 종업원들은 업무처리에 관한 의견과 자원을 공유할 수 있게 된다.

2) 그룹의사결정 지원시스템(Group Decision Support System)

그룹 의사결정과 그 과정을 지원하는 시스템으로 다수의 의사결정권자들이 컴퓨터로 상호 연결되어 의사결정을 내릴 수 있도록 도움을 준다.

'커넥션' 가치를 아는 남자 호프먼... 페이스북 · 링크트인 '줄대박'

'돈방석 앉은 링크트인 창업자'

"호프먼,포브스400에 합류한 걸 환영합니다." 미국뉴욕증시에 2011.5.19.일 기업공개(IPO)를 하면서 돈방석에 앉게 된 링크트인 창업자 레이드 호프먼 회장(44)을 다룬 포브스 인터넷판의 기사는 이렇게 시작한다. 호브스400은 미국 경제전문지 포브스가 선정하는 미국의 400대 부자다. 자산이 최소 10억달러는 넘어야 이 대열에 합류할 수 있다. 링크트인의 주가는 상장 첫날인 2011.5.19.일 공모가(45달러) 대비 109.4%오른 94.25달러에 장을 마쳤다. 21.7%의 지분을 가진 호프먼 회장의 주식 평가액은 17억 8000만달러(1조 9000억원). 2002년 자신의 거실에서 4명의 동료들과 함께 비즈니스 인맥 사이트인 링크트인을 창업한지 9년 만에 거부 반열에 오른 것이다.

창업을 위해 스스로를 단련한 10년

스탠퍼드대와 옥스퍼드대에서 인지과학과 철학을 공부할 당시 호프먼의 꿈은 학자였다. 학문으로 세상에 영향을 끼치고 싶었다. 하지만 어느 날 그는 하계에 남는 다는 것은 많아야 50명이 읽을 책을 쓰는 일이라는 걸 깨달았다. 그리곤 곧바로 창업가로서의 삶을 시작한다. 2009년 월스트리트저널(WSJ)과의 인터뷰에서 그는 "소프트웨어를 통해 사람들의 삶을 개선하는 것이야말로 더 큰 영향을 끼치는 일이라고 생각했다"고 말했다.

호프먼은 1993년 창업을 위해 먼저 애플에 입사했다. "제품을 알아야 한다"는 벤처캐피털리스트들의 조언에 따른 것이었다. 그러나 인터넷 시장이 달아오르면서 하루빨리 창업하지 않으면 영원히 기회를 놓칠 것 같다는 조바심이 생겼다. 그래서 1997년 소셜넷닷컴을 창업했다. 그의 표현에 따르면 이 회사는 재앙도 성공도 아닌 그저 그런 실리콘밸리 기업이었다. 1999년 그는 소셜넷닷컴을 떠났다.

호프먼은 WSJ와의 인터뷰에서 "1997년에 배운 점은 창업은 경기 상승기가 아니라 하강기에 해야 한다는 것이었다"고 말했다. 경기 하강기에는 파트너를 찾기 쉽고 고용도 쉬우며, 무엇보다 경쟁이 치열하지 않다는 설명이다. 그는 닷컴 버블이 꺼지던 2002년 링크트인을 설립했다.

"네트워크를 최대한 활용하라"

"커낵션의 가치를 아는 사람이 있다면 바로 레이드 호프먼이다." WSJ의 평가다. 비즈니스 인맥이라는 링크트인의 독특한 사업모델을 만들어 낸 것도 네트워크에 대한 그의 열정 덕분이었다. 그는 페이스북과 소셜 게임 업체인 징가에도 투자했다.

하지만 호프먼에게 가장 소중한 네트워크는 결제 대행업체 페이팔엣 만난 '페이팔 마피아'들이었다. 그는 1999년 페이팔에 합류해 회사를 이베이에 매각하는 것을 주도하며 실리콘밸리의 천재들과 우정을 쌓았다. 이후 페이팔 최고재무책임자(CFO)였던 로엘로프 보사는 벤처캐피털인 세쿼이아캐피털에 파트너로 입사해 링크트인 투자를 주도했다. 세쿼이아캐피털은 링크트인의 2대 주주다.

세쿼이아캐피털은 역시 페이팔에서 일했던 채드 헐리, 스티브 첸, 자웨드 카림이 설립한 유튜브에도 투자했다. 페이팔 공동 창업자이자 헤지펀드 운영자인 피터 시엘도 링크트인 창업에 함께했다. 이들은 여전히 실리콘밸리에 남아 서로를 자극하며 창업을 지속하고 있다.

(출처: 한국경제, 2011.5.21.)

제 8 장

정보 시스템과 기업경영

제1절 기업경영

기업경영에 있어서 정보는 자원이다. 정보는 사람, 돈, 물자를 이용하여 제품 및 서비스를 산출하는 시스템으로 경쟁력을 유지하기 위한 자원이며, 또한 정보는 제품이나 서비스를 산출하기 위한 입력물의 자원이다.

1. 기업경영

정상에 올랐을 때 변신을 모색하라. 특정상품이나 사업이 정상에 올랐을 때 다른 상품이나 다른 분야를 개척해야 한다. 모든 상품과 사업은 그 수명이 있고 한계가 있다. 사업의 수명을 포착하기 위해 사전의 준비를 해야 하는 지혜가 필요하다. 그래서 기업의 실적이 좋을 때도 '지금이 위기'라는 시그널을 대내외적으로 내보낸다. 즉 긴장감을 불어넣는 것이다.

흔히들 기업경영은 '만세 부르는 순간 내리막 길'이라고 한다. 정상에 오른 기업들은 곧바로 다음 단계의 제품 생산에 들어가야 하고 새로운 사업을 실행에 옮겨야 한다. 그러지 못하면 정상을 뒤로하고 내리막길을 가야 한다. 기업들이 항상 조직에 긴장감을 불어 넣으면서 신 성장 동력 발굴에 사활을 거는 이유다.

호암은 이미 1950년대부터 정상에 오른 것에 안주하지 않고 끊임없이 변화를 모색해 왔다. 1953년대 초 호암이 설탕 산업에 뛰어들겠다고 했을 때 주변에서는 모두 만류했다. 양조장과 무역업으로 이미 많은 돈을 번 호암은 화폐 가치 하락과 사회적인 불안정 등의 위험을 감수하면서까지 대규모 설탕 공장을 지을 필요가 없었다. 하지만 호암은 당시 100% 수입에 의존하던 설탕을 국내에서 생산해 싼 값에 내놓으면 국가적으로도 이득이고 자신도 큰돈을 벌 수 있다고 생각했다. 그해 말 그는 제일제당을 창업했고, 수입 설탕의 3분의 1 가격인 제일제당의 설탕은 생산이 수요를 따라갈 수 없을 정도로 잘 팔렸다.

제일제당의 성공 직후 호암은 곧바로 제일모직 설립을 준비한다. 당시 대부분 수입에 의존했던 설탕과 모직 등이 국내 시대적 요청과도 같았기 때문이다. 하지만 국내 섬유산업이 아직 싹도 트지 않은 상황에서 모직 공장의 설립 또한 위험 부담이 컸다. 반대도 많았다. 그러나 호암은 치밀한 사전준비 끝에 수입 양복지의 5분의 1 값에 국산 양복지를 만들어냈다. 제일제당과 제일모직의 성공으로 호암은 거부의 칭호를 얻게 되었지만 거기서 그치지 않았다. 1960년대에는 후발주자로 전자산업에 뛰어들었고 말년에는 지금의 삼성전자를 떠받치고 있는 반도체 산업의 기초를 마련했다.

만약 호암이 제일제당의 성공에 안주해 변화를 모색하지 않았다면 지금의 삼성그룹은 없었을 것이다. 호암은 제당의 성공을 뒤로하고 모직사업을 시작했고 그 이후에도 한 분야 새로운 시도를 해서 또 다른 성공을 이루었다.

반면에 세계1등 기업들 중 몰락한 톱 기업들의 공통점은 1등 제품에 안주하고 혁신을 안 했다는 것이다.

그리스 신화에서 이카로스는 밀랍으로 만든 인조날개로 하늘을 나는 데 성공하지만 태양에 너무 가까이 간 나머지 밀랍이 녹아버린다. 하늘을 날던 이카로스는 결국 에게해에 빠져 목숨을 잃는다. 이카로스가 높이 날 수 있었던 원동력인 밀랍 날개가 태양과 가까워져 녹아 버린 것과 같이 기업이 성공 요인에 안주하다가 그 성공이 실패 요인으로 반전되는 상황을 일컫는 것이다.

프란시스코 제로니모 IDC 애널리스트는 '글로벌 톱 브랜드와 높은 시장 점유율을 지켜온 거대 기업도 뉴 깜짝할 사이에 경쟁 대열에서 밀려날 수 있다'면서 '빠르게 변화하는 IT시장에서 영원한 1등은 없다'고 강조했다.

노키아, 소니 등 전 세계IT업계를 호령하던 '글로벌 톱 기업'들 주가가 10분의 1 토막나는 등 줄줄이 위기를 맞고 있다. 이 기업들에는 공통점이 있다. 스마트폰을 기반으로 한 모바일 경제에 적응하지 못하고 개방과 협력에 둔감했다. 또한 기존 1등 제품만 믿고 혁신에 게을렀다는 것이다.

- 노키아는 특히 스마트폰 운영체제(OS)시장에서 승기를 놓친 것은 가장 뼈아픈 일이다. 2000년 6월 노키아의 주가는 58달러로 최고였으나, 2011년 5월에는 8달러로 내려앉았다. 몰락이유는 심미안 운영체제(OS)고립, 고성능 스마트폰 개발 실패였다.
- 소니는 2000년 3월에 주가가 3만엔으로 최고였으나, 2011년 5월에는 2,315엔으로 떨어졌다. TV와 워크맨 성공 이후 시장 변화를 읽지 못했기 때문이다. 애플이 아이팟에 음악서비스 아이튠스를 연계해 제품, 콘텐츠, 서비스를 하나로 묶어 음악시장을 평정했지만 소니는 워크맨을 카세트테이프 플레이어로 한정시켰다.
- 닌텐도는 2007년 11월 주가가 7만 3,00엔으로 최고였다. 2011년 5월에는 2만엔으로 가파르게 떨어졌다. 스마트폰 게임이 크게 늘고 있지만 게임기 위주의 사업에 매몰되어 있었던 것이 큰 원인이다. 또 게임산업이 게임기 수명에 따라 움직이는 비즈니스 임에도 불구하고 위나 구형 닌텐도 DS를 확장시키지 못한 점도 문제였다.
- 림은 2008년 6월 주가가 148달러로 최고였으나, 2011년 5월 44달러로 추락이 더 가파르다 하드웨어 성능 개선 실패와 스마트폰 앱 부족으로 삼성의 기술력과 애플의 생태계에 밀려 설자리를 잃고 있다.
- 마이크로소프트사(MS)는 1999년 12월 주가가 58달러로 최고였다가 2011년 5월 25달러로 떨어졌다. 스마트폰 운영체제(OS)와 시장 대응 실패로 MS가 PC용 패키지 소프트웨어에만 머물러 있는 동안 iOS(애플), 안드로이드(구글) 등은 모바일 세계를 평정했다. 결론적으로 애플은 개발자, 애플리케이션, 상거래, 광고, 콘텐츠로 이어지는 스마트폰 생태계를 만들어 성공을 일궜지만 소니와 노키아 등 세계 일류 기업들이 앞선 기술과 자원을 갖고 있었지만 기존 제품에만 매몰되어 트렌드를 읽어내지 못했다. 즉 현실에 안주한 나머지 시대적 흐름인 개방과 협력에 둔감하여 1등 제품으로써 혁신을 못했기 때문에 나타난 결과이다.

2. 경영전략의 부가가치

경영자는 기업이 성장하는데 있어서 필요한 정보에 대해서 항상 수집해야 한다. 또한 일상적인 의사결정을 하기 위해서 각종 정보를 접하면서 최선의 선택을 해야 조직의 변화를 이끌어 성장할 수 있다. 불확실성과 위험에도 불구하고 경영자는 확신을 갖고 행동하는 것이 주요 책무이다.

1) 균일성(Uniformity)

경영자는 제품과 서비스가 계획된 대로 안정적이고 품질이 뛰어나도록 관리함으로써 부가가치를 높인다.

2) 확실성(Certainty)

경영자는 어떤 위기가 와도 좋은 제품과 서비스를 창출함으로써 부가가치를 높인다.

3) 권위(Authority)

경영자는 권위와 권한을 가지고 적절하게 행사함으로서 가치를 높인다.

4) 규칙성(Regularity)

경영자는 구성원들의 가이드라인이 되는 규칙을 정립하여 가치를 높인다.

3. 경영자의 가치창출

- 균일성과 일관성을 유지하기 위해 경영자는 활동을 통하여 가치를 부가시킨다. 그리고 품질을 위한 노력을 통하여 가치를 창출한다.
- 경영자는 가장 효과적인 대안을 선택함으로서 가치를 높인다.
- 경영자는 조직 구성원들에게 행동을 통한 확신은 주면서 조직의 문화와 성장 방향으로 모색해 나아가는 것으로 가치를 창출한다.

- 경영자는 사기 진작을 위해 바람직한 행동으로 나아가도록 영향력을 행사함으로서 가치를 창출한다.
- 경영자는 직원들 업무의 방향을 새롭게 제시하면서 조직이 변할 수 있도록 개성과 창의적이면서 혁신활동을 통하여 가치를 창출한다.
- 경영자를 비롯하여 조직 전체의 경험과 지혜를 체계화시켜 공유하면서 가치를 창출한다.

제2절 경영과 정보시스템

경영자로서 정보시스템을 얼마나 효과적으로 활용하고, 경영자원의 하나로서 어떻게 효율적으로 관리할 것인가에 초점을 두어야 한다.

1. 정보기술 활용

산업에서 요구하는 정보의 특색은 공급업체나 고객과의 주문 및 입찰 등의 과정에서 대규모적인 거래정보의 이동이 이루어지는 경우나 생산 제조공정 여러 단계에서의 정보흐름이 필수적으로 요구되는 상황이 이러한 예라고 할 수 있다.

최근 들어서는 정보적 속성이 보다 큰 의미를 가지는 경향을 보이고 있다. 화물운송의 경우 현재 택배 의뢰한 소포가 배달 과정의 어느 위치에 있는지가 바로 파악될 수 있는 정보시스템의 도입이 보편화되고 있는 상황이다.

또한 경영자들이 정보기술로 인하여 변화하는 한경도 숙지해야 한다. 정보기술을 이용하여 산업의 경쟁구조 자체를 바꾸어 버린 기업들의 예를 들 수 있다.

적극적인 ATM기의 활용 및 고도의 거래정산시스템을 통해 업계의 리더로 자리 잡을 수 있었던 시티은행이나, 세이버라는 컴퓨터 화 된 예약시스템을 통해 기존의 여객항공산업의 경쟁 상황을 바꾸어 버린 아메리카 에어라인은 1980년대 저가격 항공사의 대명사로 선풍적인 인기를 끌었던 People Express항공사를 인수합병 했다. People Express항공사는 경쟁력 없이 확장하다가 경쟁우위인 원가절감과 차별화 없이 진행한 결과였다.

1) IT 서비스

삼성SDS, LG CNS, SK C&C, 포스코 ICT 등 IT서비스 '빅4' 기업을 포함한 대다수 IT서비스 업체들은 모기업을 두고 있다. 그룹 계열사가 발주하는 사업을 도맡아 하면서 성장했다.

IT서비스 업체들은 해외시장에서 2011년 17억 5000만달러에서, 2012년에는 19억달러로 8.5% 가량 증가한 것으로 보고 있다. 삼성SDS는 2012년 매출의 30% 이상을 해외에서 벌어들인 것으로 나타내고 있다. 이 회사는 2011년 매출액 4조 7652억원 가운데 24% 가량을 해외에서 거둬들였다. 말레이시아 자동요금징수시스템, 에콰도르 관세청 전자통관시스템 등의 상법을 지난해 수주했다. LG CNS도 해외 매출비중이 13.3% 수준 3억달러 규모로서 콜롬비아 보고타시 대중교통 요금자동징수(A버스운행관리 시스템) 등을 수주했다.

표 8-1 IT 기업 해외수주 사례

삼성 SDS	말레이시아 자동요금징수시스템, 에콰도르 관세청 전자통관시스템
LG CNS	콜롬비아 보고타시 대중교통 요금자동징수시스템
SK C&C	필리핀 재해방지 및 조기경보시스템, 구글 월렛 솔루션 공급
포스코ICT	브라질제철소 공장자동화시스템, 아이티 폐자원 에너지화 인프라구축사업

2. 정보의 관리적 구조

전략적(비구조화), 전술적(반구조화), 운영적인 의사결정(구조화) 등 의사결정을 내리기 위해서는 정보가 정확하며 관련된 데이터에 수록되어야 한다. 저장된 정보는 신뢰할 수 있어야 하고 빠르면서 쉽게 접근이 가능해야 한다.

1) 구조화(Structured)

구조화는 조직의 내부적 생산 시스템으로 정해진 시스템을 의미한다. 일반직원이 항상 규칙적인 생산만 목표를 잡고 활동하면 된다.

2) 반 구조화(Semi-Structured)

중간 관리자로서 경영자에게 보고와 그리고 일반사원에게 경영지침을 전달하는 중간 간부로서 표준해결책과 개인적인 판단의 결합을 필요로 한다.

3) 비구조화(Un-Structured)

고위관리자로서 경영자에 해당이 된다. 주관성이면서 항상 결정을 내릴 때 불규칙한 상황에서 주로 의사결정을 내린다. 조직의 내 외부적 활동에도 관심을 가진다. 결정을 내릴 때는 문제, 정의 등이 명확하지 않고, 미리 결정된 해결책이 없는 복잡한 구조이다.

3. 정보시스템의 업무 영역

1) 영업

영업은 일선 매장에서 고객과 접촉하여 제품과 서비스로 판매하는 것으로서 회사를 대표하면서 가장 중요한 위치에 서 있는 사람들이라 하겠다. 여기에는 주문의 접수, 처리 등을 수행하고 활용하여 고객을 분석하는 시장분석시스템, 제품과 서비스의 가격을 결정하는 가치결정시스템, 그리고 미래 판매 예상을 할 수 있는 판매동향예측시스템 등이 있다.

2) 마케팅

서비스에 대한 고객을 식별하여 소비자들이 원하는 바를 파악하고, 이러한 욕구를 만족하는 제품 또는 서비스의 개발에 관련된 기획을 한다. 더불어 제품과 서비스를 광고하고 홍보에 노력을 수행한다.

3) 제조

제조 부분은 생산시설의 계획, 구축, 원재료의 획득, 보관 인력 등의 일정이 수립되고,

실제 생산하는 과정을 수행한다. 기계나 장비의 가동을 제어하는 기계제어시스템, 새로운 제품을 설계 지원하는 컴퓨터지원설계(CAD)가 얼마만큼 생산할 것인지를 계획하는 생산계획시스템 등이 포함된다.

4) 재무 · 회계

기업의 현금, 금융자산 등의 현황과 흐름을 정확하게 파악해 나가는데 있다. 기업의 매출채권을 기록 관리하는 외상매출처리시스템, 기업의 투자를 설계하고 관리하는 포트폴리오분석시스템, 기업의 장단기예산을 수집하는 예산수집시스템 등이 있다.

5) 인적자원관리

인력자원을 모집하고, 개발하고, 유지하며 체계적으로 관리해서 직원의 능력에 맞게 활용하는 시스템으로 인적자원 관리시스템이 여기에 해당된다. 또한 직원의 훈련, 직무평가에 관련된 기록을 체계적으로 관리하는 인사기록관리시스템과 직원의 경력을 관리해 주는 경력관리시스템도 있다.

소셜 큐레이션, SNS 뛰어넘을 차세대 IT비즈니스로 뜬다.

미국 실리콘밸리의 유명 벤처 캐피털인 '안 드레센호로위츠(Andreessen Horowitz)'는 지난해 2011년 10월 인터넷 서비스 기업인 '핀터레스트(Pinterest)'에 2700만달러(약 305억원)를 투자했다. 안드레센 호로위츠는 인터넷 접속 프로그램의 원조격인 '모자이크'와 '넷스케이프'를 만든 마크 안드레센(Andreessen)이 세운 IT벤처 투자회사, 페이스북(Facebook)·징가(Zynga)·트위터(Twitter) 같은 소셜네트워킹서비스(눈)의 가치를 미리 알아보고 투자한 것을 유명하다.

당시 핀터레스트는 사용자가 300만명을 밑도는 소규모 서비스 기업이었다. 특별한 기술도 없고 창업자가 유명 인물도 아닌 회사가 거액의 자금을 유치할 수 있었던 비밀은 뭘까.

▲ 1달 만에 사용자 두배 넘게 증가

대답은 실리콘벨리에서 차세대 서비스로 최근 각광받는 '소셜 큐레이션(social curation)' 분야에서 가장 앞서 있고 가장 유망한 기업이 발 핀터레스트이기 때문이다.

소셜 큐레이션은 인터넷에서 다수 사용자가 자신의 취향대로 정보를 가공해 다른 사람과 공유하는 것을 말한다. 큐레이터가 박물관에서 기존과 다른 방식을 유물을 전시해 새 의미를 부여하는 것처럼, 각 사용자가 자기 취향대로 인터넷에서 사진이나 그림, 동영상 등을 끌어 모아 자기만의 전시회를 만드는 식이다. 여럿이 함께 콘텐츠를 전시하고 공유한다는 의미에서 '소셜' 큐레이션이라고 부른다.

핀터레스트의 매력은 이 큐레이션을 누구나 아주 쉽게 할 수 있게 만들었다는 점이다. 서비스(pinterest.com)을 가입한 후 인터넷을 돌아다니다가 마음에 드는 그림인 사진이 있으면, 인터넷 접속프로그램에 달린 '핀(pin)' 버튼을 누르기만 하면 된다.

사용자가 '핀' 한 사진은 자동으로 가입자 개인의 스크랩 게시판(핀보드)에 저장된다. 종이로 된 잡지에서 패션 사진이나 요리 레시피를 오려서 메모판에 핀으로 붙여놓는 행동을 그대로 인터넷에 적용시킨 것이다.

이것까지는 기존 블로그에서 주로 볼 수 있는 '다른 곳에서 글 퍼오기'와 비슷하다. 핀터레스트는 여기에 다른 사람이 스크랩을 받아볼 수 있는 기능을 추가했다.

소셜 큐레이션을 주력으로 한 핀터레스트의 성장세는 폭발적이다. 아직 시범 서비스 기간이지만 2012.2월 중순 현재 사용자가 1200만명을 돌파해 한 달 전인 1월 초 (500만여명) 대비 2배 넘게 늘었다. 이 중 200만명은 매일 1회 이상 서비스를 사용하고 있을 정도로 열성적인 사용자다.

소셜 큐레이션 서비스가 인기를 그는 이유는 기존 인터넷 서비스에서 보기 힘든 '개인의 독특한 취향'을 담고 있기 때문이다. 예컨대 이전에 인터넷에서 마음에 드는 옷을 찾으려면 여러 쇼핑몰을 찾아다녀야 했다. 모양·색깔·길이·크기 등 객관적인 요소를 검색어로 넣는다 해도 내 취향에 맞는 디자인을 찾는 일은 힘들고 시간도 많이 소요됐다. 하지만 핀터레스트와 같은 소셜 큐레이션 서비스에서는 나와 취향이 비슷한 동료를 찾기만 하면 된다. 그 사람이 고른 옷 중에 내 취향에 맞는 옷이 있을 가능성이 크기 때문이다.

▲ 잡지 정기구독·정보수집 개인비서 두는 효과

실리콘밸리에서는 핀터레스트 외에도 스토리파이(Storify)·폴리보어(Polyvore)·큐레이티드바이(Curaed.by)·딜리셔스(del.icio.us)·페이퍼리(Paper.li)·비쥬얼리(visual.ly) 등 수십개의 소셜 큐레이션 전문 기업들이 속출하고 있다. 페이스북 등이 주도하는 SNS시대를 넘어 차세대 IT분야로 소셜 큐레이션이 뜨고 있는 것이다.

소셜 큐레이션은 쓰나미처럼 폭주하는 정보를 필터링(filtering)하는 수단으로도 유용해 향후 성장 가능성이 크다는 분석이다. 미국IT 전문가 로버트 스코블(Scoble)은 "나는 2억 명의 트위터 사용자 중 겨우 2만 명의 글만 구독하는데도 (글을 다 보지 못하고)정보가 흘러가도록 내버려두고 있다. 끊임없는 정보의 흐름을 처리할 대책이 필요하다"고 말한다. 소셜 큐레이션에 가입해 어떤 유형의 정보를 볼지 골라 놓으면, 여기에 일치하는 비슷한 정보가 실시간으로 자동 배달돼 불필요한 품과 노력을 절약할 수 있다. 또 따끈따끈한 첨단 정보를 즉각 제공받을 수도 있다.

소셜 큐레이션은 인터넷상에서 잡지 정기 구독이나 정보 수집용 개인 비서를 두는 것과 비슷하다. 개인이 자기 취향에 맞는 잡지를 고르거나 비서에게 뉴스 스크랩 방침을 정해주면 지속적으로 입맛에 맞는 정보를 받아볼 수 있는 것처럼, 인터넷상에서 마음에 맞는 사용자가 골라준 콘텐츠를 지속적으로 받아본다는 이유에서다.

트위터에서 마음에 드는 사용자나 매체를 골라서 그가 전파하는 정보를 받아보는 것도 소셜 큐레이션의 한 형태다. 동영상 전문 소셜 큐레이션 기업인 매그니파이닷넷(magnify.net)의 스티븐 로젠바움 창업자는 "지금 시대에는 데이터 자체보다 그 중에서 의미 있는 데이터를 골라내는 개인의 관점이 훨씬 귀중하다"고 말했다.

▲ 아마츄어리즘 극복, 저작권 이슈 해결이 관건

일각에선 소셜 큐레이션 비즈니스의 장래를 염려하는 시각도 있다. 검증되지 않은 익명의 사용자들이 콘텐츠를 골라 유통시키는 취약점이 첫 번째 이유이다. 과학저술가인 앤드류 킨(Keen)은 "소셜 큐레이션은 콘텐츠를 선택하는 이의 전문성을 판단할 만한 적절한 기준이 없다는 게 문제" 라고 말했다. 그는 "인터넷상의 자치 큐레이터들과 술집에 앉아서 '그 영화 꼭 봐라' '그 맥주 꼭 마셔봐'라고 말하는 사람과 무슨 차이가 있느냐"며 "큐레이터 역할은 콘텐츠 생산자와 소비자의 중간에서 이를 전문적으로 중재해 줄 수 있는 전문 편집자 또는 신문 발행인 등이 맡아야 한다."고 했다.

저작권도 걸림돌이다. 핀터레스트의 경우, 최근까지 다른 인터넷 사이트에서 사진을 옮겨올 때 해당 인터넷 사이트 운영자의 동의를 받지 않았다. 사용자들이 모니터 화면을 그대로 떠내는 방법으로 불법적으로 사진을 옮기더라도 이를 차단하지 못한다. 네이버, 다음 같은 한국 포털 사이트에서 운영하는 블로그사용자들이 뉴스를 통째로 퍼가면서 해당 언론사의 저작권을 침해하는 것과 동일한 현상이 벌어지고 있는 것이다. 소셜 큐레이션이 독자적인 비즈니스로 성장하려면 원본 콘텐츠를 만들어낸 저작권자와 큐레이션 서비스 기업 간에 합리적인 상생 모델 정립이 필수적이다.

(출처: 조선일보, 2012.2.25.)

제 9 장
클라이언트-서버 시스템

제1절 클라이언트-서버 시스템 구조

최근 정보통신 분야에서는 정보를 공급하는 서버의 반대개념으로 클라이언트라는 말이 사용되고 있다. 클라이언트(client)는 정보통신 분야에서 정보를 열람하거나 특정의 프로그램을 사용하는 컴퓨터 또는 소프트웨어를 말한다.

1. 클라이언트-서버의 등장배경

메인 프레임은 1960년대를 시작으로 발전한 중앙 집중식 환경으로 최고의 수행 속도, 고장 방지(fault tolerance), 그리고 보안 기능을 제공하지만 사용자의 모든 요구를 해결하는 데는 한계가 있던 중 1980년대에 IBM에서 PC를 생산하기 시작했다. 메인 프레임에 비해 사용하기 편리한 그래픽 인터페이스를 제공하고 사용자가 직접 응용 프로그램을 개발할 수 있는 애플리케이션 개발 도구를 제공함으로서 PC의 활용 범위는 점점 넓어져 갔다. 메인 프레임을 사용할 때와는 달리 네트워크상의 문제는 해결(단순히 개인의 PC에서 작업이 가능함으로 메인 프레임에 접근할 필요성이 없어져 통신 노드의 부하가 해결됨)되었으나, 자원과 정보의 효율적이고 체계적인 관리와 보안의 문제점이 발생하였다.

다시 말해서 메인프레임은 변화와 즉각적 대응이 불가능하다는 점과 이로 인한 서비스 지연이 문제가 되었고, PC를 활용한 마이크로컴퓨터 환경은 데이터 처리에서 데이터 무결점 및 보안 기능에 문제가 있었다. 하지만 이들은 상호간에 가지지 못한 장점을 가지고 있었기 때문에 시간이 지나면서 공존의 길을 찾기 시작했는데 그것이 클라이언트/서버 환경이다.

2. 네트워크 시스템

1) 호스트-터미널 시스템

초기 네트워크 시스템에서 많이 쓰이는 방식 중의 하나가 호스트와 터미널이다. 호스트는 단어의 뜻 그대로 '주인'이란 의미이며 다수의 컴퓨터나 단말기 장치에 의해 구성되는 네트워크 시스템(온라인 시스템)에서 중심적 역할을 하는 머신(Machine)을 말한다. 이들의 기능은 다수의 터미널로부터 요구되는 일련의 작업에 대해 업무용 데이터에 대한 일괄된 조회 기능을 제공하고 데이터의 무결점(data integrity)을 유지하며 인가되지 않은 사용자의 접근을 차단하는 보안 기능을 확보하는 것이다. 또한 중앙 집중식 컴퓨터 플랫폼으로 고도의 수행 속도, 고장 방지(fault tolerance)기능을 제공한다. 주로 메인프레임, 미니컴퓨터 등이 여기에 속한다. 터미널은 터미널 유닛(terminal unit)이라 불리고 단말 장치와 같은 의미로 사용되며 중앙의 컴퓨터와 통신 회선을 중계로 접속되어 사용자가 요구하는 자료를 입출력할 수 있는 장치의 총칭이다. 흔히 모니터와 키보드가 바로 터미널이다.

2) 클라이언트-서버 시스템

컴퓨터에서 이루어지는 작업을 각 장비에 분산하여 연결한 시스템을 말한다. 과거에는 중앙시스템에서 일괄처리 하였다.

■ 클라이언트

서버프로그램에 서비스를 요청하는 것으로 사용자의 도구와 서버에 대한 자료를 요구한다. 검색된 자료의 분석을 하는 사용자가 직접 사용하는 시스템이다.

■ 서버

클라이언트의 요청에 응답하는 것으로써 데이터베이스의 관리, 시스템관리, 보안기능 등 클라이언트는 서버를 통해 데이터베이스에 접근할 수 있고, 서버는 여러 클라이언트들이 공동으로 요청할 때 이에 응할 수 있게 시스템화 되어야 한다. 이러한 문제는 클라이언트와 서버를 연결하는 네트워크가 얼마나 잘 구축이 되어 있느냐에 따라 해결이 원활하게 이루어진다. 또한 데이터베이스 서버는 데이터 마이닝을 위한 데이터들을 많이 보유하게 됨으로써 클라이언트에게 나은 정보를 제공 할 수 있다.

3) 클라이언트-서버 시스템

각각의 시스템은 자기들에게 주어진 역할만을 수행하면 된다. 이처럼 클라이언트–서버 시스템은 소속된 각 시스템이 자신의 플랫폼에서 최적의 성능을 발휘할 수 있도록 각각의 기능을 조합함으로써 하나의 일반 목적의 플랫폼이 발휘할 수 있는 성능보다 더욱 높은 수행 속도를 낼 수 있다. 대개의 메인 프레임의 처리 속도가 16~32 MIP(million instruction per second)인 것에 비해 386/486 컴퓨터는 4~8 MIP 정도이지만 여러 대의 컴퓨터를 적절히 분산시켜 활용하면 메인 프레임에 버금가는 성능을 얻을 수 있다.

이런 이유만으로도 클라이언트–서버 환경의 충분한 장점이라 할 수 있다. 컴퓨터의 자원을 낭비하는 가장 큰 이유 중의 하나가 바로 입력 작업 중의 대기 시간이다. 이 입력 작업을 클라이언트가 처리하면 서버는 자신의 모든 능력을 사용자가 요구한 프로세서의 처리에 사용할 수 있으므로 서버의 성능을 실질적으로 향상될 수 있으며 그러한 성능 향상은 사용자에게 충분한 자원 배분으로 이어져 최고의 효과를 낼 수 있다.

3. 클라이언트–서버 시스템의 구조

클라이언트와 서버 그리고 이 프로그램을 연결해 주는 네트워크가 있다. 또한 다리역할을 하는 네트워크 외에도 서버에서 행해지는 것과 같이 데이터베이스의 처리를 하는 또 하나의 데이터 베이스가 있기도 하다.

표 9-1 클라이언트-서버 구조

클라이언트	네트워크	서버
• 다양한 사용프로그램을 제공 • 프로그램간 규제 받지 않음 • 모든 데이터들은 사용자에게 번역되어 제공(서버의 효율성을 위함) • 기능 데이터의 입력, 출력 인쇄 등	• 클라이언트와 서버를 연결 • 네트워크가 없이는 클라이언트와 서버간의 응답을 할 수 없음 • 시스템이 잘 갖추어져 있어도 네트워크 구축이 필수적 • 또한 네트워크는 클라이언트와 서버의 수에 따라 구축된다.	• 다양한 용도의 서버가 존재하며 작업을 분산 한다. • 크게 파일서버와 데이터베이스 서버가 있다. • 사용자가 요구하는 파일관리, 데이터베이스를 유지 보유한다. • 보안기능을 수행한다(클라이언트의 무분별한 서버접속 방지).

네트워크 외에 서버가 보유한 데이터베이스가 아닌 또 하나의 데이터베이스가 존재하는데, 이는 서버에만 데이터베이스가 집중될 때에 일어나는 과부하를 방지하기 위함이다. 서버에서만 처리해야 하는 데이터베이스를 중간에서 또 다른 데이터베이스를 길러주는 장치가 있다면 서버의 업무를 줄려주고 좀 더 나은 환경을 만들 수 있게 된다. 예를 들면, NC소프트의 프로그램을 다운로드 할 때 클라이언트가 여러 개로 나뉘어져 있는 것을 볼 수 있는데, 이것은 서버의 과부하를 막고 사용자들에게 원활한 다운로드 환경을 주기 위한 또 하나의 데이터베이스이다. 좀 더 구체적으로 열거해 보면 다음과 같다.

1) 클라이언트 부분

클라이언트는 클라이언트-서버 환경에서 최종 사용자와 직접 의사 교환으로 하는 부분으로 각종 애플리케이션과 비교적 저렴한 컴퓨터로 구성된다. 이는 다양한 OS를 제공하며 상호간에 종속적이지 않다. 이 말은 어떠한 OS도 사용이 가능하다는 뜻이다. 주요 기능은 데이터의 입력과 결과의 출력, 보고서 인쇄 등이며 사용자의 요구에 즉시 반응해야 한다. 클라이언트에서 사용되는 모든 애플리케이션은 다양한 언어를 제공하는데 이는 모두 클라이언트에서 번역되어 서버에 전달된다. 클라이언트내에 Tracslator를 내장하고 있어 서버가 별도의 작업 없이 클라이언트의 요구에 대해 반응할 수 있게 해준다. 만약 모든 클라이언트가 각기 다른 언어로 서버에 요구를 해오면 서버는 본래의 프로세스 처리보다는 자신에게 요구되는 일에 대한 분석에 더 많은 시간을 소비해야 되므로 성능에 치명적인 영향을 준다. 따라서 서버의 부담을 줄이고 성능의 향상을 위해서는 필수적인 기능이라고 할 수 있다.

2) 서버부분

서버는 데이터를 처리하는 엔진 부분과 엔진이 실릴 하드웨어로 이루어진다. 하드웨어는 물론 마이크로컴퓨터에서 미들 레인지(Middle Range)컴퓨터에 이르는 컴퓨터 군에서 선택되며 이는 클라이언트에서 제공되지 않는 특별한 기능을 포함하고 있다. 이른바 하이 엔드 제품군으로 불리는 컴퓨터로 메인 프레임에 버금가는 성능을 가지고 있다. 서버는 I/O Operation이 최적화 되어 있다. I/O Operation이란 입출력 기능을 말하며 이는 서버가 주로 책임지고 있는 분야이다. 예를 들어 데이터베이스 서버의 핵심 I/D Device는 디스크이고 커뮤니케이션 서버의 I/O Device는 통신 디바이스이다. 데이터베이스 서버는 디스크 접근 기능(Disk Access)과 고장 방지 기능(Fault Tolerance)을 제공할 수 있도록 최적화 되어 있어야 한다. 백업 서버는 대용량의 데이터 블록을 테이프에서 테이프로 백업할 수 있도록 해야 하며 커뮤니케이션 서버는 효율적인 직렬 I/O를 위해 최적화 되어야 한다.

서버는 데이터 보안 기능과 감사(Audit)기능을 가지고 있다. 이러한 중앙 집중식 보안 및 감사 기능은 이들을 개개의 클라이언트에서 수행할 때보다 유지 보수를 쉽게 하고 보다 뛰어난 안정성과 감사 기능을 제공한다. 만약 클라이언트에서 보안 기능을 수행하게 되면 접근 권한이 없는 클라이언트가 서버에 접속하는 것을 막을 수 없게 된다.

그러나 서버에서 보안 기능이 수행되면 모든 클라이언트에 동일하게 적용되는 단일 프로세스를 가질 수 있다. 이것을 허가권을 단일화시켜주고 규칙에서 벗어난 클라이언트를 효과적으로 통제할 수 있게 한다. 또 서버에 접속했던 모든 클라이언트에 대한 기록 모두를 쉽게 파악할 수 있다.

3) 네트워크 부분

이는 클라이언트와 서버를 유기적으로 연결하기 위한 것으로 매우 중요한 부분이다. 클라이언트와 서버가 아무리 최적화 되어 있어도 네트워크가 안정적이지 않으면 결국 사용자가 원하는 성능이 제공되지 않기 때문이다.

네트워크는 클라이언트가 서버와 통신을 할 수 있게 하며 클라이언트의 요구를 서버로 전달하고 서버의 응답을 클라이언트로 전달한다. 이때 전달 방법은 사용 프로토콜에 따라 다를 수 있으며 이는 네트워크를 설계할 때 지정할 수 있다.

여기에는 다양한 장비들을 사용하여 최적화 할 수 있는데 이는 클라이언트의 수, 서버의 수에 따라 적절히 고려되어야 한다.

4. 클라이언트-서버 시스템의 특징

1) 자원의 공유

서버는 다수의 클라이언트에게 해당 서비스를 제공할 뿐만 아니라 각종 서버의 시스템의 자원을 공유할 수 있도록 해 준다.

2) 분리된 역할

클라이언트-서버 시스템에서 클라이언트는 서비스를 요청하는 단위로서 네트워크를 경유하여 하나의 분리된 역할을 지닌다. 또한 서버는 해당 서비스의 제공하로서의 역할을 갖는다. 따라서 서버는 항상 서비스의 요청을 기다리고 있어야 하고 클라이언트는 서버에게 서비스를 요청하기 위한 연결 요청을 해야 한다.

3) 하드웨어의 투명성

클라이언트와 서버는 하드웨어에 종속되어서는 안 된다. 즉, 클라이언트와 서버는 어떤 OS나 하드웨어를 사용하든 서버는 클라이언트에게 동일한 서비스를 제공해야 한다.

4) 유연성

클라이언트-서버 시스템은 클라이언트의 수를 늘이거나 서버를 늘리는 등 그 규모를 늘리거나 줄이더라도 전체적인 시스템의 운영에는 아무런 영향이 없어야 한다.

제2절 클라이언트-서버 시스템의 모델

예전에는 2층 구조의 시스템으로 서버에 과부하의 문제가 있었는데, 현재의 클라이언트-서버 시스템들은 대개 3층 구조로, 2층 구조의 문제점을 보완할 수 있다. 3층 구조란 앞에서 말한 또 하나의 데이터베이스가 클라이언트-서버 시스템에 포함된 것을 말한다.

1. 2층 구조의 클라이언트-서버 시스템

2층 구조는 시스템을 운영할 때 클라이언트와 서버 중에 한쪽에만 시스템의 운영이 이루어진다. 이때 서버가 그 일을 수행하게 되는데 서버는 데이터베이스 탐색 외에도 다른 처리를 해야 하므로 동시에 여러 가지 일을 할 때 과부하가 걸리게 된다.

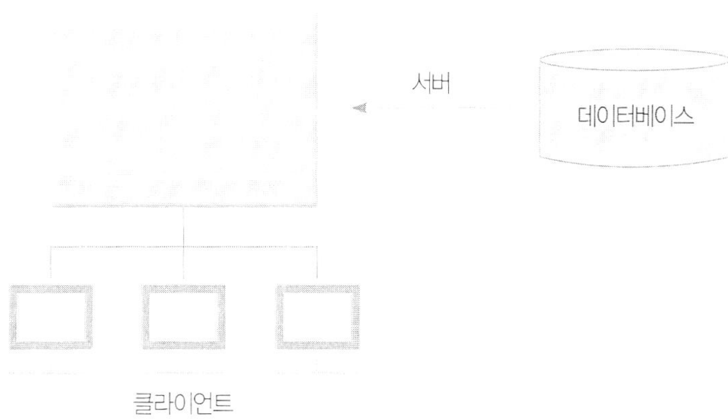

그림 9-1 2층 클라이언트 서버 구조

2층 클라이언트-서버 구조란 서버와 클라이언트 컴퓨터가 역할을 분담하는 방식이다. 서버 컴퓨터와 클라이언트 컴퓨터가 역할을 분담하는데, 이를 클라이언트-서버 구조라고 한다. 여기서 클라이언트는 서버 컴퓨터에게 서비스를 요청하는 측이고, 서버는 이 요청을 받아들여 서비스를 제공한다는 의미에서 사용된 용어이다. 2층 클라이언트-서버구조의 기능 분배에서 데이터 추출은 서버에 의해, 그리고 업무처리 및 결과는 클라이언트에 의해 처리되도록 분담되어 있다.

1) 원격 데이터베이스 접근 시스템

원격 데이터베이스 접근 모델은 원격지의 컴퓨터에 위치한 데이터베이스 서버에 SQL 질의 등의 데이터베이스 질의어를 통해 서비스를 요청하고 이에 대한 결과를 제공받는 모델을 말한다. 이 모델은 주로 ESQL(Embedded SQL)방식이 사용되는데 이는 프로그램의 코드에 직접 SQL문을 삽입하는 방식을 말한다. 원격 데이터베이스 모델의 단점은 어떤 서비스의 요청에 대한 결과를 모두 클라이언트로 가져와야 한다는 것이다. 이는 곧 클라이언트-서버 간에 데이터 이동을 가져와 네트워크의 트래픽을 발생시킬 수 있다. 또 응용 프로그램의 구조와 논리가 서버에 지나치게 종속적이어서 시스템 확정시 문제가 발생할 수 있다. 즉, 서버의 데이터베이스 구조가 바뀌면 클라이언트 프로그램 역시 다시 코딩되어야 한다. 또 클라이언트의 수에 따라서 서버의 세션(Session)이 설정되므로 사용자가 많을수록 서버에 많은 부하가 생기게 된다.

2. 데이터베이스 서버 시스템

이는 데이터베이스 시스템에 내장된 프로시저를 사용한다. 따라서 서버의 데이터베이스의 구조가 바뀌더라도 내장된 프로시저의 구조만 변경되면 다수의 클라이언트가 가지고 있는 프로그램은 변동되지 않아도 된다. 따라서 클라이언트 응용 프로그램의 개발 및 유지 보수가 쉽다는 장점을 가진다. 그러나 이 모델 역시 클라이언트가 요청한 서비스에 대한 결과를 모두 클라이언트로 가져와야 하는 데이터의 대량 이동이란 문제를 해결하지는 못한다. 따라서 대규모의 클라이언트를 보유하는 곳에서는 역시 네트워크의 성능 저하를 피할 수는 없다.

3. 3층 구조의 클라이언트-서버 시스템

3층 구조에서는 클라이언트와 서버를 나누어 그 사이에 다른 하나의 층(미들서버)을 더해 서버와 클라이언트의 작업에 도움을 주게 된다. 따라서 2층 구조에 비해 많은 양의 데이터를 처리 할 수 있고, 네트워크를 안정적으로 운영할 수 있다.

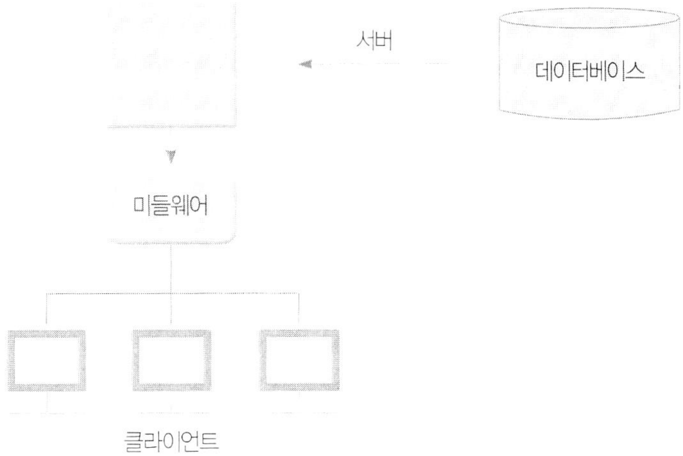

그림 9-2 3층 클라이언트-서버 구조

3층 구조는 서버, 미들웨어 서버 그리고 다수의 클라이언트 컴퓨터로 구성된다. 이 구조에서는 미들 서버가 클라이언트로부터 작업을 접수하여 이를 대기상태로 두었다가, 다른 작업과 함께 계획을 하고 우선 순서에 따라 클라이언트가 요청한 작업의 실행순서를 정하여 실행시키는 기능도 수행한다. 이는 미들 서버가 클라이언트로부터 받은 작업에 대해 끝까지 책임을 지고 수행하게 해주는 것이고, 이 사이 클라이언트는 다른 작업에 매진할 수 있게 된다. 3층 클라이언트-서버 구조의 기능분배에서는 서버, 미들웨어 서버, 클라이언트가 각각 데이터 추출, 업무처리, 결과의 표현 기능을 수행한다.

1) 다단계 클라이언트-서버 시스템

이 모델은 서버와 클라이언트를 완전히 분리한 모델로 그 대신에 클라이언트와 서버의 사이에 미들웨어라는 소프트웨어를 사용하여 확정성과 유연성을 극대화하였다. 즉, 서버에 위치한 데이터베이스가 무엇인지 클라이언트는 고려할 필요가 없고 또 서버에 많은 부하가 생기면 이를 적절히 분산시키는 기능을 지원할 수 있다. 이를 로드 밸런싱(Load Balancing)이라고 한다. 그러나 상대적으로 비용이 많이 소요되며 기술적 구현이 어렵다는 단점이 있다.

제3절 클라이언트-서버 시스템 분석

클라이언트-서버 구조는 서버와 클라이언트가 역할을 분담하는 방식으로 데이터 추출은 서버에 의해서, 그리고 업무처리 및 결과 표현기능은 클라이언트에 의해 처리된다.

1. 2층, 3층 구조 시스템 비교

2층 구조에 비해 3층 구조가 시스템 운영에서 더욱 포괄적이고 효율적이다. 하지만 시스템을 구축하는데 있어서 어려움이 따르고 비용이 많이 드는 것이 단점이다.

표 9-2 클라이언트-서버 2층, 3층 시스템 비교

구 분	2층 구조 시스템	3층 구조 시스템
업무운영	정형화된 업무	비정형화된 업무
규모	소규모	대규모
데이터베이스 범위	제한적	확장가능
시스템구축	쉽다	어렵다
개발부담	적다	많다
클라이언트/서버 수	클라이언트: 약 500대 서버: 약 5대	클라이언트: 수천 대 서버: 약 100대

2. 클라이언드-서버 구축을 위한 방법 분류

1) 다운사이징(Downsizing)

다운사이징이란 메인 프레임에서 실행되는 애플리케이션을 클라이언트-서버 시스템을 옮기는 작업을 말한다. 이는 최종 사용자에게 보다 나은 사용자 인터페이스를 제공하고 시스템 업그레이드 비용이나 유지 보수비용을 절감하기 위해 진행된다. 이는 클라이언트-서버 시스템 보다 융통성 있는 애플리케이션 개발 환경을 제공하고 메인 프레임에 버금가는 데이터 처리 무결점과 데이터 및 사용자 보안을 유지한다는 데 그 이유가 있다.

만약 현재의 메인 프레임에서의 작업이 더 이상 수정 없이 사용 가능하다면 이는 고려할 필요가 없지만 메인 프레임을 유지 보수해야 하거나 업그레이드가 필요하다면 다운사이징은 충분히 고려해 볼만한 가치가 있다. 메인 프레임을 유지 보수하는 비용이면 충분히 클라이언트-서버 시스템을 구축할 수 있기 때문이다.

만약 사용자의 작업이 빈번한 변경을 요구한다면 그것 또한 클라이언트-서버 시스템을 고려할 이유가 된다. 메인 프레임은 새로운 애플리케이션을 개발하는 데 많은 시간이 소요되는데 비해 클라이언트-서버 시스템은 단기간 내에 애플리케이션을 개발할 수 있고, 또 사용자에게 더 많은 권한을 이양하여 사용자의 요구에 충분히 응할 수 있다는 장점이 있다.

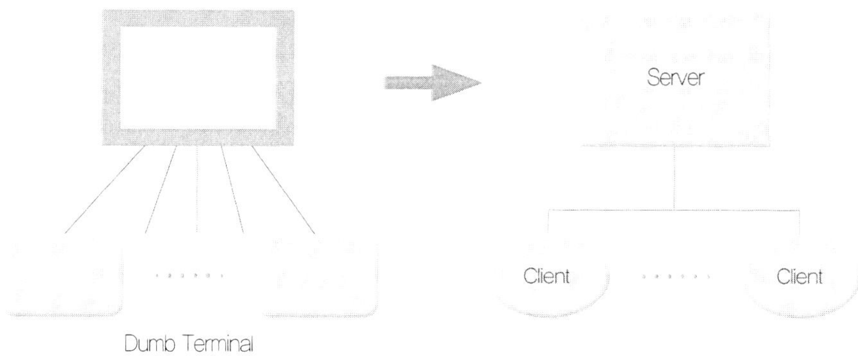

그림 9-3 애플리케이션 개발 환경

2) 업사이징(Upsizing)

업사이징은 기존의 마이크로컴퓨터나 네트워크를 이용한 시스템에서 클라이언트-서버 시스템으로 옮기는 작업을 말한다. 이는 작업 능률의 향상, 보안 기능의 향상, 데이터의 무결점 및 감사 기능을 필요로 할 때 선택할 수 있다. 업사이징은 다운사이징과는 달리 현재의 작업 환경을 그대로 유지할 수 있다는 장점이 있다.

마이크로컴퓨터와 네트워크만을 사용하면 늘어나는 사용자에 대해 적절한 대응을 할 수 없는데 클라이언트-서버 시스템은 보다 많은 사용자와 강력한 데이터베이스를 지원할 수 있다. 업사이징은 데이터의 무결점과 투명성 및 보안을 원한다면 필연적으로 거치는 작업이다. 데이터베이스가 방대해지면 고장 방지 기능(Fault Tolerance)을 고려하지 않을 수 없다. 데이터양이 많아지면 오류 발생 시 복구가 그만큼 힘들어지기 때문이다.

또한 강력한 보안 기능을 제공하는 클라이언트–서버 시스템은 비교적 저렴한 비용으로 중앙 집중식 시스템의 보안 기능을 제공한다. 업무 활동의 확대는 자연히 데이터나 리소스의 보안을 필요로 하게 되고 이때 여기서 클라이언트–서버 시스템은 적절한 해결책이 된다.

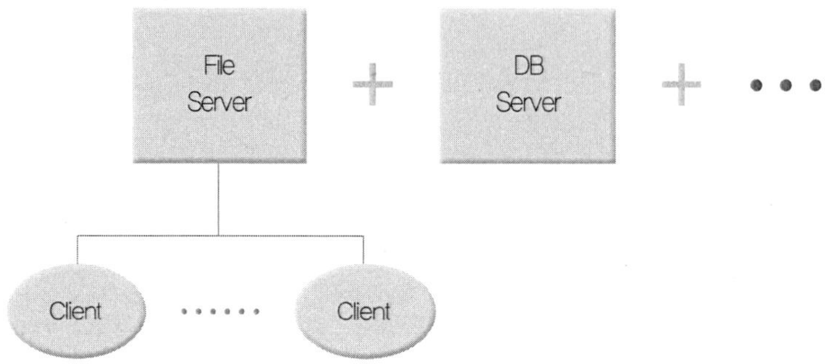

그림 9–4 중앙집중식 보안기능

3) 라이트사이징(Rightsizing)

라이트사이징이란 클라이언트–서버 시스템에서 새로운 애플리케이션을 새로 개발하는 것을 말한다. 라이트사이징의 목적은 애플리케이션에 적합한 시스템을 선정하는 것이다.

가장 먼저 서비스를 요청할 사용자의 수를 결정한다. 다음으로 시스템의 범위를 확정하여 서버의 크기나 규모 등을 선정한다. 예를 들어 모든 사용자가 통신을 한다고 가정하면 사용자의 요구에 맞추어 모뎀을 구입해야 한다. 하지만 사용자에게 모두 모뎀을 구입해 주는 것보다 커뮤니케이션 서버를 구축하는 비용의 약 70% 이상이면 확실히 경제적이라 할 수 있다. 클라이언트–서버 방식인 커뮤니케이션 서버는 확장성이 뛰어나고 개인이 소유하는 모뎀보다 범용성 및 미래성이 뛰어나기 때문이다.

일반적으로 데이터베이스 애플리케이션을 결정하는 요소는 실제 데이터베이스의 크기와 사용자의 요구가 얼마나 빈번한가에 달려 있다. 사용자가 많은 서비스를 요청하고 데이터베이스 크기도 일정 크기 이상이라면 클라이언트–서버 시스템이 적당하다.

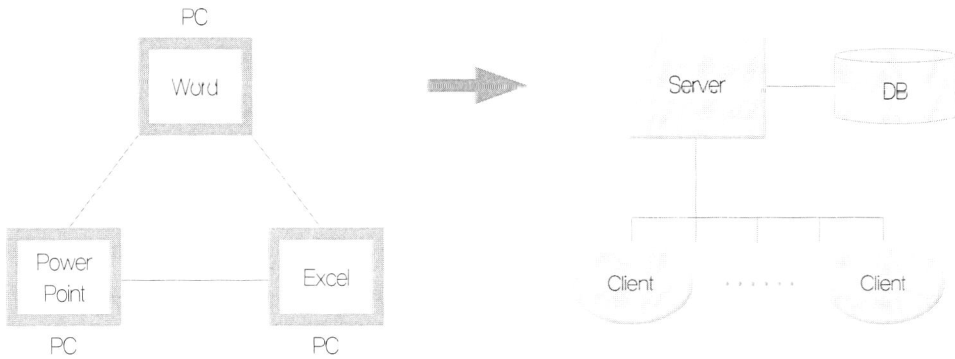

그림 9-5 커뮤니케이션 서버 구축

3. 필요한 하드웨어와 소프트웨어

1) 필요한 하드웨어

서버용 마이크로컴퓨터

서버용 마이크로컴퓨터는 모든 사용자에게 자원을 배분해야 하는 만큼 충분한 자원을 보유하고 있어야 하며 충분한 메모리와 저장 장치는 물론이고 속도 또한 충분히 빨라야 한다. 사용자의 수에 따라 모든 것이 결정되겠지만 서버의 용도 또한 중요한 변수이다. 단순한 파일서버와 데이터베이스 서버는 그 사양이 많이 다르기 때문이다.

네트워크 오퍼레이팅 시스템에 따라서도 메모리의 크기가 다를 수 있는데 종류에 따라 한 사용자가 필요로 하는 메모리의 양이 다르기 때문이다. 메모리나 저장 장치의 용량 모두 클수록 좋다. 비록 자원이 낭비되는 결과를 가져올 수도 있으나 사용 중 자원의 부족으로 난감해 하는 것보다는 처음에 조금 여유 있는 구성이 좋다.

클라이언트용 마이크로컴퓨터

클라이언트가 어떤 애플리케이션을 사용하는가에 따라 달라진다. 이는 서버에 접속하지 않고도 사용하기 때문에 사용자가 가장 많이 사용하는 애플리케이션을 기준으로 선정하면 된다. 물론 이 또한 자원이 풍부할 수록 좋다.

■ 네트워크 케이블

어떤 케이블을 사용할 지에 대해 고민할 필요도 없다. 가장 많이 사용하는 UTP 케이블이면 충분하고 백본을 구성하기 위해선 10Base2 10Base5 정도의 케이블을 사용하면 된다. 사실상 10Base2 정보면 우리가 구축하고자 하는 클라이언드-서버 시스템은 충분하다.

■ NIC(Network Interface Card)

통상 랜 카드라고 불리는 어댑터가 있어야 한다. 가장 많이 사용하는 1Mbps급의 인터넷 카드면 훌륭하다. 대만산과 우리가 많이 알고 있는 3com사의 것이 있다. 요즘은 Intel사의 랜 카드도 구하기가 쉬운데 사실상 어느 제품이나 비슷하다.

■ 허브

허브에는 단순히 분배를 목적으로 하는 것과 네트워크상 제어가 가능한 것이 있다. 스위칭 허브가 그 대표적인 예인데 일반 허브가 대역폭을 사용자 수로 나누어 동일하게 분배해준다면 스위칭 허브는 동일한 대역폭을 실제 데이터의 이동이 생기는 사용자에게 더 많이 배분함으로써 데이터의 흐름이나 네트워크상의 트래픽을 적절히 제어하게 된다. 따라서 같은 네트워크상이라 할지라도 전송 속도가 더 빠르다.

■ 기타 주변 장치

- 대용량 저장 장치 : 파일서버로 사용하기 위해서는 필수적으로 필요한 장비이다. 물론 백업 서버로 사용하기 위해서도 필요하다. 많은 데이터를 가장 싼값에 저장할 수 있는 장치이다.
- UPS(Uninterruptible Power Supply) : 만약의 사태 예를 들어 갑작스러운 정전에 대비하기 위한 장비이다. 간단히 대용량 충전기라 할 수 있다. 서버가 작업 중이던 모든 것을 마무리하고 전원을 내릴 수 있을 정도의 시간을 벌어준다.

2) 필요한 소프트웨어

■ 클라이언트용 NOS(Network Operating System)

이는 Windows 3.1x를 사용하는 사용자에게만 해당되는 이야기이다.

Windows 95는 OS 자체에 기본적으로 NOS를 내장하고 있다. 가장 많이 사용하는 것이 MicroSoft 사의 Lan Manager 시리즈이고 국산 제품으로는 인정받고 있는 Future TCP, Pathway, NetWare 등이 있다. 각자가 특징을 가지고 있으며 각자 장단점이 있다.

요즘 Windows 95를 사용하는 사용자가 다른 NOS를 구입할 필요 없이 Windows 95만으로도 사용이 가능하다.

- 서버용 NOS(Network Operating System)

메인 프레임을 대체하는 클라이언트-서버 시스템의 머리라 할 수 있는 서버는 UNIX 계열과 Windows NT 계열로 크게 나눌 수 있다. 1995년만 하더라도 UNIX 서버가 지배적이었으나 현재는 저렴하고 관리가 편한 Windows NT 서버가 더 높다. 이는 서버의 하드웨어에 어느 정도 종속적일 수도 있다. 예를 들어 Sun Micro Systems 사의 Sparc Series를 사용한다면 당연히 Solaris 2.x Series를 사용해야 하기 때문이다. 따라서 이를 선택할 때는 서버에서 사용할 애플리케이션도 함께 고려해야 한다. 하지만 요즘은 대부분이 다중 플랫폼을 지원하므로 과거보다 사용자의 선택의 폭이 넓어졌다. 이는 NOS가 여러 하드웨어를 동시에 지원하기 때문에 가능한 것이다. 대표적인 것으로는 앞에서 이야기한 Windows NT, Solaris, Unixware, NetWare 등이 있다.

- 서버용 애플리케이션

데이터베이스 서버로 사용하기 위해서는 상용 데이터베이스가 필요하다. 이것 또한 하드웨어에 어느 정도 종속적이다. 예를 들어 IBM의 AS/400 기종은 IBM에서 사용하는 DB/2라는 데이터베이스를 사용해야 한다. 현대 데이터베이스 프로그램은 Oracle Release 7 Series, Informix Universal Server, Sybase, MicroSoft SQL-Server 등이 있으며 이외에도 다수가 존재한다.

4. 클라이언트-서버 시스템의 장·단점

1) 장점

- 컴퓨팅 자원을 개선하여 변화하는 업무에 유연하게 대처하는 능력이 있다.

- 향상된 업무능력이 기업전체에 확산됨에 따라 단시간에 보다 많은 정보를 신속하게 처리 할 수 있다.
- 중대형 컴퓨터에서 가능하던 작업을 PC를 이용해 저렴한 비용으로 처리할 수 있다.
- 다양한 데이터에 동시 접근이 가능하므로 의사결정에 필요한 시간을 줄일 수 있다.
- 서버에서 새로운 소프트웨어를 운영하므로 사용자는 시스템의 유지가 쉽고 호환성의 문제를 줄일 수 있다.

2) 단점 및 한계

- 3층 구조와 같이 주로 쓰이는 클라이언트-서버 시스템의 구현은 복잡하다.
- 세분화 된 시스템 환경을 관리하기 위해서는 인력과 기술력이 많이 필요하다.
- 클라이언트와 서버 간에 많은 통신량이 소모되어 고성능의 네트워크 구축이 필요해진다.
- 3층 구조에서도 많은 양의 데이터를 운영하게 되면 과부하가 올 수도 있다. 많은 정보요구에 대해서 시간차를 두고 사용한다면 서버에 과부하는 막을 수 있다.
- 클라이언트-서버는 시스템 구축에 드는 유지비용이 크다. 클라이언트-서버 시스템이 세분화 되어 있지만, 현재보다 더욱 고도의 다운사이징이 필요하다. 다운사이징 자체가 시스템을 단순하게 한다면 클라이언트-서버 시스템의 비용도 줄이면서 효율성도 높일 수 있다.

5. 미래의 네트워크

클라이언트-서버 구조는 과거에 그랬듯이, 현재와 미래에도 네트워크 수행 환경에서 중요한 위치를 차지할 것임에 틀림없다. 하지만, 최근 몇 년간 급속도로 성장한 웹은 클라이언트-서버 구조에 새로운 변화를 요구하고 있다. 또한, 인텔리전트 에이전트 기술은 클라이언트-서버 구조에 도전장을 제시하고 있다. 클라이언트-서버와 웹 네트워크 기술이 일반화되면서 작업 수행과 사용자 인터페이스를 분리시킨 클라이언트-서버 컴퓨팅 환경은 운영자나 사용자에게 많은 이점을 제공해 주었다. 운영자는 사용자 인터페이스로부터 수행 시스템을 분리시킴으로써 시스템 축이나, 관리 및 변경에 있어서 기존의 문제를 극복할 수 있었다.

컴퓨터 기술이 발전하면서 이제 컴퓨터는 전문가가 아닌 일반인들에게까지 보급되었지만, 서버의 서비스를 위한 클라이언트 프로그램을 사용하는 것은 일반인들에게 어려운 점이 많다. 컴퓨터 비전문가인 일반인들은 서버의 정보를 검색하기 위해 SQL과 같은 언어를 사용할 수는 없기 때문이다. 따라서 웹은 단지 마우스를 클릭만으로 네트워크상에 존재하는 다양한 정보를 쉽게 얻을 수 있는 방법을 제시함으로써 네트워크 사용의 새로운 기반 구조를 제시하였다. 또한, 웹은 기존의 클라이언트-서버 컴퓨팅 환경과 비교하여 보다 편리한 사용 환경을 제공한 것 외에도, 자바를 통하여 기존의 정적인 정보를 동적인 정보로 변화시켰으며, VRML을 통하여 가상공간을 만들어 냈다. 이제 사용자들은 움직이는 문서를 보며, 동적인 환경을 직접 조작함으로써 게임이나 새로운 가상공간을 드나들 수 있게 되었다.

이제 네트워크를 통하여 정보를 제공하는 업체에서는 웹 사용자의 요구를 무시할 수 없다. 따라서 많은 업체에서는 기존 클라이언트-서버 구소로 구현된 시스템들을 웹과 연계시키기 위한 노력을 하고 있다. 서버시스템들은 CGI나 자바를 통해 웹과 연계를 위한 변화를 시작한 것이다. 따라서 사용자들은 웹 브라우저를 통하여 기존의 많은 서비스들을 간단히 마우스 클릭만으로 제공받을 수 있게 되었다. 그리고 사용자들이 제공받을 수 있는 서비스들은 앞으로 계속 증가할 것이다.

사례

"스마트폰의 노예"

중독률 인터넷보다도 높아
10대 11.4%·20대 10.4%
하루 8시간 이상 채팅·게임
SNS 많이 할수록 중독 심해
사용 제지하면 폭력증세까지

스마트폰은 세상을 변화시켰다. 그리고 사람도 바꿨다. 스마트폰만 쳐다보는 세상 같다. 스마트폰은 언제 어디서나 항상 옆에 있다. 젊은이들 사이에서는 대화보다 채팅이 더 편하다는 경향마저 나타나고 있다.

그야말로 스마트폰에 푹 빠진 중독시대다. 출시 2년여 만에 스마트폰 사용자는 곧 3000만명을 넘어설 전망이다. 국민 절반 이상의 필수품이 된 것이다.

취업준비생 유모(25, 여)씨는 한순간도 스마트폰을 손에서 놓지 못한다. 식사를 하면서도 카카오톡 그룹 채팅에 여념이 없다. 그룹 멤버수가 20명이 넘는 방만 5개다. 잠시 스마트폰을 끄면 1분 안에 오는 메시지가 무려 1000개나 된다. 친구들이 무슨 대화를 하는지 한시도 눈을 떼지 않고 지켜봐야 직성이 풀린다는 유씨는 "취업 스트레스를 유일하게 스마트폰이 달래준다."고 말했다.

M운송회사에 근무하는 김모(25)씨는 스스로 '스마트폰의 노예'라고 평했다. 아침에 일어나면 머리맡에 둔 스마트폰부터 찾는다. 수면 상태를 체크해 주는 '슬리핑 사이클'(Sleeping Cycle)이라는 애플리케이션을 확인하기 위해서다. 일을 하면서도 스마트폰 채팅을 할 정도다.

지하철이나 길거리, 심지어 자동차 안에서도 스마트폰으로 채팅, 음악듣기, 길 안내 등을 즐기는 것은 현대인의 일상이다. 마주치기 싫은 사람과 대면하거나 머쓱한 상황일 때 스마트폰을 확인하는 척하는 이들도 적잖다.

카페나 식당에서 휴대전화를 탁상위에 올려놓은 뒤 상대방과 이야기를 나누거나 식사하다 스마트폰 창에 메시지가 왔다는 신호가 뜨면 황급히 확인하고 답 문자를 하는 모습도 흔하다.

노모포비아(No-Mobile Phobia)라는 용어는 신조어에서 제외될 만큼 일반화됐다. 스마트폰 등 휴대전화기가 없을 때 초조·불안해하거나 강제로 사용을 제지당했을 때 폭력적인 반응을 보이는 증상을 일컫는다.

스마트폰을 수시로 만지작거리거나 손에 떨어진 상태로 5분도 채 못 버틴다면 노모포비아수준이라고 해도 무방하다. 엄나래 한국정보화진흥원 책임연구원은 "노모포비아는 전형적인 스마트폰 금단현상으로 PC 인터넷 중독자들이 보이는 증세와 유사한 양상으로 나타나고 있다"고 말했다. 자칫 공동체 약화라는 악영향을 낳을 수 있다는 경고도 나오고 있다. 스마트폰 중독률은 8.4%로 인터넷 중독률 7.7%를 넘어섰다. 스마트폰의 대중화탓이다.

연령대별 스마트폰 중독률을 보면 10대 11.4%, 20대 10.4%로 평균 중독률 8.4%보다 높았다.

스마트폰 중독자의 1일 평균 이용시간은 8.2시간이다. 하루 3시간씩 이용하는 일반 사용자보다 2배 이상 길다. 사용 목적(복수응답)은 채팅 77.7%, 음악감상 41.3%, 게임 36.3% 순으로 나타났다. 스마트폰 사용자의 소셜네트워크서비스(SNS) 사용시간은 평균 59.7분으로 집계됐다. 스마트폰을 사용하지 않는 측의 SNS 이용시간은 6.3분에 불과했다. 스마트폰은 SNS와 밀접한 관계가 있다는 얘기다.

(출처: 서울신문. 2012.5.19.)

제 0 장
경영혁신과 정보기술

제1절 카이젠

불리한 국제환경에서 성공적으로 대처하고, 오히려 기업체질을 개선하는 계기로 삼는 일본기업의 능력은, 정부차원의 재정금융정책이나 산업정책보다는, 패전 후 다년간 축적해 온 카이젠이라는 경영혁신에 있다고 보아야 한다. 이러한 전략을 살펴본다.

1. 출현 배경

1945년 일본의 패전이후 미국의 간섭으로 인하여 재벌이 해체되었다. 일본 기업들은 어려운 현신을 극복하기 위해 기술진들이 미국을 방문하여 벤치마킹을 하게 된다. 이때 미국 경제의 원동력은 생산에 있는 것이 아니라 마케팅에 있다는 것을 깨닫게 된다. 그동안 일본기업들은 생산측면만을 강조하고 창조적인 시장개척이나 유통혁신에는 거의 관심이 없었다는 점을 반성하게 된다. 이러한 과정에서 다품종 소량생산에 강한 카이젠이라는 경영혁신이 태동하게 되었다.

2. 도입방안과 전략

1970년대 2차례에 걸친 오일 쇼크로 일본의 경차는 미국에서 많이 팔리면서, 전자제품 또한 우수하다는 평가를 받는다. 일본이 미국시장에서 선점을 하면서 전성기를 누릴 때 경영혁신의 체질화로 린 생산방식과 동시 엔지니어링, JIT시스템 등을 독창적으로 고안하게 되면서 1980년대 카이젠이라는 경영혁신 기법으로 일본의 전성기를 맞게 되었다.

1) 린 생산방식

포드자동차 공장을 벤치마킹하여 토요타 생산방식으로 발전시켰다. 소품종 대량생산을 일본 시장에 맞지 않는다는 결론을 내리고 다품종 소량생산이 효과적일 것이라는 점에 착안하였다. 미국은 땅이 넓고 자동차 수요가 많아 일본과 근본적으로 다를 수밖에 없다. 다품종 소량생산에는 JIT시스템이 효율적이었다. 이는 꼭 필요한 물자를 꼭 필요한 양만큼, 꼭 필요한 장소에서 꼭 필요한 시간에만 생산하고 재고를 유지하는 것이다. 토요타의 JIT방식은 1980년대 오히려 미국이나 유럽 여러 나라들이 거꾸로 수입하여 활용하게 되었다. 그러나 모든 게 영원할 수 없듯이 JIT(적시생산방식)는 한계성을 드러냈다.

지진, 태풍 등과 같은 비상 상황에 JIT방식은 통하지 않는다. 지진여파로 인해 부품이 조달되지 않자 미국 제너널 모터스(GM) 루이지애나주 시브리 포트 공장은 자동차 엔진의 공기량을 측정해 연료량을 조절하는 '에어플로'라는 부품을 일본히타치 오토모티브로부터 공급을 받지 못해서다. 이 회사 제품이 세계 시장의 60%를 차지하고 있지만, 일본 대지진 여파로 생산량은 평소의 절반 수준에 그치고 있다.

또한 미국 중공업회사 테렉스는 크레인과 굴착기 등에 장착하는 특수 부품을 필요할 때마다 일본 업체로부터 수입해 사용했으나 지진 여파로 인해 부품이 조달되지 않았다. 잔디 깎는 기계를 생산하는 어라이언스는 그 동안 JIT방식으로 제품을 생산해 왔다. 일본의 유통망이 손상되면서 창고가 텅 비었다. 월스트리트저널(WSJ)은 부품을 필요할 때만 만들어 재고를 최소화 한다는 일본 고유의 생산 방식인 적시생산시스템 (JIT · just in time)의 결점이 드러났다고 했다.

미국 업체들은 2, 3차 부품 생산이 끊길 경우 피해가 매우 커 국내 외15개 부품회사와 계약을 맺어 24시간 제품을 생산하면서 재고량을 비축하는 것이 중요한 일이 되었다. 이에 많은 기업들은 JIT방식을 탈피하려고 움직이고 있으며, 토요타자동차측도 JIT방식을 보완해야 하는 시점에 있다고 말했다.

2) 동시 엔지니어링

미국기업(포드 자동차, 제록스)이 국제경쟁력을 회복하기 위해서 1980년대 리엔지니어링으로 반격할 때 일본기업은 동시 엔지니어링으로 앞서가고 있었다. 미국 코닥은 일본 후지의 일회용카메라 개발기간이 매우 짧은 기간에 이루어진다는 것을 알고 1980년대 후반에 후지를 벤치마킹 하였다. 일본기업이 짧은 기간에 신제품개발을 할 수 있었던 것은 바로 동시 엔지니어링이 있었기에 가능할 수 있었다.

기존의 엔지니어링 방식은 상품기획에서 제품설계, 생산설비, 가공, 검사까지 순서대로 라이프사이클에 맞춰서 진행되었다. 하지만 동시 엔지니어링은 동시적, 체계적 병행적으로 동시에 이루어지는 라이프사이클 방식이기 때문에 효율성면에서 원가에 혁신을 가져왔다.

그림 10-1 리엔지니어링과 동시엔지니어링의 비교

동시 엔지니어링 혁신은 미국에서도 상당한 성과를 거두었으며 코닥에서 도입한 동시 엔지니어링 기법은 미국의 항공우주산업이나 자동차 산업, 소비재산업으로 확산 되었으며, 크라이슬러의 경우, 1994년 1월에 출시한 소형승용차 네온을 개발할 때, 동시 엔지니어링을 도입하여 개발 기간을 단축하여 원가비용도 40% 절감시켰다. 1990년대에는 크라이슬러가 경쟁력에서 이미 일본기업을 앞서가고 있었다. 금상첨화로 중국이 세계의 공장 노릇을 하면서 저가 제품이 전 세계로 쏟아져 들어가고 고성장 저물가 시대의 도래를 맞이하여 미국 최대의 경제성장률 3.5%의 호황을 맞게 된다.

제2절 비즈니스 리엔지니어링

업무재구축이라는 말로 표현된다. 리엔지니어링은 인원삭감, 권한이양, 노동자의 재교육, 조직의 재편 등을 함축하는 말로서 비용, 품질, 서비스와 같은 핵심적인 경영요소를 획기적으로 향상시킬 수 있도록 경영과정과 지원시스템을 근본적으로 재설계하는 기법이다.

한마디로 기업의 근본적인 체질개선을 위해 기업공정을 획기적으로 다시 디자인하는 것을 말한다.

1. 비즈니스 리엔지니어링의 배경

현재 기업을 둘러싸고 있는 외부 환경은 기업의 순응 진화 능력 이상으로 변화하고 있다. 시장의 주도권이 판매자에게서 고객에게로 이동하였고 경쟁의 양상이 다양해졌으며, 변화가 광범위하고 영속적으로 이루어지고 속도도 또한 빨라졌다. 경제의 세계화와 함께 기업들은 더 많은 경쟁자들과 마주치고 있으며, 이들 각자는 혁신된 제품과 서비스를 시장에 내놓고 있으나 기술변화의 신속함은 혁신을 촉진시키고 제품 수명 주기는 수년에서 수개월로 줄어들었다.

이러한 환경이 변화에 대응함에 있어서 과거의 프로세스와 시스템은 더 이상 기업에게 효율적이지 못하게 되었다. 이에 많은 기업들은 경쟁력 확보, 경쟁우위 달성을 위하여 많은 돈을 투자하여 정보시스템을 도입하였고 이를 이용하여 기존 업무의 자동화, 전산화를 이룩하였다.

그러나 기존 업무처리상의 개선만을 추구하여서는 실질적인 근본문제인 업무방식의 혁신을 가져오는 데에 성공할 수 없었다. 실제로 미국 기업들이 점차 일본 기업들이 빠른 성장 효율성에 경쟁우위를 잃어 가게 되자 과거의 경영방식에서 벗어난 무언가를 갈망하게 되었고 이를 위한 해결 방안으로 등장한 혁신 방법이 비즈니스 리엔지니어링(Business Reengineering)이다.

2. 비즈니스 리엔지니어링의 정의

비즈니스 리엔지니어링은 치열해져 가는 경영환경에서 경쟁 우위를 확보하기 위해 업무 처리방식의 재설계와 정보기술을 결합해 획기적으로 경영성과의 상승을 이룩하기 위한 경영혁신기법을 의미한다. 따라서 비즈니스 리엔지니어링은 내부 또는 외부의 고객 요구사항을 접수하여, 경쟁사보다 월등한 성과를 내기 위해 시도하는 프로세스 혁신운동 이라고 할 수 있다.

이 부문의 세계적 권위자인 마이클 해머는 비즈니스 리엔지니어링이란 비용, 품질, 서비스, 속도와 같은 핵심적인 경영성과 지표들의 비약적인 향상을 이룩하기 위해 사업 활동을 근본적으로 재설계 할 것이라고 정의하고 있다.

3. 비즈니스 리엔지니어링 방법

리엔지니어링의 대상은 조직이 아니라 프로세스로서 영업부서나 생산부서를 리엔지니어링하려는 것이 아니라 그 부서에서 수행하는 일을 리엔지니어링 하려고 하는 것이다. 기업 내에서 작업이 흘러가는 모습을 보여주는 프로세스 흐름을 도식화(map)한다.

- 프로세스가 식별되고 흐름도가 그려지면 어떤 프로세스가 리엔지니어링 될 필요가 있으며, 밟아야 할 순서는 어떤 것인가를 결정하여야 한다. 대체로 세 가지의 기준으로 선택하는데 역기능, 중요성, 실행 가능성이다.
- 프로세스가 리엔지니어링 대상으로 선택되면 프로세스 관리자가 선정되고 팀이 소집되게 되는데 리엔지니어링 팀은 재설계를 진행하기 전에 현재 존재하는 프로세스에 대하여 이해해야 한다. 프로세스를 재설계하는 궁극적인 목표는 고객의 요구를 맞추어 줄 새로운 것을 만드는 것이기 때문에 고객의 실제 요구인가? 무엇을 원한다고 말하며, 실제로 원하는 것은 무엇인가 어떤 문제들을 가지고 있는가? 등 고객을 이해하는 것이 가장 중요하다. 일단 고객이 원하는 것을 이해하였다면 다음으로 현재의 프로세스가 제공하는 것이 무엇인지를 이해해야 한다.
- 재설계는 전체적인 리엔지니어링 과정에서 가장 창조적인 부분으로서 기업을 재조명해 본 후 새로운 업무방식을 만들어 내기 위한 출발 자세를 취하는 것이다. 이것

은 상상력과 귀납적 사고, 그리고 열정을 무엇보다도 많이 필요로 하며 프로세스를 재설계 하는데 있어서 익숙한 일을 버리고 비정상적인 일을 탐색하는 자세가 중요하다.

4. 비즈니스 리엔지니어링 시기

- 재정적으로 기업이 어려움을 겪고 있거나 프로세스 운영이 어려울 때, 그리고 경쟁자가 자신의 기업보다 우위에 있다고 생각되면 도입한다. 또한 고객의 요청이 있을 때도 리엔지니어링을 시도해야 한다.
- 중요한 환경 변화가 예상된다면, 그 변화의 홍수에 휩쓸리지 않고 살아남기 위해 리엔지니어링을 과감하게 도입해야 한다.
- 세계 초일류 기업이 되고 싶다거나 업계 최고의 기업이 되고 싶다는 야망을 가지고 있다면 리엔지니어링을 도입하여야 한다. 성공적인 리엔지니어링은 비전을 공유하고 거대한 목표를 가지며 고객에 초점을 맞추는 차원에서 가치 흐름을 인식함으로써 가능한 것이다.

5. 비즈니스 리엔지니어링의 요소

- 리엔지니어링의 특징은 부서별로 혁신을 꾀하지 않고, 목표에 관련된 전체 프로세스를 대상으로 혁신을 꾀하는데 있다. 따라서 프로세스의 전 과정을 철저히 감독하고 통제 할 수 있는 최고 경영자가 모든 관련 부서의 일급 요원으로 구성된 핵심적인 팀을 이끌고 리엔지니어링을 수행해야 한다.
- 사업목적 또는 기업 전략을 달성하는데 가장 중요한 요소가 무엇인지를 판단하고 이를 강화시키는 방향으로 리엔지니어링을 추진해야 하는 것이다. KFS를 구체적으로 확인하지 않고 관계없는 프로세스만을 개혁하는 경우에는 결코 효과적인 리엔지니어링 성과를 기대할 수 없을 것이다.
- 리엔지니어링에서 추구하는 것은 부서별 혁신이 아닌 조직 전체적인 프로세스 관점에서의 혁신이다. 이러한 프로세스 중심의 리엔지니어링에서 유의해야 할 점은 재설

계되는 프로세스의 폭과 깊이다. 폭이란 프로세스 내에 얼마나 많은 활동이 포함되느냐 하는 문제이며 비용절감 및 고객에 대한 가치 증대 등 혁신적 성과의 향상을 이룰 수 있도록 프로세스의 범위를 결정하는 것이다. 깊이(depth)란 재설계 시 기업의 핵심이며, 조직 구성원의 행동을 변화시키는 근본적인 요소인 역할과 책임, 성과 측정과 보상, 조직 구조, 정보 기술, 공유 가치, 스킬 등의 요소를 모두 포함시켜 이의 실제적인 변화를 추구하는 것을 의미한다.

- 이제 기존의 사고방식에만 의존해오던 기업은 오늘날 같이 고객을 최우선으로 하는 고객 우선 시대를 맞이하여 더 이상 살아남을 수 없게 되었다. 리엔지니어링의 궁극적 목적은 이러한 고객우선 시대 속에 살아남기 위해 고객 지향적 기업체질을 만드는 것이다. 이를 위해서는 리엔지니어링의 출발선인 상황을 기업 내부의 아이디어가 아닌 고객의 절실한 욕구로 채워 넣는 고객 참여의 리엔지니어링이 이루어져야 한다.

6. 비즈니스 리엔지니어링 추진요소

- 대부분의 조직 구성원들은 기존 업무 처리 방식에 근본적인 변화가 이루어질 경우 자신의 역할에 대한 혼란이 야기되고, 익숙한 기존 방식을 버리고 새로운 방식을 학습해야 한다는 것에 대하여 거부감을 가지게 되기 쉽다. 그러므로 조직 재설계에 있어서는 최고경영층의 Top-down형태의 확고한 지원이 필요하다.
- BPR작업은 프로세스를 대상으로 이루어지므로 프로세스 전체의 권한을 갖는 프로세스 주인 제도가 확립되어야 한다. 프로세스의 책임자가 있을 경우 특정 프로세스에 관련된 여러 부서를 연계하는 역할을 하게 된다.
- 과거에는 부서별 업무를 지원하기 위한 프로그램 개발을 수행하였던 정부기술부서의 역할이 프로세서 위주로 정보기술을 응용하는 역할로 전환되기 위하여 조직의 전체 부서가 정보기술을 공유할 수 있도록 하는 정보기술 하부구조로 통일 작업이 시급하다.
- 기업이 혁신적으로 이룩한 경쟁우위는 경쟁기업들에 비하여 곧 '경쟁을 위한 필수품' 상태로 바뀔 수 있으므로 혁신 작업은 꾸준하게 계속되어야 할 것이다.

7. 비즈니스 리엔지니어링의 사례효과

기업들의 경쟁방식이 품질위주에서 속도 위주로 바뀌고 있다. 그 이유는 제품에 따른 품질의 격차가 과거에 비해서 상대적으로 많이 좁아졌기 때문에 이러한 속도 경쟁에 있어서 리엔지니어링이 다른 경영혁신 기법들에 비해 우수한 것으로 평가되고 있다.

비즈니스 리엔지니어링의 성공사례는 아직 많이 나타나고 있지는 않지만, 그 효과는 놀라울 정도가 되어 많은 기업들의 관심을 끌고 있다.

예를 들어 IBM의 신용조회작업의 경영혁신은 작업기간을 7일에서 1일로 단축시켰으며, 종업원의 생산성도 10배의 증가를 수반하였다. 이 과정에서 IBM에서는 50%의 작업 자동화를 실현할 수 있었다.

이처럼 기존의 통념에서 과감히 탈피하여 조직이 추구하는 결과에 초점을 맞추고 신정보기술을 이용하여 그 결과를 달성하기 위한 근본적인 조직 혁신을 이루어냄으로써 조직은 단순한 부문별 최적화에 따른 개선을 뛰어넘는 성과를 창출할 수 있게 되었다.

제3절 전자결제시스템

인터넷을 정보교류의 대상에서 비즈니스가 가능한 하나의 새로운 시장으로 인식하여 각종 상거래시스템으로 전환되는 상황을 살펴본다.

1. 전자결제 배경

인터넷을 통한 네트워크기술이 발전하여 각종 상거래시스템으로 비즈니스화하여 전자화폐(Electronic Cash), 사이버 뱅킹(Cyber Banking) 등을 통해 정보화시대에 직접 마트에 가지 않고, 가정이나 사무실에서 네트워크에 연결된 컴퓨터를 이용해 저렴하게 상품을 구입하고 전자화폐(Cyber Cash, Electronic Money, Virtual Currency)로 대금을 결제하는 이른바 생활에 편리함과 시간을 절약할 수 있다.

전자지불은 고객결제를 단순화 하면서 편리하게 도움을 주고 있는 것으로 신용카드와 직불카드, 현금자동지급기(ATM), 전자뱅킹 등이 있다. 그리고 인터넷비지니스를 가능하게 하는 디지털 캐시와 전자수표, 지능형 카드, 그리고 암호화된 신용카드가 있다. 아울러 회사에서 직접 예금을 통해 근로자에게 지불할 수 있도록 해주는 ACH(Automated Clearing House)와 은행과 고객과의 거래를 위해 은행이 제공하는 지불 매커니즘이 있다.

스마트폰은 피처폰에 비해 인터넷 접속과 활용이 자유롭다. NFC(Near Field Communication)는 근거리 쌍방향 통신기술을 적용하면 전자지갑 기능에 온라인 쇼핑 및 온라인 할인쿠폰 등 각종 인터넷 서비스를 받을 수 있다. 인터넷비즈니스를 구현하기 위해서는 다양한 비즈니스 기능을 매개로하는 전자지불시스템의 지원이 다음과 같이 필요하다.

첫째, 전자 현금형은 소액을 거래할 때 이용되며 거래와 동시에 지불되고 이체되며 휴대가 불가능하다. 시스템의 유형을 중앙 집중형이기 때문에 사용지수의 기한이 정해져 있다. (개발 사례 Ecash, Netcash)

둘째, 신용카드형은 고액을 거래할 때 사용되며 거래와 동시에 이체가 되지 않고, 인증이 필요하며, 시스템의 유형은 분산형, 집중형이 있고 온라인상에서 결제가 된다. (Cybercash, First Virtual, SET)

셋째, 전자 수표형을 기업 간 거액의 거래에서 사용되며 현재는 사용되고 있지 않다. 이체 시기는 신용카드와 비슷하다. (NetCheque, NetBill)

넷째, 스마트카드형은 소액 및 고액에 사용할 수 있으며, 이체 시기는 거래와 동시에 이루어지며 인증이 필요하지 않고 휴대가 가능하다. 온·오프라인에서 사용할 수 있다. (Modex, VisaCash)

다섯째, 전자지갑을 흔히 스마트폰결제 라고 말하며, 대중화가 이루어진 지불결제방식이다. 이것을 가능하게 만드는 것이 NFC기술이다. 소비자가 스마트폰으로 물건을 구입하고 결제할 수 있는 방법이며 10cm 이내 거리에서 정보를 무선으로 전송할 수 있는 기술이다. 휴대폰 운영체제업체인 삼성전자, 애플 그리고 이동통신업체(AT&, 버라이존)에서 기본으로 탑재하고 있다.

2. 전자결제의 유형별 특징

인터넷비즈니스에서 지급결제수단은 결제형태에 따라 크게 액서스(access)형과 가치저장(stared value)형이 있다. 액서스형은 네트워크를 통한 지급지시 결제로 3가지 유형이 있다.

첫째, 계좌이체는 인터넷을 통해 구매자 계좌에서 판매자계좌로 대금을 이체하는 것이다.

둘째, 신용카드는 인터넷을 통해 신용카드정보를 판매자에게 전달하여 결제하는 방식으로 신용카드와 유사하다.

셋째, 전자수표는 수표에 관한 정보를 네트워크를 통해 송신하여 결제하는 방식이다.

그 외에 가치를 저장하는 형태로는 화폐가치를 전자기호로 저장하였다가 지급결제에 사용하는 것으로 IC카드형과 네트워크형 2가지가 있다.

- IC카드형은 화폐가치를 전자화하여 IC카드에 저장하였다가 지급수단으로 사용한다.
- 네트워크형은 화폐가치를 전자화여여 컴퓨터에 저장하였다가 인터넷 등의 네트워크를 통해 지급결제에 사용한다.

사진 왕국서 '추억의 사진'으로… 코닥은 왜?

'성공의 덫'에 빠져

- 1990년대까지 세계 5대 브랜드
- 필름-사진인쇄 수익에만 집착
- 디지털 시대에 적극 대응 안 해

잇단 전략 실패

- 세계 최초 개발 '디카' 외면하고
- 프린터-사신공유 사업에서도
- 시장변화 읽지 못하고 몰락 자초

1888년 탄생한 코닥은 사진의 대명사였다. 1900년 내놓은 '브라우니'라는 1달러짜리 카메라로 인기를 끌었고 1935년 처음으로 컬러필름 '코닥크롬'을 내놓았다. 1969년 인류가 달에 착륙하는 장면을 찍은 것도 코닥 카메라였다. 1980년대까지 코닥의 미국 시장 점유율은 80%에 이르렀다. 세계 5대 브랜드 중 하나였던 코닥이 1월 19일 파산 보호 신청을 했다. 사진으로 남기고 싶을 만큼 소중한 순간을 '코닥 모멘트'라고 불렀고 전 세계에게 단순한 상품이 아닌 추억을 파는 기업이었던 코닥이 파산에 이르게 된 가장 큰 이유는 디지털 시대에 대비하지 못했기 때문이다. 하지만 코닥의 몰락 원인은 그렇게 단순하지만은 않다. 디지털 시대의 도래에 위기감을 느낀 코닥도 기업을 살리기 위해 1990년대부터 많은 노력을 기울였지만 결국 모든 시도는 실패로 돌아갔다. 코닥은 자신들이 개발한 디지털 카메라 기술이 '와해성 기술(Disruptive Technology)'이라는 사실을 인지하는 데 실패했고 성공의 덫에 빠졌으며 사진의 소비 패턴이 변화하는 것도 인식하지 못했다.

디지털 카메라와 와해성 기술

역설적이게도 세계 최초의 디지털 카메라를 만든 곳은 코닥이었다. 그러나 1975년 연구소에서 개발된 이신기술에 대한 코닥 임원진의 반응은 싸늘했다. "좋기는 한데 아무에게도 얘기하지 마세요." 개발 초기 단계였던 디지털 카메라 기술은 당시의 아날로그 사진 기술에 비해 형편없는 수준이었고 무엇보다도 필름이 필요 없는 카메라였다. 필름으로 돈을 버는 코닥에 디지털 카메라는 회사의 존재 자체를 부정하는 기술이었던 셈이다.

결국 코닥은 다른 기업이 디지털 카메라를 내놓기 시작한 1994년에서야 부랴부랴 디지털 시장에 진출했다. 하지만 일찍부터 디지털 시대에 대비한 캐논과 니콘 등에 밀렸다. 코닥의 디지털 카메라는 예쁘고 깜찍한 다른 제품에 비해 디자인이 투박했고 적목 현상 없애기, 얼굴 인식 등 다른 업체 디지털 카메라에 있는 다양한 기능도 없었다. 1991년 190억 달러에 이르던 매출은 2010년 72억 달러로 추락했고 1990년대 후반~2000년대 후반 10년 동안 코닥의 주식 가치는 75%나 떨어졌다.

코닥은 하버드대 경영대학원, 클레이턴 크리스텐슨 교수가 저서 '혁신가의 딜레마'에서 지적한 대로 선도기업이 후발 기업에 밀려 시장지배력을 상실한 전형적인 사례이다. 코닥은 그들이 잘 만들고 대다수의 소비자가 사용하고 있는 필름을 더 잘 만드는 데 집착했다. 디지털 카메라 기술이 기존 고객이 요구하는 수준에는 미치지 못하지만 전혀 다른 기능을 요구하는 새로운 고객이 원하는 와해성 기술이라는 사실을 간과했다.

■ '성공의 덫'에 빠져

코닥은 사진기를 싸게 파는 대신 필름을 비싸게 팔아 수익을 남기는 사업 모델로 성장했다. 이윤이 많이 남는 필름에 치중하면서 카메라와 같은 장치보다는 필름에 강한 면모를 보인 뼛속까지 필름 기업이었다. 1990년대 중반부터 디지털 이미지 그룹으로 거듭나려는 전략을 폈지만 근본적으로는 필름을 토대로 디지털에 발만 담그는 전략을 고수했다.

이러한 코닥의 행보를 설명하는 이론은 많다. 스탠퍼드대 경영대학원의 제임스 마치 교수는 이를 '근시안적 학습과 성공의 덫'으로 표현했다. 기존 성공 공식이 더는 통하지 않는 불연속적이고 역량 파괴적 환경 변화가 일어나면 기업은 갑작스레 붕괴한다는 것이다. 런던 비즈니스 스쿨 도널드 설 교수의 '활동적 타성(Active Inertia)' 이론에 따르면 잘나가는 기업일수록 시장의 변화를 무시하고 과거 성공의 발자취나 방식을 그대로 답습하는 성향을 보인다.

■ 시장 환경의 근본적 변화

소비자들이 찍은 사진을 그냥 지워버리거나 인쇄하지 않는 세상이 올 것이라고 예측하지 못한 것도 코닥의 패착이다. 1990년대까지 소비자들은 코닥의 필름으로 사진을 찍은 뒤 코닥의 인화센터에서 사진을 인화했다. 그러나 필름이 필요 없는 디지털 카메라가 보급되면서 소비자들은 코닥의 필름을 사용하지 않고 사진을 찍기 시작했으며 사진의 극히 일부만 인화하기 시작했다.

코닥은 2001년 오포토(ofoto)라는 사진 공유 사이트를 인수했다. 하지만 주로 온라인에 기반한 사진 인화 주문 사이트로만 활용했다. 만약 코닥이 미래를 내다보고 이 사이트에 사진을 공유하는 소셜네트워크서비스(SNS)로 키웠다면 얘기가 달라졌을 것이다.

계속된 전략의 실패

코닥은 2007년 잉크젯 프린터 사업을 주력으로 키우겠다고 선언한다. HP 등 대부분의 프린터 업체들은 프린터를 싸게 파는 대신 잉크를 비싸게 팔아 이윤을 남기고 있었는데 반해 코닥은 프린터의 가격을 올리는 대신 잉크를 절반 가격에 팔겠다고 발표했다. 이 전략도 실패로 돌아갔다. 소비자들은 초기에 프린터를 살 때의 가격에 집착하지, 프린터를 소유하는 동안 들어가는 총 소유비용은 잘 따지지 않았다. 거의 모든 휴대전화에 카메라가 들어가면서 어렵게 디지털 카메라 시장에 안착한 코닥은 다시 한번 고배를 마셔야 했다.

(출처: 동아일보, 2012.2.16.)

제 1 장

컴퓨터 하드웨어와 소프트웨어

제1절 컴퓨터 하드웨어

컴퓨터 시스템은 크게 3가지로 구분할 수 있다. 마이크로컴퓨터, 중형컴퓨터, 메인프레임 컴퓨터(슈퍼컴퓨터 포함)로서 하드웨어의 구성에 대해 알아본다.

1. 하드웨어의 구성

컴퓨터는 크게 본체와 입력장치 출력장치로 나누어진다. 본체는 다시 중앙처리장치인 CPU와 메모리, 주변장치 등으로 구성된다.

중앙처리장치인 CPU에는 주 기억장치와 연산 장치, 제어 장치로 되어 있으며, 사람의 두뇌역할을 하므로 하나의 IC안에 함께 구성되어 있다. 그리고 중앙처리 장치와 구분되게 입력, 출력, 보조기억장치를 합쳐서 주변장치(peripheral unit)라고 한다. 즉 자료를 입력하는 입력 장치(input device)를 통해서 입력된 자료를 처리하는 중앙처리장치인 CPU(central processing unit)를 통해 출력장치(output device)에 의해서 출력된 자료를 보관하기 위한 기억장치로 구성된다.

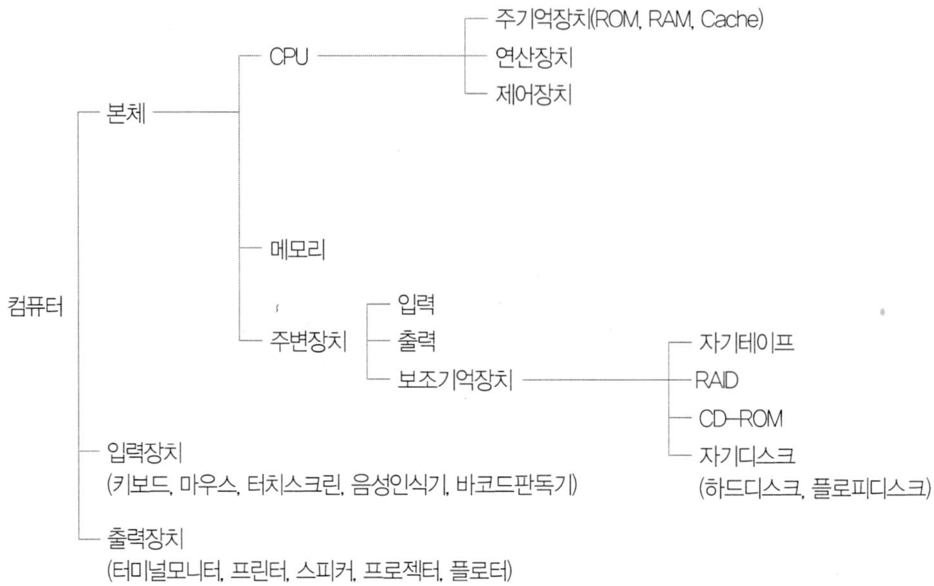

그림 11-1 컴퓨터 하드웨어의 분류

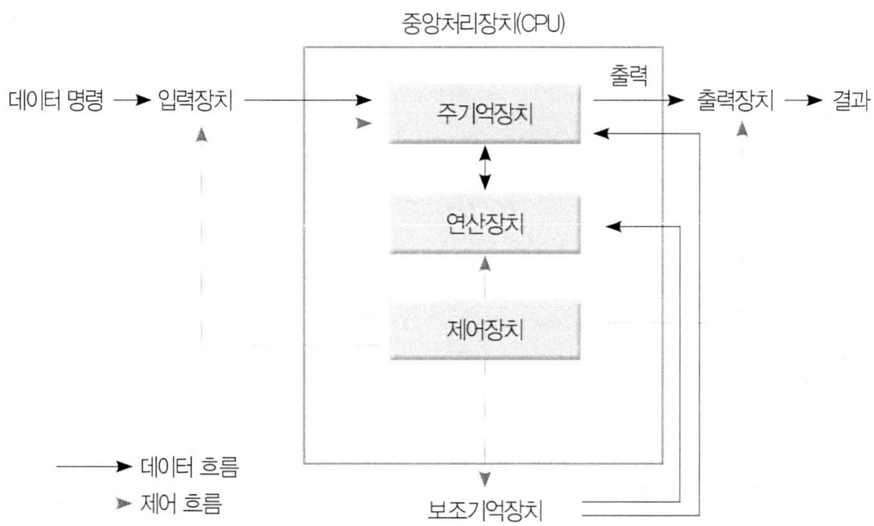

그림 11-2 컴퓨터 하드웨어 구성

2. 중앙처리장치(CPU)

중앙처리장치인 CPU(central processing unit)에는 주기억장치, 제어장치 및 연산장치가 있다.

1) 주기억장치

주기억장치(Primary Memory)는 메인 메모리(main memory)라고도 불린다. 수백만 개의 셀(cell)로 구성되어 있으며, 각 셀은 1byte의 정보를 저장할 만한 크기다. 컴퓨터에서는 문자, 숫자, 부호 등이 각각 한 byte로 표현되므로 각 셀에 한 글자씩 저장된다. 주기억장치는 실행하고자 하는 프로그램이나, 데이터 등을 기억하는 장치이다. 기존의 자료 및 프로그램 등을 저장해 두었다가 재생하여 다시 사용할 수 있게 해주는 기능을 수행한다. 주기억장치는 세 가지 주요기능을 가지고 있다.

첫째, 컴퓨터 작동 및 운영을 위해 기본적으로 필요한 운영시스템(Operating System)을 저장한다. (도스Dos 또는 윈도우즈 2000)

둘째, 실행하고자 하는 응용프로그램(Application Programs)을 저장하고, 마지막으로 프로그램의 실행에 사용되는 자료들을 저장한다.

셋째, 보조기억장치와는 달리 주기억장치는 저장 용량은 적으나 속도는 훨씬 빠르고 즉시 처리해야 될 자료만을 저장하는 것이 특징이다. 즉 응용소프트웨어를 통해 이루어지는 대용량의 자료들을 하드디스크 또는 테이프장치와 같은 보조기억장치에 저장 하였다가 필요할 때 일정부분을 주기억장치로 옮겨 실행한 주기억장치는 크게 세 종류로 구분된다.

읽기 전용인 RAM(random access memory: 직접검색메모리), ROM(read only memory: 읽기전용 메모리)으로 구성되어 있으며 자료와 프로그램의 보관 및 제어장치로의 전달 등을 주 기능으로 하고 있다. 그리고 캐쉬(cache) 메모리가 있다.

2) RAM

저장된 내용을 읽고, 쓸 수도 있다. 그러나 저장된 내용을 일시적 밖에 저장해 두시 않는나. 전원이 꺼지면 저장된 내용이 모두 지워지는 소멸성 기억장치이다. RAM의 random이란 용어는 컴퓨터가 직접 해당 셀의 주소를 찾아갈 수 있다는 점을 말한다. 즉 주소99의 셀을 찾기 위해 앞에 있는 셀 1에서 98까지의 셀을 일일이 거쳐 가지 않고 바로 직접 주소99로 찾아갈 수 있다는 점이다.

3) ROM

읽기만 가능한 읽기전용 메모리로서 한 번 저장된 내용은 비소멸성으로 영구히 기억된다. 전원이 꺼져도 지워지지 않는 비소멸성 기억장치로 시스템 제어 프로그램(system control program)이나 기본 입, 출력 프로그램(BIOS) 등이 저장되는 경우가 많다.

4) 캐쉬기억장치(cache memory)

캐쉬기억장치는 RAM보다 빨리 내용을 추출할 수 있으며, 중앙처리기 가까운 곳에 위치하고 있다. 캐쉬기억장치는 자주 쓰이는 명령어를 저장하여 CPU가 필요로 할 때 신속하게 처리할 수 있도록 해주는 기억장치이다. 그래서 RAM에서 내용을 찾기 전에 먼저 이 캐쉬기억장치를 먼저 찾게 된다. 보통 캐쉬기억장치에는 적은 양의 자료가 처리되기 때문에 자주 처리되는 내용들을 캐쉬기억장치에 저장해두면 보다 빠르게 처리될 수 있다.

5) 제어장치

제어장치(control unit)는 다른 장치들의 작동을 제어하고 지시하는 장치로서 컴퓨터의 중추신경에 해당된다. 따라서 컴퓨터를 구성하는 모든 장치들은 제어장치의 통제를 받는다. 즉 제어장치는 주기억장치에서 저장된 프로그램을 읽어서 해석한 뒤 그 명령에 따른 다른 장치를 제어하거나 명령을 지시하는 역할을 수행한다. 이것은 자료, 프로그램 등을 임시적으로 저장한 주기억장치와 연산장치사이에 전자신호의 움직임을 지시하고 또한 중앙처리장치와 입출력장치사이의 제어신호를 전달하는 역할을 한다.

또한 입, 출력 장치와 연산장치, 기억장치 등을 모두 통제하며, 작업의 실행을 위한 구체적 작업지시를 해당 장치에 보내고 그 실행 순서를 제어하는 역할을 수행한다.

6) 연산논리장치

연산논리장치(arithmetic logic unit)는 데이터처리에 필요한 산술연산 및 논리연산을 실행하는 장치이다. 제어장치의 지시에 따른 연산 장치를 실행하기 위해 단지 덧셈과 뺄셈만을 사용한다. 논리, 비교 작업에서는 등식의 여섯 가지 조합(=, ≠, 〈, 〉, ≤, ≥)이 포함된다. 연산논리장치에서는 모두 덧셈 방식을 통해서 이루어진다. 곱셈의 경우 빠른 속도로 그에 해당되는 덧셈을 실행하고 나눗셈의 경우 뺄셈을 빠른 속도로 실행한다. 논리, 비교작업은 두 개의 값을 비교하고 그 결과에 따라 참(true)과 거짓(false)의 값을 계산한다.

3. 주변장치

주변장치(peripheral unit)는 보조기억장치와 입력 장치 출력장치를 말한다. 보조기억장치(secondary storage devices)가 컴퓨터에 꼭 필요한 이유는 전원이 끊어져도 비소멸성(nonvolatile)이기 때문에 방대한 양의 자료들을 기억할 수 있는 장치가 필요하기 때문이다. 즉, 데이터 및 프로그램은 사라지지 않는다. 컴퓨터는 추후에 필요한 자료를 위해서 데이터 및 프로그램을 보조기억장치에 저장한다. 또한 컴퓨터 처리 결과를 보조기억장치에는 자료를 저장하기 위해 여러 종류가 있다. 먼저 순차적 접근방식(sequential access)과 직접 접근방식(direct access)을 사용한다.

1) 자기테이프(magnetic tape)

순차적 접근 방식으로 자료가 순차적으로 저장되는 방식으로서 자기테이프가 이에 속한다. 예를 들면 자기테이프에 저장된 10개의 자료들 중 7번째 자료를 찾기 위해서는 첫 번째 자료부터 6번째 자료 모두를 순차적으로 읽어야만 해당 자료에 접근할 수 있다. 단점은 속도가 느리고 장점으로는 가격이 저렴하며 백업용으로 주로 사용된다.

2) 자기디스크(magnetic disk)

직접 접근방식으로 사용자가 원하는 자료의 위치에 직접 접근할 수 있는 방식이다. 디스크는 원하는 음악을 순서에 관계없이 들을 수 있는 것과 유사한 개념이다. 그 외 플로피디스크, 광디스크, 하드디스크, CD-ROM, DVD(Digital Versatile Disk) 등이 있다.

3) RAID(Redundant Array of Independent Disks)

현재 많은 기업에서 RAID장치를 도입하고 있는데 그 의미는 자료의 양이 폭증하고 자료 손실 위험이 크기 때문이다. 그렇기 때문에 대용량저장장치로서 여러 디스크 드라이브의 집합을 하나의 저장장치처럼 다룰 수 있게 하고, 장애가 발생했을 때 데이터를 잃어버리지 않도록 각각에 대해 독립적으로 동작할 수 있도록 만든 장치를 의미한다. 이와 같이 보조기억장치가 독립적으로 위치하고 운영되는 가장 큰 이유는 주기억장치의 가격 때문이다.

주기억장치는 보조기억장치에 비해 고가이며, 주기억장치의 주 구성요소인 반도체 칩의 소멸성으로 인해 가격도 저렴하면서 비소멸성을 갖는 보조기억장치가 자료의 저장과 보존을 위해 널리 이용되고 있기는 하지만, 동작속도가 주기억장치에 비해 현저하게 늦다는 점이 단점으로 지적되고 있다.

4) 입력장치

개인용 컴퓨터에 이용되는 입력장치로는 키보드(keyboard)와 마우스(mouse)가 있다. 인간의 음성을 인식하여 컴퓨터에 입력하는 음성인식장치(voice recognition devices), 비디오(video)나 화상(images)을 디지털로 전환시켜 컴퓨터에 기록 저장하는 디지털 컴퓨터카메라(digital computer camera) 입력하는 스캐너(scanner)가 대표적이다.

입력장치의 유형으로는 키보드(keyboard), 마우스(mouse), 라이트 펜(light pen), 바코드(bar code), 광학문자판독기(OCR), 자기잉크, 문자판독기(MICR), 터치스크린(touch screen), 터치패드(touch pad), 음성인식기(voice recognition) 등이 있다.

5) 출력장치

데이터들을 원하는 처리과정을 거쳐 결과가 만들어지면 사용자가 파악하기 좋은 형태로 출력시키다. 많이 사용되는 출력장치는 프린터와 모니터, 플로터, 오디오 등이 있다. 출력 형태에 따라 터미널 스크린에 출력하는 소프트 카피(soft copy)방식과 프린터를 통해 종이에 우리가 식별할 수 있는 문자, 숫자, 도형 등을 직접 인쇄하는 하드카피(hard copy) 등 두 가지 형태로 구분한다. 출력 내용에 따라 일반 문자 출력과 그래픽

출력, 음성 출력으로 구분되며, 그래프 출력의 경우 컬러화 된 그래프와 도표 및 다양한 그림 등을 이용한다.

제2절 컴퓨터의 유형

컴퓨터는 원래 전쟁의 산물이었다. 제2차 세계대전 중 미군은 군사 공격과 관련된 복잡한 공학 계산을 신속하게 처리할 수 있는 기계 개발에 나섰다. 1943년 6월 육군과 계약한 펜실베니아대학 실험실에서 최초의 전자식 디지털 컴퓨터가 모습을 드러냈고, 곧이어 해군이 MIT에서 대용량 메모리의 컴퓨터를 개발했다.

계산 기능 외에 컴퓨터는 실로 다방면에 사용할 수 있게 만든 또 한 가지 혁명적인 개념은 디지털 전송 방식이었다. 정보나 음성을 비트라고 부르는 2진법 숫자의 흐름으로 전환하여 송출하는 이 방식 역시 2차대전 중에 미국 정부의 후원을 통해 본격적으로 연구되기 시작했다. 이처럼 초기 컴퓨터는 주로 전쟁과 관련되어 정부의 전폭적인 지원을 통해 개발되었다. 그 결과물은 거대한 공장 설비와 유사했다.

육군이 내놓은 애니악(ENIAC)은 무려 30t이나 나가는 거구였다. 당시로서는 장차 수십 년 내에 성능이 훨씬 좋고 속도도 빠른 소형 컴퓨터를 적당한 가격에 사서 개인이 사용한다는 것은 상상하기 힘든 일이었다. 컴퓨터는 기억용량과 처리속도 처리능력에 따라 구분한다.

1. 컴퓨터의 종류

1) 개인용 컴퓨터

주로 개인적인 목적으로 사용되는 소형컴퓨터로 가격이 저렴하고 노트북컴퓨터, 핸드홀드(Handhold), 팜탑(palmtop), 랩탑(lap top)과 데스크 탑(desk top), Mac 등이 여기에 속하며 널리 사용 된다.

2) 중형컴퓨터

DEC사의 VAX 컴퓨터가 효시이다. 1980년대 초 등장 했으며, 여러 작업을 한 번에 처리가 가능하고 급여나 인사관리, 재고관리 등에 주로 사용 했으며, 개인용 컴퓨터보다 광대한 처리능력과 의사결정에 필요한 자료를 처리할 수 있는 장점이 있다. 소유하기 때문에 주로 중소기업에서 많이 사용하고 있다.

3) 워크스테이션

소형 컴퓨터와 중형컴퓨터 중간 정도의 성능을 보유하고 있으며, 엔지니어, 디자이너, 건축가, 애니메이션 감독들에 의해 주로 많이 활용되고 있다. 성능과 가격에 있어서는 매우 다양한 컴퓨터들이 있다.

4) 대형 컴퓨터

유동성 있는 정보시스템 구축이 용이하며, 대규모 조직과 금융기관, 중소기업에서 자료처리에 주로 많이 사용되고 있다. 분점을 가지고 있는 호텔에서 본사에 대형 컴퓨터를 설치하여 예약 접수 및 종업원의 근무계획 등 관리에 신속한 정보교환을 통해 효율적인 정보시스템 구축으로 다수의 사용자들을 동시에 처리가 가능하다. 그러나 구입, 운용, 유지보수에 고가의 비용이 소요된다. 운영체제와 응용소프트웨어 그리고 각종 주변장치들을 가지고 있다. 잘 훈련된 기술요원에 의해서 다양한 용도로 많이 활용되고 있다. 잘 훈련된 기술요원에 의해서 다양한 용도로 많이 활용되고 있다. 한때는 1970년대 IBM을 세계 최고의 회사로 올려놓은 품목이 대형컴퓨터(main-frame)이다.

5) 슈퍼컴퓨터

가장 빠르고 가격이 제일 비싸다. 가격이 비싸 대기업조차 구입하기가 어렵다. 여기에 들어가는 소프트웨어도 매우 고가이다. 용량이 가장 큰 컴퓨터이다. 복잡한 연산 작업이 요구되는 과학용도와, 복잡한 과학계산을 요구하는 군사용, 첨단과학 및 특수연구목적, 일기예보 등과 같은 특수 목적으로 짧은 시간에 대규모 자료처리가 요구되는 기업업무에 주로 사용된다. 동시에 다수의 프로그램 처리가 가능하고 장애가 발생하더라도 주어진 임무의 정상적 수행이 가능하도록 하는 능력이 탁월하다.

2. 컴퓨터의 시대적 변화

이와 같이 현재 컴퓨터 변화의 흐름은 끝없이 계속되고 있으며 성능이 점차 개선되는 동시에 가격이 하락하는 일이 지속적으로 일어나면서, 컴퓨터는 대중화되었다.

그림 11-3 컴퓨터 시장 동향

전체적인 컴퓨터 동향은 그림에서와 같이 크기와 가격은 시간에 따라 점차 감소하면서 처리속도와 신뢰성은 급격히 좋아지는 추세를 보이고 있다.

제3절 컴퓨터 소프트웨어

응용소프트웨어 및 시스템 소프트웨어는 컴퓨터 시스템의 통신망 운영을 관리하며, 소프트웨어의 운영시스템을 각 분야별로 알아본다.

1. 소프트웨어 기본 개념

컴퓨터라는 기계적 구조물 즉, 하드웨어에 지능과 감성을 불어 넣는 것이 소프트웨어이다. 좋은 소프트웨어는 컴퓨터를 똑똑하게 만들고, 오늘날 IT의 어느 분야에서나 소프트웨어는 경쟁의 근간이 되고 있다. 이와 같이 소프트웨어의 중요성은 점점 커지고 있다. 컴퓨터가 개발된 초기에는 소프트웨어비중은 전체비중에서 작은 부분에 불과하였다. 그러나 현재에는 소프트웨어비중은 매우 높고 세계의 유수한 기업들이 살아남느냐 그렇지 않으면 도태 되느냐 하는 것은 바로 소프트웨어에 달려있다고 해도 과언이 아니다.

소프트웨어의 중요성의 한 예로 애플은 소프트웨어에 해당하는 스마트폰(아이폰)을 2007년 6월 출시하여 경쟁판도인 하드웨어시장을 침체시켰다. 애플이 소프트웨어 연구에 집중하면서 브랜드로열티와 기술리더십, 희소자산의 선점, 구매자전환비용의 활용, 그리고 학습효과, 네트워크 외부적 효과 등 수확체중의 이점을 누릴 수 있었다.

그러나 노키아, 모토로라, 삼성, LG 등과 같은 기업들은 하드웨어에 치중하였다. 이들은 소프트웨어의 개발보다 단말기의 효율화, 정교화에 더 주안점을 두어왔다. 이들 중 일부는 참담한 결과에 직면했고, 소프트웨어의 중요성을 새삼 절감했다. 소프트웨어에서 앞선 기업은 오랫동안 우위를 지키며 많은 이익을 냈다. 다른 기업들이 휘청거릴 때에도 애플이나 구글은 잘 흔들리지 않았다.

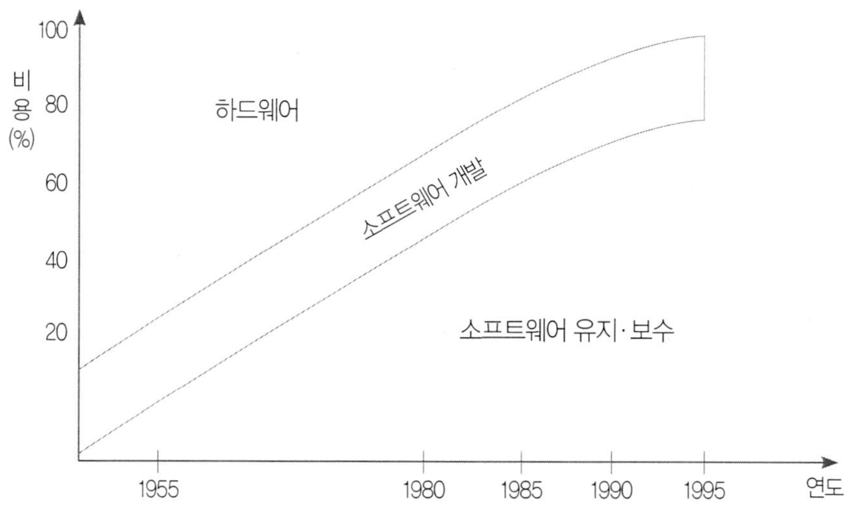

그림 11-4 하드웨어와 소프트웨어의 비용비율(보헴의 곡선)

2. 소프트웨어의 분류

소프트웨어는 크게 시스템 소프트웨어(System Software)와 응용 소프트웨어(Application Software)로 구분할 수 있다.

1) 시스템 소프트웨어

컴퓨터 사용의 편의를 제공해주는 근본적으로 필요한 소프트웨어로서, 사용자들의 업무처리를 하기 위해 응용 프로그램을 사용할 수 있도록 해준다.

2) 응용소프트웨어

반면에 응용 소프트웨어는 이용자의 특정업무를 처리하기 위해 특별히 제작된 프로그램을 말한다.

[그림 11-5]은 시스템 소프트웨어와 응용소프트웨어의 위치와 기능을 보여주고 있다.

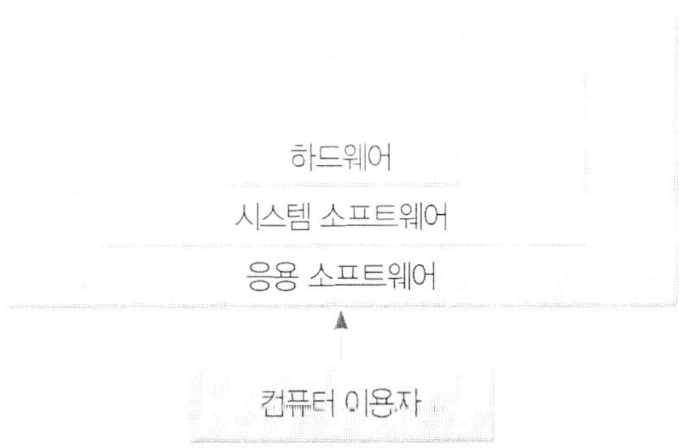

그림 11-5 소프트웨어의 역할

이용자와 밀접하게 연관되어 있는 것이 응용소프트웨어이다. 응용소프트웨어는 이용자가 원하는 정보를 제공해 주기 때문에 가깝게 있는 것이고, 시스템 소프트웨어는 하드웨어와 가깝게 연관되어 있으면서 하드웨어를 제어하는 기능을 가지고 있다.

시스템 소프트웨어와 응용소프트웨어는 다음과 같이 설명할 수 있다.

그림 11-6 소프트웨어의 분류

소프트웨어는 일반적으로 하드웨어를 통제하고 운영하는 시스템소프트웨어와, 시스템소프트웨어 체제하에서 각 분야에 적용하여 필요한 업무를 처리할 수 있게 하는 응용소프트웨어로 나뉜다.

3. 시스템 소프트웨어

여러 가지 정보처리 업무를 수행하는 컴퓨터 시스템의 지원 및 운영을 관리하고 지원하는 프로그램으로서 하드웨어의 효율적사용과 사용상의 편의를 제공하는 프로그램이다. 처리시간 기억 공간 등 컴퓨터의 자원들을 운영하여 그것이 적절하게 사용되도록 하는 프로그램의 집합을 말한다. 또한 이 프로그램을 하나의 파일에서 다른 파일로 자료를 복사하는 것과 같은 일상적인 작업을 제공하기도 하고 응용프로그램의 개발을 돕기도 한다. 시스템 소프트웨어는 응용프로그램을 효과적으로 수행시키기 위해 컴퓨터를 돕는 일반적인 프로그램으로 구성된다.

시스템 소프트웨어는 컴퓨터를 사용하기 위해 가장 근본적으로 필요한 소프트웨어로서 사용자들의 업무처리를 하기 위해 응용프로그램을 사용 할 수 있도록 해준다. 시스템 소프트웨어는 시스템제어 소프트웨어(system control software), 시스템지원 소프트웨어(system support software), 시스템개발 소프트웨어(system development software)로 구분할 수 있다.

1) 시스템제어 소프트웨어

프로그램을 실행하고 기억하고 처리장치를 관리하는 소프트웨어를 운영체제(operating system)라 부른다. 시스템 관리프로그램은 사용자의 다양한 정보처리를 수행할 동안에 컴퓨터시스템의 데이터자원과 네트워크, 소프트웨어, 하드웨어를 관리하는 프로그램이다. 여기에 속하는 하드웨어를 관리하는 프로그램이다. 여기에 속하는 프로그램으로는 운영체제, 네트워크관리프로그램, 데이터베이스 관리시스템, 시스템 유틸리티 등이 포함된다. 시스템제어 소프트웨어에서 가장 중요한 프로그램이 운영체제(OS)이다.

운영체제는 컴퓨터의 CPU, 저장장치, 입출력, 주변장치 등 활동을 관리하고 응용프로그램의 실행에 주변장치 등 활동을 관리하고 운영할 수 있도록 제어하는 프로그램이다. 가장 많이 사용되는 운영체제로는 MS-Windows, UNIX, Windows NT, Linux 등이 있다.

2) 시스템지원 소프트웨어

시스템을 보다 효율적으로 활용하기 위해 직접 도움을 주는 처리프로그램으로 유틸리티 프로그램(utility program), 라이브러리 프로그램(librarian program), 성능모니터(performance monitor) 등이 있다.

3) 유틸리티 프로그램(utility program)

컴퓨터의 개별 작업을 용이하게 하면서 주요한 프로그램을 데이터백업, 바이러스 치료, 데이터 압축, 디스크 정리, 디스크 조각모음 등의 프로그램이 있다. 운영체제에는 유틸리티 프로그램이 일부 포함되어 있다.

4) 라이브러리 프로그램(librarian program)

정보를 추가, 삭제, 수정을 가해서 라이브러리에 사용효율성을 높이려는 목적으로 사용된다.

5) 성능 모니터(performance monitor)

컴퓨터 시스템의 작업을 감시하는 기능과 운영 중에 발생하는 여러 상황에 관한 자료를 수집한다.

6) 시스템 개발 소프트웨어

응용프로그램을 개발하고 사용하는 것을 도와주는 역할을 한다. 특정언어로 작성된 프로그램을 컴퓨터가 해독할 수 있는 부호로 변환시켜 준다. 대표적인 것으로는 언어번역기(language trans-later), 연결편집기(linkage editor), 프로그램생성기(program generator), 컴파일러(compiler) 및 시스템개발자동화(CASE : Computer-Aided Software Engineering) 등이 있다.

4. 응용 소프트웨어

응용소프트웨어(application software)는 특정작업을 수행하기 위해 사용되어지는 모든 프로그램으로서 최종 사용자의 정보처리 욕구를 충족시켜주는 프로그램이다. 즉 특정한 컴퓨터 사용자를 위해 특정한 작업을 처리하기 위한 것이다. 예를 들면 급여 프로그램, 외상매출금처리 프로그램, 주식투자분석 프로그램 등 종류는 다양하다.

1) 범용목적 소프트웨어

범용목적 소프트웨어는 최종 사용자들의 정보처리작업을 수행하는데 사용되는 범용소프트웨어로서 사용자의 업무처리 생산성을 향상시킨다. 예를 들면 웹브라우저, 전자우편, 개인정보관리자, 워드프로세싱, 스프레드시트, 제시용 그래픽, 데이터베이스(DB) 관리자 등으로 나누어 볼 수 있다.

2) 워드 프로세싱 소프트웨어

사용자가 문서를 만들거나 편집하는 기능을 크게 향상시켜 주는 소프트웨어로 많이 사용한다. 예를 들어 한글, MS Word, 훈민정음, Word Perfect 등이 있다.

3) 스프레드시트 소프트웨어

분석, 계획 등의 수립에 활용되고 보고서의 작성과 수학, 재무, 통계, 논리적 처리 등을 할 수 있는 응용프로그램이다. 예로 Excel, Lotus, Quattro Pro 등이 많이 쓰인다.

4) 제시용그래픽

프로그램으로는 표현하기 힘든 도표나 그림을 쉽게 작성하도록 만들어진 프로그램이다. 예를 들어 포토샵, 일러스트레이터, 포토메디터, 파워포인트, VISIO 등이 있다.

5) 데이터베이스 관리시스템

가장 중요한 목적은 기업이 보유하고 있는 방대한 자료를 체계적으로 관리함으로써 필요한 정보를 제때 제공해 주고 여러 사람들이 공유할 수 있도록 해 주는데 있다. 대량의 데이터를 공유하면서 사용자들은 별도의 프로그램을 작성할 필요 없이 간단한 질의어를 이용하여 원하는 데이터를 쉽게 검색하고, 보고서를 용이하게 출력할 수 있다.

서버급 DBMS로는 Oracle, Informix, Sybase, Ingres, MS의 SQL서버, UniSQL 오디세우스 등이 있다.

6) 특정목적 소프트웨어

기업에서 최종 사용자들의 특정 업무를 처리하는 데 이용된다. 비즈니스 프로그램인 고객관계관리(CRM), 전사적 자원관리(ERP), 공급사슬관리(SCM) 등 전문성 비즈니스 사용을 지원하는 패키지는 전자상거래 인적자원관리, 회계, 재무, 판매관리, 의사결정지원, 거래처리 등의 특정업무를 처리하는 데 이용되는 소프트웨어이다.

제4절 프로그래밍 언어

사람이 언어를 통해 의사소통을 하듯이 컴퓨터도 프로그래밍 언어를 통해 하드웨어와 소통할 수 있다. 즉 프로그래밍 언어는 컴퓨터 프로그램을 작성하는데 사용되는 언어로서, 결국 모든 소프트웨어는 프로그래밍 언어에 의해 만들어진다고 볼 수 있다.

컴퓨터 소프트웨어를 개발하는 도구인 프로그래밍 언어도 계속된 변천과정을 거쳐 이용자가 점점 더 편리하게 사용할 수 있도록 발달하여 왔다. 컴퓨터 프로그래밍 언어에서 기계어(제1세대언어), 어셈블리어(제2세대언어), 고급언어(제3세대언어)까지는 복잡하고 엄격한 형태의 구문을 사용하고 있으나, 4세대 및 5세대 언어는 일상적으로 사용하는 자연어에 가까운 명령어를 사용하고 있다.

1. 기계어(제1세대 언어)

최초의 프로그래밍 언어로서 기초 수준에 해당되며 기계어로써 컴퓨터만이 인식할 수 있는 0과 1의 두 숫자의 조합으로 표현된 언어이다. 이 기계어는 변역과정을 거치지 않고도 컴퓨터가 직접 해석 할 수 있는 유일한 언어이다. 따라서 모든 프로그램 명령어는 컴퓨터가 유일하게 인식할 수 있는 이진수로 구성된 언어로 작성되어야 한다.

■ 기계어 프로그램

명령문의 예	의 미
1010 11001	11001 주소의 값을 읽는다.
1011 11010	11001 주소의 값을 읽어 앞의 값에 더한다.
1100 11011	11011 주소의 결과를 저장한다.

기계어를 이용한 프로그래밍은 연산코드와 연산자를 '0'과 '1'의 2진수로 구성된 숫자열로 표현된다.

2. 어셈블리 언어(제2세대 언어)

어셈블리어(Assembly Language)는 상징적인 부호(Symbol)를 이용하여 프로그램을 작성하는 언어로서 0과 1의 조합으로 나타내는 불편함을 감소시키기 위하여 연산코드와 기억장소 등을 부호로 표현할 수 있도록 하였다. 기계어와 같이 기계 의존적이며, 따라서 어셈블리언어를 기계어로 변환시켜 주어야 하는데 이러한 프로그램을 어셈블러(assembler)라고 한다.

어셈블리어 프로그램

명령문의 예	의 미
LOD X	X의 값을 읽는다.
ADD Y	Y의 값을 읽어 앞의 값에
STR Z	Z에 결과를 저장한다.

어셈블리어는 연산코드, 기억위치, 그리고 데이터를 표현하기 위하여 알파벳 약사 혹은 부호를 사용하기 때문에 종종 부호어(symbol language)라고도 불리어진다. 예를 들면, 어셈블리어 프로그램에서 Z = X + Y를 나타내기 위해서는 위에 표와 같은 형태를 취한다.

3. 고급언어(제3세대 언어)

인간이 사용하는 상용어와 유사하게 표현할 수 있도록 개발되었기 때문에 고급언어라고 불린다. 고급언어로 처리된 프로그램을 기계어로 번역하는 컴파일러와 한 번에 하나씩 문장을 번역 실행하는 해석기로 구성되어 있으며, 명령구조나 문법이 배우기 쉽고, 프로그램 오류가능성이 적다. 기계 독립적으로 기종에 관계없이 이용이 또한 가능하다.

고급언어로 작성된 프로그램은 다른 기종의 컴퓨터에도 수정 없이 그대로 사용될 수 있다. 이 고급언어에 속하는 대표적인 언어들로는 FORTRAN, COBOL, BASIC, C, PASCAL, PL/1, ALGOL, ADA 등이 있다.

표 11-1 고급 언어의 비교

언어	주용도	특징
FORTRAN	과학적 기술용	• 과학분야에서 많이 사용됨 • 매우오래된 언어(1950년) • IBM에서 개발함
COBOL	사무처리용	• 문자와 숫자가 혼합된 대량의 반복적인 자료처리에 적합 • 매우 오래된 언어(1950년) • 광범위한 파일처리 능력
BASIC	교육용 PC프로그램용	• 배우기 쉬워 교육용 많이 사용 • 다양한 컴퓨터 직무수행함 • 제한된 기능(1960년)
C	다용도	• 시스템 소프트웨어 개발에 많이 사용됨 • 소형컴퓨터의 응용프로그램에도 사용됨
PASCAL	교육, 과학 및 시스템 개발용	• 매우 체계적인 언어(1970년) • 프로그램 교육용으로 적합
PL/1	다양한 용도	• COBOL, FORTRAN, ALGOL의 모든 장점을 이용 • 사용이 복잡함(1960년)
ALGOL	과학기술용	• 유럽에서 FORTRAN을 대신하여 과학기술 분야에서 광범위하게 사용
ADA	시스템개발 과학용도	• 광범위한 기능 • PASCAL에서 유래된 언어 • 미 해군성에 의해 정책적으로 개발

■ 고급언어 명령

언어의 종류	명령문의 예
BASIC	GROSSPAY = SALARY + COMMISSION
COBOL	COMPUTE GROSSPAY = SALARY + COMMISSION ADD SALARY, COMMISSION GIVING GROSSPAY
FORTRAN	I GROSSPAY = I SALARY + I COMMISSION
PASCAL	GROSSPAY = SALARY + COMMISSION
C	GROSSPAY = SALARY + COMMISSION

고급언어의 문장을 일상적으로 사용하는 영어 문장 혹은 수식과 유사한 형태를 취하고 있다. 고급 언어의 문장들은 일상적으로 사용하는 문장이나 수학적 표현과 매우 유사하다. 예를 들어 고급언어에서 SALARY와 COMMISSION을 더하여 결과를 GROSSPAY에 할당하는 문장은 위에 그림처럼 일상적으로 사용하는 영어 문장 혹은 수식과 유사한 형태를 취한다.

4. 4세대 언어

4세대 언어는 고급언어인 3세대 언어와 구별하기 위해 4세대 언어라 불린다. 4세대 언어는 고급언어보다 일반적으로 더 사용하기가 쉬우며, 대화방식으로 절차어가 필요 없는 언어이다. 사용하기 편리하고 배우기 용이하고 매우 효과적인 언어라고 할 수 있다. 여기에 속한 언어로는 SQL(질의어 및 보고서 작성), FOCUS(응용프로그램생성기), SAS 등을 꼽을 수 있다. 이들 언어는 프로그래머가 아니더라도 단기간의 교육을 받은 최종사용자가 프로그래밍을 할 수 있을 정도이다. 이는 최종사용자의 컴퓨터에 대한 관심을 높여 주었을 뿐만 아니라 컴퓨터 사용자의 폭을 최종사용자 및 관리자에게까지 넓히는 데 크게 기여했다고 보아진다.

■ 4세대 언어 프로그램

COMPUTE THE GROSS-PLAYER OF ALL SALESPERSONS BY SUMMING THEIR SALARY AND COMMISSIONS WHAT ARE THE AVERAGE EXAM SCORE FOR STUDENTS IN MIS 200?

자연어 형태의 4세대 언어는 자연어와 유사한 형태로 표현되는 비 절차적인 언어이다.

5. 자바 언어(JAVA)

인터넷 운영체제라 할 수 있는 웹브라우저에 적합한 개발도구 또는 언어의 필요성이 절실히 요구 되었다. 이에 따라 기존의 객체지향언어인 C++의 한계를 극복한 새로운 형태의 네트워크 언어인 자바(JAVA)가 개발되었다. 자바는 모든 데이터를 서버에 보관하고 클라이언트는 단순히 프로그램을 운영할 수 있는 환경만을 제공한다. 이러한 자바는 넷스케이프(Netscape)에서 자바를 기준으로 한 운영환경을 제공하면서 많이 사용되고 있다. 자바는 C++의 장점과 특성을 결합하여 만든 프로그래밍 언어로서 다음과 같은 특성이 있다. 자바컴파일러는 어떤 기계에서도 자바 인터프리터로 작동이 된다. 특별한 편집 없이 실행 시킬 소프트웨어와 연결시킬 수 있어 자동으로 업그레이드가 이루어진다. 또 자바는 수신 받은 모든 데이터에 바이러스 감염 여부등과 같은 데이터 이상 유무를 먼저 검사하는 기능을 갖고 있다.

그리고 실시간 인터랙티브 환경을 조성한다는 것은 사용자가 보낸 데이터와 서버사이에 인터랙티브 하게 데이터가 오가는 기능이 있다고 말할 수 있다. 아울러 객체지향언어이어서 쉽게 프로그램 할 수 있다. 자바 애플릿의 특징은 애니메이션과 라이브데이터를 화면에서 볼 수 있다는 것이다. 자바 컴파일러, 자바 디버거, 자바 인터프리터 그리고 기능 라이브러리 등은 인터넷에서 쉽게 구할 수 있다.

무엇이든 찾아 먹어치우는 네이버
오픈 마켓까지 덥석… IT 생태계의 비정한 포식자

국내 최대 인터넷 포탈 사이트 네이버가 오픈마켓 사업을 결국 시작했다. 지난해 사업 진출을 선언한 후 차일피일하다 지난 23일 '오픈마켓형' 사이트 '샵N'의 서비스를 개시한 것이다. 상품 가격 비교 정보 제공업, 부동산 매물 정보업, 검색 광고 대행업 등 중소 IT 업체의 사업 영역을 무차별하게 싹쓸이한다는 비난을 무릅쓰고 각종 사업을 먹어 치워 온 네이버가 이제는 가장 큰 온라인 사업 영역인 전자상거래업에 까지 뛰어든 것이다.

온라인 유통업계는 충격을 받은 표정이다. 한 오픈마켓 업체 임원은 "지금까지도 '지식쇼핑' 등을 통해 온라인 상거래 시장에서 영향력과 광고 수익을 다 챙겨온 네이버가 '문(포털)역할을 넘어 문을 걸어 잠그고 혼자 다 먹으려 한다"고 비판했다.

지난해 네이버가 사업 진출을 선언하자 옥션·G마켓 등은 네이버에 상품DB 정보 제공을 중단, 검색 광고를 하지 않으며 '실력 행사'에 나서는 등 반발했다. 네이버의 가장 큰 수익원인 검색 광고가 타격받는 싸움이어서 귀추가 주목됐지만, 석 달 만에 옥션 쪽이 항복하고 말았다. 네이버를 통해 유입되는 고객이 30%가 넘는 상황에서 방문 고객 감소를 견디지 못했던 것이다. 이 때문에 '힘의 균형이 더 심하게 깨졌다'는 분석이 나온다.

네이버의 사업 모델은 기존 오픈 마켓과 달리 철저히 '닫혀' 있었다. 네이버 샵N에 입점하는 것은 마치 블로그를 만드는 것처럼 쉽다. 네이버 측은 "8번만 클릭하면 샵N 내 상점을 만들 수 있다."고 선전하고 있다. 그러나 샵N은 외부 링크를 허용하지 않기 때문에 판매자들이 자기 상점 브랜드를 키워나가기도 어렵고 '단골'을 만들기도 어렵다. 더욱 중요한 것은 '샵N'은 상품을 모아서 소개하는 별도 사이트를 가지고 있는 기존 오픈마켓과 달리 샵N에 입점한 매장의 상품을 소개하는 별도 사이트가 없다. 많이 팔리는 상품을 정리해주는 기능도 없다. 이 때문에 기존의 네이버 '지식쇼핑'에 광고를 하지 않으면 샵N에 상점만 가지고 있을 뿐 상품을 알릴 별다른 방법이 없게 된다. 게다가 샵N에 등록하는 업체가 늘어날수록 광고하지 않는 상점은 리스트의 맨 밑으로 내려가게 돼 네이버 지식쇼핑에 광고하지 않고는 상점에 눈에 띄게 할 방법이 없다. 이 때문에 "네이버가 가만히 앉아서 상품 거래 수수료와 광고비를 이중으로 챙기는 구조를 만들고 있다"는 비판이 나오고 있다.

너무 쉽게 쇼핑몰을 만들 수 있게 함으로써 카페24·메이크숍·고도몰처럼 소규모 사업자들에게 무료로 쇼핑몰을 제공해 주는 업체들의 고객을 다 빼앗고, 쇼핑몰 디자이너들의 일거리도 없애버렸다는 지적도 나온다. 쇼핑몰 제공 업체들과 디자이너들이 이루던 '실핏줄' 같은 산업 생태계가 황폐해지는 것이다.

네이버가 이런 비난을 무릅쓰고 오픈마켓에 진출하며 내세우는 방법 논리는 '지식쇼핑을 통해 상품·가격 정보만 제공했더니 고객들이 더 많은 정보를 요구하게 되고, 네이버 검색을 통해 연결해 주는 온라인 쇼핑몰의 신뢰성이 떨어져 네이버가 직접 나선다'는 식이다.

세계 1위 구글은 정보를 찾아주고, 국내 1위 네이버는 광고를 보여주고

전 세계 1위 검색 사이트 구글(Google)과 국내 1위 포털 네이버의 가장 큰 차이점은 개방성이다. 구글 검색이 모든 정보를 중립적으로 판단, 외부 업체에 공평한 기회를 준다면, 네이버는 자체 서비스를 우선 띄워 다른 기업에 노출 기회를 주지 않는다.

예컨대 '꽃배달'을 검색할 경우, 네이버에서는 15줄에 걸쳐 '파워링크'란 이름으로 광고가 뜬다. 이 아래로도 자체 서비스 '지식쇼핑' '지식in' '지도'가 줄줄이 등장한다. 일반적인 17인치 모니터에서 보면 3페이지가 넘게 네이버 서비스만 나온다. 아무리 좋은 서비스라 해도 네이버에 광고비를 주지 않는 한 네이버에서 검색하는 사용자에게 노출될 기회가 없는 셈이다.

반면 구글의 광고는 단 3줄에 그친다. 광고 아래로 곧장 외부 꽃배달 업체의 정보가 나온다. 구글에 광고를 하지 않아도 서비스 경쟁력이 있으면 얼마든지 검색에 뜰 수 있다.

국내 중소 인터넷 콘텐츠 업체 대표는 "지금의 네이버 검색은 인터넷 검색이 아니라 광고 전단 묶음"이라며 "네이버가 검색 독점을 무기로 자기들에게 광고하지 않는 외부 기업의 성장 기회를 빼앗고 있다"고 했다.

(출처: 동아일보, 2012.3.26.)

제 2 장
데이터 베이스

제1절 데이터베이스 관리

정보자원의 원재료가 데이터이다. 효율적, 효과적으로 데이터를 잘 관리한다는 것은 정보시스템의 매우 중요한 과제다. 데이터는 과거에 파일 형태로 관리하였으나 현재에는 데이터베이스에 저장관리하고 있다. 데이터베이스의 활용되는 주요기법을 알아본다.

1. 데이터의 구성요소

데이터는 데이터 처리의 가장 기본 단위인 필드, 필드로 구성된 레코드 그리고 레코드로 구성된 파일로 구성되어 저장되고 처리된다. 문자, 날짜, 숫자 등의 데이터가 저장되고 처리되는 구성요소가 필드이다. 그리고 데이터 필드들의 집합으로 이루어진 것이 레코드이다. 파일이란 필드로 구성된 레코드들의 집합을 말한다.

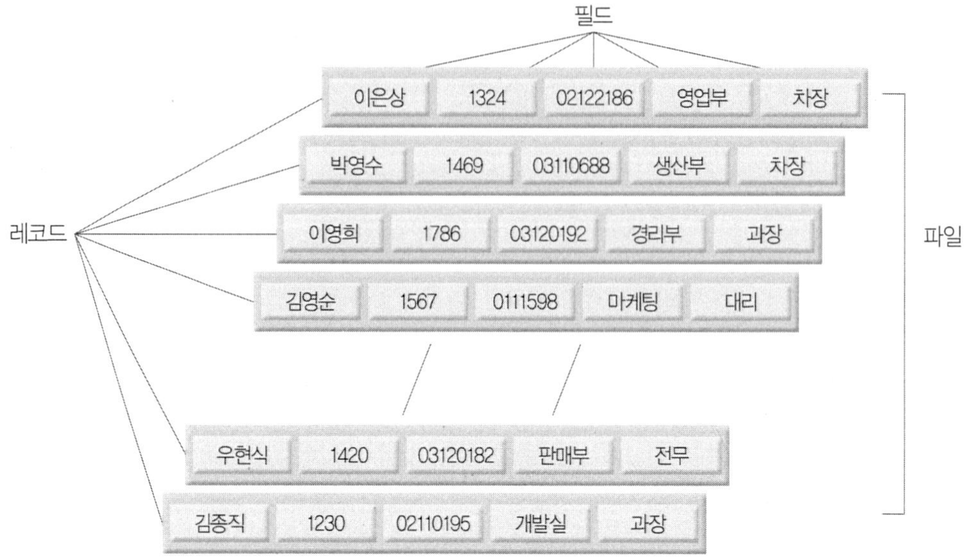

그림 12-1 직원의 데이터

필드에는 '직원 이름' '사번' '입사일' '부서명' '직급' 등이 데이터의 구성으로 되어있다. 그리고 각각의 필드로 구성된 것이 하나의 레코드라고 말할 수 있다. 필드로 구성된 것이 레코드들의 집합을 말하며 또 레코드들의 집합으로 구성된 것이 파일이다.

2. 파일처리방식

전통적인 파일처리 방법으로 용도에 맞게 파일 형태로 설계하고 구현하는 방식이다. 예를 들면 의류 제조업체의 영업 관리 업무와 회계 업무를 지원하는 정보시스템을 살펴보면 영업 관리시스템은 고객, 제품, 그리고 주문에 대한 데이터를 처리하는 시스템으로 데이터를 저장하는 파일과 주문을 처리하는 프로그램으로 구성되어 있다. 주문을 처리하고 결과를 저장하는 데이터 파일은 [그림 12-2]와 같다. 여기서 고객번호에 따라 순차적으로 저장하고 있는데, 고객번호와 이름, 고객이 구입한 의류의 수량 등이 해당된다.

고객		제품						고객		제품						고객
0123	이원익	바지P0210	2	점퍼J0214	1	셔츠Y0212	2	0234	이내훈	티셔츠T0D10	2	자켓J0022	1	원피스01122	1	…

그림 12-2 의류 주문 데이터 파일

대금청구 데이터 파일을 고객의 주소, 제품단가, 청구금액에 대한 데이터가 입력되어 있다. 영업 관리시스템의 주문처리 업무와 회계 관리시스템의 대금청구 업무는 [그림 12-3]과 같이 필요한 데이터항목의 약간의 차이가 나는 것으로 아래와 같은 파일로 관리 한다.

고객			제품									고객			제품									고객
0123	이원익	강동구⋮	바지P0210	2	24000	점퍼J0214	1	35000	셔츠Y0212	2	16000	0234	이내훈	강남구⋮	티셔츠T0010	2	12000	자켓J0022	1	40000	원피스01122	1	18000	…

그림 12-3 대금 청구 데이터 파일

의류회사에서 월례회의 또는 주간회의 시 자료들을 출력하여 회의 자료를 만들어야 되는데 영업 부서에서 제품별 영업실적을 파악하고자 하는 경우 기존의 주문처리 데이터 파일로는 불가능하다. 그래서 [그림 12-4]와 같은 새로운 형태의 파일이 필요하다.

바지P0210	150	12000	1800000	점퍼J0214	50	35000	1750000	…	티셔츠T0010	500	6000	3000000	…

그림 12-4 제품별 영업실적 데이터 파일

이와 같이 파일처리 방식에서 각 시스템은 고유한 업무에 적합하도록 별도의 데이터 파일과 프로그램을 보유하게 된다.

1) 파일처리 문제점

시스템은 고유 업무에 적합할 수 있도록 별도의 데이터 파일을 구축하게 된다. 이런 경우 데이터의 중복으로 인한 기억 공간낭비, 갱신, 유지보수의 어려움, 그리고 데이터간의 불일치 등 을 초래하여 데이터의 중복을 피할 수가 없다. 응용프로그램의 자료파일을 이용하는 경우 대부분 중복 저장되어 있다. 고객서비스 업무를 위한 프로그램에는 고객이 누구인가에 대한 내용이 고객 자료파일에 들어있다. 또 주문처리 프로그램은 어느 고객이 주문했는가에 대한 내용은 주문 자료파일에 수록되어 있다. 수정이 필요한 경우 잘못하여 일부만 수정될 경우 불일치한 자료가 저장되어 있는 결과를 초래하기도 한다.

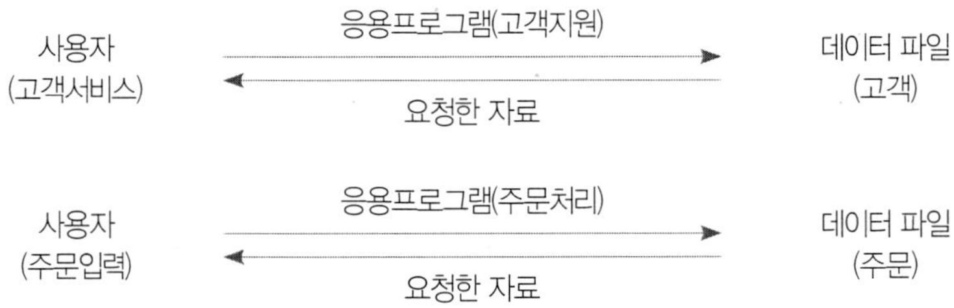

그림 12-5 파일처리 방식

파일처리 작업에 있어서 의사결정에 관한 자료가 여러 자료에 분산되어 있다. 이용자의 자료요청이 있을 때마다 해당되는 프로그램자료를 새로 추출해야 한다. 여러 자료파일로부터 자료를 작업해야 하는 프로그램은 어려울 뿐만 아니라 많은 시간과 노력이 필요로 한다.

제2절 데이터 관리의 중요성

기업경영에서 정보는 매우 중요한 자원이다. 다른 자원을 잘 관리하기 위해서는 정보가 제공되지 않고서는 관리 자체가 어렵다. 생산현장, 설비가동, 근무태도, 부품재고, 현금흐름, 불량률 등 직접 확인 할 수 없지만 정보를 통해서만 알 수 있다. 데이터 정보관리를 구체적으로 살펴보자.

1. 데이터베이스 접근 방식

글로벌 경쟁시대에 점점 복잡해지면서 경영자의 의사결정과 조직의 규모가 커지고 데이터의 양이 증가하면서 통합된 데이터 관리를 점점 필요로 한다. 데이터베이스(database)는 데이터의 중복을 최소화하고 조직에서의 다양한 정보를 충족시킬 수 있도록 상호 관련된 데이터를 모아 놓은 데이터의 통합된 집합체를 말한다.

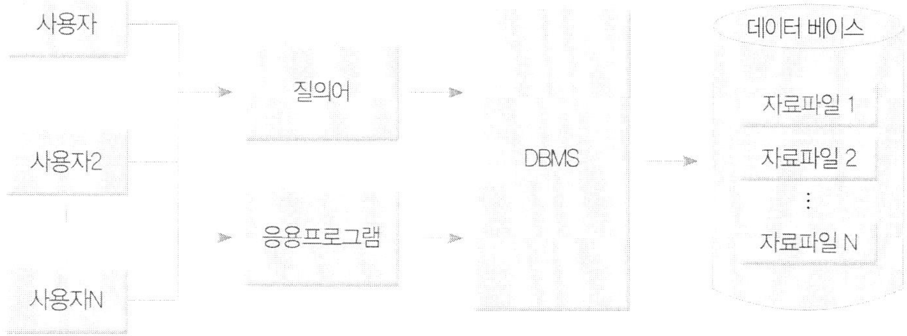

그림 12-6 데이터베이스 접근 방식

데이터베이스 방식을 파일처리 방식에서 각 프로그램에 의해 독립적으로 관리되던 파일들을 통합저장하고, 데이터베이스 관리시스템으로 하여금 응용 프로그램과 독립적으로 관리하게 하여 다양한 사용자와 응용 프로그램들이 데이터를 공유할 수 있도록 한다. 독립성과 사용자에 의한 공유는 데이터베이스 관리시스템에서 데이터를 입력, 처리, 출력하는 과정을 간단하면서도 표준화된 체계와 자연어에 가까운 고급언어로 지원한다. 데이터베이스 사용자는 응용프로그램이나 간단한 질의어(query language)로 데이터 처리를 하고, 질의어와 응용 프로그램은 데이터베이스 관리시스템의 데이터 처리기능을 통해 사용자가 요구하는 데이터를 효율적으로 처리한다.

데이터베이스 방식의 장단점을 보면 먼저 장점에는 데이터중복의 감소, 데이터 무결점 증가, 수정이 용이하고, 데이터와 프로그램의 독립성, 데이터 접근의 표준화, 데이터의 안정성 향상, 데이터와 정보자원의 공유 등이 있다. 단점으로는 대형컴퓨터 환경에서 DBMS의 구입과 운영에 대한 비용, 전문가 집단의 필요성, DBMS 고장 및 취약점 등을 단점이라 할 수 있다.

2. 데이터베이스의 구조

1) 계층형 모델

계층형 DBMS는 일부기업을 제외하고는 잘 사용되지 않는다. 많은 양의 데이터 처리가 필요한 대기업에서 주로 사용되었다. IBM사의 IMS(Information Management System)가 대표적인 계층형 모델의 시스템이었다. 계층형 모델은 데이터간의 관계가 일대 다수의 특성을 갖는 상황에 가장 적합하여 데이터가 체계적으로 조직되어 있으므로 데이터 처리의 효율성이 매우 뛰어난 반면, 데이터의 중복에 대한 문제가 있고 신축성과 유연성이 부족한 단점이 있다.

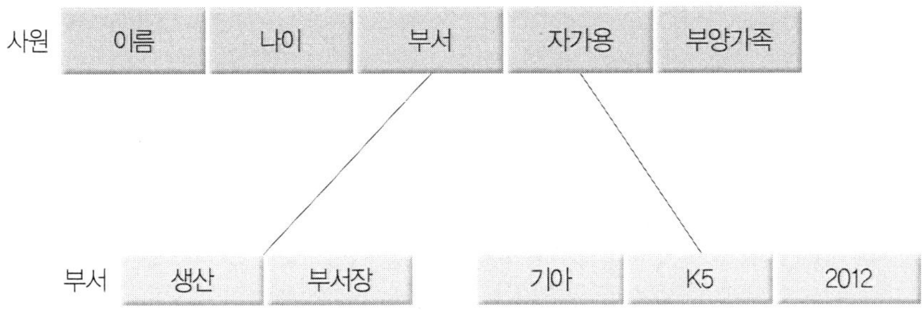

그림 12-7 계층형 모델

2) 네트워크형 모델

다수 대 다수의 관계를 사용할 수 있다. 계층형 모델의 단점인 데이터의 중복성을 배제한 것이 네트워크형 모델이다. 소유주와 구성원간의 관계로 하나의 소유주는 여러 개의 구성원과 연결될 수 있다. 즉, 몇 개의 경로 중 하나를 선택하여 하나의 데이터원소에 접근할 수 있다. 대표적인 시스템으로는 CA(Computer Associates)사의 IDMS(Integrated Database Management Systems)가 있다.

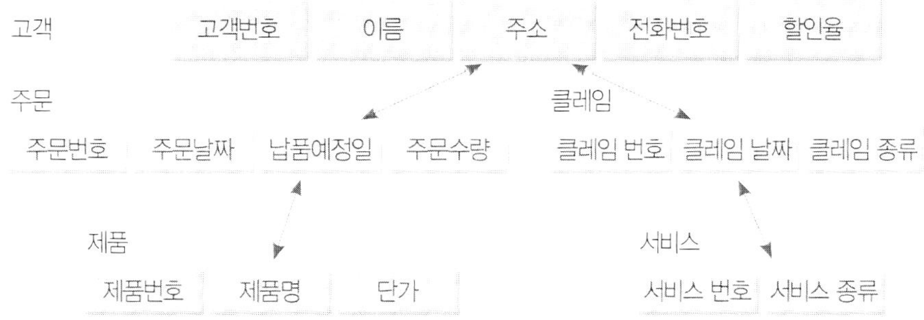

그림 12-8 네트워크형 모델

3) 관계형 모델

계층형과 네트워크형의 단점을 보완하기 위해서 연구한 결과 나온 것이 관계형 모델이다. 관계형 모델(1980년대 초)은 수학적 이론을 기본으로 하고 있다. 사용하기가 매우 쉬워서 현재 가장 많이 사용되고 있는 DBMS이다. 관계형 모델은 데이터간의 관계가 변하더라도 값만 간단히 수정하면 된다. 따라서 사용자의 정보요구사항이 자주 변경되는 경우라도 유연하게 대처할 수 있다는 장점이 있다.

관계형 모델은 많은 조직에서 사용되어 왔기 때문에 문제 발생 시 쉽게 도움을 받을 수 있다. 표준화된 질의어인 SQL(Structured Query Language)이 있어서 여러 관계형 모델을 사용하기에 편리하다는 큰 장점이 있다. 그러나 데이터를 검색할 때 데이터의 양이 많은 경우 검색속도가 느리다는 단점이 있다. 현재에는 관계형 모델을 사용하는 기업으로는 Oracle, IBM의 DB2, Informix, Sybase, MS의 SQL Server, My SQL 등이 있다.

표 12-1 관계형 내부모델

■ 고객

고객번호	이름	주소	전화번호	할인율
1163	한명수	마포구 도화동 1-5	123-4560	0.06
1164	이정수	성북구 안암동 12	234-5671	0.07
1165	강나루	의정부 호원동 10	870-7890	0.08

■ 제품

제품번호	제품명	단가	재고
PT-223	바지	65,000	300
T/SH-234	티셔츠	50,000	100
J/P-256	점퍼	180,000	150
OP-257	원피스	120,000	120

■ 주문

주문번호	고객번호	주문날짜	납품예정일
12450	1163	2013.4.20	2013.5.7
12451	1164	2013.7.15	2013.8.5

■ 주문번호

주문번호	제품번호	주문수량
12450	T/SH-260	5
12450	PT-246	4
12450	JP-280	1
12451	OP-230	2
12451	PT-246	3

기업용 SW의 영원한 '맞수'
오라클 - SAP

오라클 창시자 래리 엘리슨
자유분방한 '자수성가형'
데이터베이스시스템 창시
썬마이크로시스템즈 인수

SAP창시자 하소 플래트너
지기 싫어하는 승부사 기질
ERP프로그램의 절대 강자
오라클 영역인 DB에 도전장

오라클과 SAP는 기업용 소프트웨어 시장에서 미국과 유럽을 대표하는 양대 산맥이다. 기업에 모이는 데이터를 통합 관리하고 경영정보로 활용하는 데 필요한 컴퓨터 소프트웨어를 만드는 회사들이다. '윈도' 운영체제를 만든 마이크로소프트에 비해서는 일반인들에게 덜 알려졌지만 정보기술(IT) 발전에 기여한 역할은 결코 뒤지지 않는다.

오라클 창업자이면서 최고경영자(CEO)인 래리 엘리슨과 SAP 창업자이자 경영감독위원회 위원장을 맡고 있는 하소 플래트너는 1944년생 동갑내기다. 두 사람 모두 빈손으로 시작해 세계적인 IT 기업을 일궈냈다. 하지만 성격은 판이하게 다르다. 엘리슨은 자유분방하고 악담을 서슴지 않아 '실리콘밸리의 악동'으로 불린다. 영화 '아이언맨'의 주인공 토니 스타크 회장의 모델로도 널리 알려져 있다. 반면 플래트너는 자기가 좋아하는 일에 몰두하는 '승부사' 기질을 타고났다.

데이터베이스 시스템 창시자

엘리슨은 대표적인 자수성가형 기업가다. 지금은 자가용 비행기와 요트, 호화 저택을 갖고 있는 자유분방한 부자로 유명하지만 어린 시절은 어려웠다. 그는 1944년 미국 뉴욕에서 유태계 10대 미혼모의 아들로 태어났다. 생후 9개월 만에 폐렴에 걸리지만 생모는 더 이상 키울 자신이 없어 시카고에 있는 이모에게 맡겼다. 엘리슨이라는 성은 어머니의 이모부로부터 물려받았다.

어렸을 적 엘리슨은 '머리가 좋지만 산만하다'는 얘기를 듣는 평범한 소년이었다. 일리노이주립대에 입학했으나 2학년 때 그만뒀다. 그 뒤 시카고대에 한 학기가량 더 다녔다.

그는 대학을 떠난 뒤 캘리포니아에 있는 IT회사 암펙스에서 일자리를 얻었다. 단순한 프로그래밍 업무로 지루한 나날을 보내던 엘리슨은 어느 날 우연히 IBM 연구소가 내놓은 예측 자료를 접하게 됐다. 거기에는 '앞으로 새로운 데이터베이스 시스템이 나타날 것'이라며 이 분야의 성장세가 가파를 것이라는 전망이 적혀 있었다.

컴퓨터 소프트웨어 분야에 관심이 쏠려 있던 엘리슨은 곧바로 데이터베이스 시스템 개발에 착수하기로 마음을 먹었다. 그는 에드 오프, 밥 마이너와 함께 1977년 첫 회사를 차렸다. 이 회사가 수주한 프로젝트는 미국 중앙정보부(CIA)가 주문한 '데이터베이스 관리 소프트웨어 개발'이었다. 그 프로젝트명이 오라클이었다. 회사는 5년 뒤 오라클로 사명을 바꿨다.

오라클이 개발한 데이터베이스 관리 시스템은 다양한 컴퓨터에서 적용할 수 있는 획기적인 소프트웨어였다. 1979년 상업용으로 출시한 첫 오라클 제품은 라이트패터슨항공사에 판매됐다. 이후 이 제품의 인기가 치솟았다. 1982년 회사 매출은 전해의 두 배인 240만 달러를 기록했다. 오라클은 1983년과 1984년에 다음 버전을 이어서 내놓아 매출이 1270만 달러(1984년)로 불었다.

엘리슨은 데이터베이스 시스템 창시자로 떠오르며 1986년 나스닥 상장과 동시에 IT업계 거부 명단에 이름을 올렸다.

◆ 기업용 회계프로그램 탄생

하소 플래트너는 독일 베를린에서 의사의 아들로 태어났다. 부모가 이혼한 뒤 15살 때 바바리아의 기숙학교로 보내졌다.

플래트너는 어려서부터 승부욕이 남달리 강했다. 자신보다 몸집이 큰 친구와 시비가 붙어도 몸을 사리지 않았다. 학창 시절부터 '선택과 집중'에 능했다. 싫어하는 것은 극도로 기피했지만 좋아하는 것에는 모든 것을 쏟아 부었다. 예컨대 자신이 극도로 싫어했던 과목인 프랑스어 시간에는 교사에게 "점수는 주는 대로 받을 테니 다른 과목을 공부할 수 있도록 해 달라"고 부탁한 반면 좋아하는 과목인 미술은 열심히 공부할 뿐만 아니라 학점을 잘 받기 위해 교사를 찾아가 '학점 협상'을 할 정도였다.

그는 독일 칼스루에대에 입학해 전기통신공학을 전공했다. 엔지니어였던 할아버지의 영향이 컸다. 공부를 계속할 생각도 있었지만 교수와의 의견 충돌로 학업을 그만두고 IBM에 입사했다. 하지만 IBM은 그에게 맞지 않았다. 연구원으로 일하기를 희망했지만 회사는 플래트너에게 영업 컨설턴트직을 맡겼다.

그가 직장을 그만두고 회사를 설립해야겠다고 마음먹게 된 것은 그의 직장 동료가 낸 아이디어를 회사가 무시하는 것을 보면서였다. 플래트너와 회사를 같이 다녔던 클라우스 반로이터가 당시에는 개념조차 생소했던 '기업용 회계 프로그램'을 만들어 IBM 측에 신규 사업으로 하자고 제안했으나 회사는 "컴퓨터나 제대로 팔고 설치나 도와주라"며 시큰둥한 반응을 보였다고 한다. 소프트웨어 개발은 IBM의 다른 연구실에서 맡고 있으니 영업에만 주력하라는 얘기였다.

플래트너는 동료인 반로이터가 개발한 프로그램을 들고 나가 회사를 차려야겠다고 마음먹었다. 다른 직장 동료인 디트마르 호프, 클라우스 치라, 한스 반 헥터가 가세해 5명이 SAP를 공동으로 설립했다. SAP는 1972년 기업용 회계 소프트웨어 제조업체로 첫발을 내딛었다.

위기 극복

SAP는 전사적 자원관리(ERP) 프로그램 등 기업용 소프트웨어 개발회사로 성장했다. IT가 발달함에 따라 기업의 자료 처리도 획기적으로 발전했다. 자료를 효율적으로 보관하고 검색할 수 있는 데이터베이스 관리 기술은 물론 이를 바탕으로 생산 영업 인사 재고관리 등 경영에 필요한 정보를 통한 관리하는 ERP 소프트웨어는 큰 인기를 끌었다.

하지만 1990년대 들어 SAP에 위기가 왔다. 1990년대 초반 기업용 컴퓨터 트렌드가 급격히 바뀌었기 때문이다. 중앙집중형 대형 컴퓨터인 메인프레임 수요가 줄어든 반면 클라이언트와 서버로 구성되는 값싼 유닉스 체제가 부상하던 시절이었다.

1992년 SAP 본사에서 비상대책회의가 열렸다. SAP 공동 창업자인 호프가 "컴퓨터 업계의 지각변동을 어떻게 하면 좋겠느냐"고 의견을 구하자 플래트너는 "3개월 안에 'R/3'를 완성해 미국에 팔자"고 해결책을 제시했다. R/3는 유닉스·리눅스·윈도 등 다양한 운영체제를 지원하는 ERP 솔루션이었다. 1972년 첫 제품인 '1/R'을 출시한 이후 지속적으로 제품을 발전시켜 나가던 SAP는 R/3로 '대박'을 터뜨렸다. 미국 시장에 진출한 SAP의 ERP제품은 날개 돋친 듯 팔려나갔고 SAP는 전 세계적 소프트웨어 기업 반열에 올랐다.

오라클 역시 위기를 겪었다. 마케팅 전략 실패와 프로그램 오류로 판매 부진에 빠진 것. 1990년 출시한 오라클의 여섯 번째 버전은 '결함투성이'라는 비판을 받았다. 고객이 등을 돌렸고 오라클 주가는 주당 30달러에서 5달러 남짓으로 폭락했다. 파산이 코앞이었다.

엘리슨은 재빨리 결함을 수정해 새로운 버전을 내놓았다. 새 제품은 폭발적인 인기를 끌었다. 오라클은 데이터베이스 시장의 최강자로 다시 우뚝 섰다.

상호 영역 침범

오라클은 데이터베이스 프로그램에서, SAP는 ERP 분야에서 확고한 영역을 구축했다. 두 회사는 지금도 이 분야에서 1위를 점하고 있다.

하지만 서로의 영역을 넘보는 경쟁은 불가피했다. 오라클은 1990년 위기를 극복한 뒤 사업 다각화에 박차를 가했다. 2005년부터 올해에 이르기까지 90여개 기업을 인수·합병하며 몸집을 불렸다. 썬마이크로시스템즈와 같은 하드웨어 업체를 인수하는 한편 ERP 시장에 뛰어들었다. 오라클은 소프트웨어와 하드웨어를 함께 제공하는 '엔지니어드 시스템'로 기업용 IT소프트웨어 전반을 담당하겠다는 전략을 추진했다.

SAP도 오라클의 전통적인 영역인 데이터베이스 시장에 도전장을 내밀었다. 데이터베이스 업체인 '사이베이스'를 2010년 인수하고 디스크가 아닌 메인 메모리에 자료를 저장해 검색 속도를 높인 인메모리 데이터베이스 제품 'HANA'를 2011년 내놓았다. SAP는 2015년 IBM과 마이크로소프트를 제치고 데이터베이스 시장 2위를 점하겠다는 계획이다. 오라클의 엔지니어드시스템에 대항하기 위해 하드웨어 업체들과 연합 전선을 형성, '독자적인 생태계'를 구축하려는 시도를 하고 있다.

엘리슨은 지금도 CEO로서 맹활약하고 있는 반면 플래트너는 일선에서 물러나 '경영 감독' 업무를 하고 있다.

(출처: 한국경제. 2012.9.1.)

제 3 장

경영관리와 정보시스템

제1절 의사결정지원시스템

정보시스템의 종류는 다양하다. 하지만 조직의 특성에 따라 활용 형태는 다르다. 그래서 경영자는 최종결정권자로서 의사결정지원시스템의 도움을 받아 최선의 의사결정을 할 수 있도록 도와주는 것이고, 또한 어떤 업무에 어떤 정보기술을 적용할 것인지를 알아본다.

1. 의사결정 지원시스템의 정의

1970년대 초 스캇-모턴(Scott-Morton)은 경영의사결정시스템(Management Decision System)이라는 용어를 사용하였고, 1978년에 의사결정 지원시스템을 처음으로 사용하였다. 의사결정지원시스템은 기업경영을 하는데 있어서 CEO가 최적의 의사결정을 내릴 수 있도록 적재적소에 대안을 제공하여 최적의 안을 선택 할 수 있게 해 주는 정보시스템으로 정의된다.

스프레이그와 칼슨(R.Sprague & E.Carlson.1982)은 초기의 의사결정지원시스템은 주로 비구조적 문제를 해결하기 위해 데이터와 분석모형을 활용할 수 있게 대화식(interactive)으로 지원해주는 컴퓨터시스템으로 정의하고 있다.

2. 의사결정 지원시스템의 특성

1) 조직계층과 의사결정

- 전략적 의사결정: 조직의 목적, 자원정책을 결정하는 것으로 이러한 의사결정의 목적은 미래의 조직과 환경의 변화를 예측하여 미래의 환경에 적합한 조직을 만드는 것이다.
- 전술적 의사결정: 조직의 자원을 효과적으로 운영하고 일상적인 업무들이 잘 수행되고 있는가에 주로 관심을 갖는 의사결정이다. 조직에서 허리역할을 담당하는 중간관리자들에 의하여 이루어지는 의사결정이다.
- 운영적 의사결정: 조직에서 일반 사원층에 의해 주로 내려지는 의사결정이다.

2) 과업과 의사결정

- 비구조적 의사결정: 의사결정자가 문제 정의에 대하여 자기 나름대로의 판단, 평가, 통찰이 요구된 의사결정이다. 이는 과거에 전혀 발생하지 않았던 새롭고 비 반복적인 의사결정방식이다.
- 반구조적 의사결정: 구조적 및 비구조적 의사결정의 중간에 해당되는 것으로 문제의 일부분이 정의된 상태에서 명확한 해답이 가능하다.
- 구조적 의사결정: 반복적이고 일상적으로 일어나며 의사결정을 할 때마다 새로운 절차를 거치지 않도록 의사결정이 구조화된 결정이다.

의사결정지원시스템(DSS: decision support system)은 경영자의 의사결정을 지원해주기 위하여 분석적 능력을 제공하는 정보시스템이다. 비구조적인 면에서는 경영자가 항상 불규칙한 상황에서 외부의 수집된 정보를 통해서 소비자 욕구에 부응하는 제품개발, 새로운 시장개척, 효율적인 장기 전략계획수립 등에 의존한다. 여기에다가 인간의 판단능력이 조화를 이루어야 한다.

그림 13-1 의사결정구조

3. 의사결정 지원시스템의 구성

의사결정지원시스템은 데이터베이스 관리시스템, 모델베이스관리시스템, 지식베이스 관리시스템, 사용자 인터페이스 관리시스템, 사용자 등으로 구성되어 있다.

1) 데이터베이스시스템

의사결정에 필요한 데이터를 저장하고 관련 자료를 제공한다. 데이터베이스시스템에는 조직의 내 외부 데이터베이스와 경영관계자 문제의 해결을 위해 의사결정을 하는 데 관련 데이터가 필요로 하는데 특성에 따라 재무데이터, 마케팅 데이터, 인적자원데이터, 생산데이터 등 데이터가 제공될 수 있도록 데이터지원을 관리하는 것이 데이터베이스 관리시스템(database management system)이다.

2) 지식베이스시스템

비구조적인 의사결정으로서 최고경영자가 전략을 세울 때에 경영환경의 향후 동향, 경쟁자의 전략적 행위, 국내·외 경제 동향에 관한 분석 등 다양한 지식을 요구한다. 따라서 지식베이스시스템은 다양한 의사결정을 내릴 수 있도록 지원능력을 향상시켜 준다.

3) 사용자 인터페이스 시스템

사용자가 의사결정지원시스템을 효과적으로 활용할 수 있는 환경을 제공해 준다. 시스템의 유연성, 성능, 편리함 등 대부분이 사용자인터페이스를 중요하게 생각하는 이유이다.

4) 사용자

기업경영의 의사결정을 주로 담당하는 부류는 경영관리자들이다.

모델베이스나 또는 데이터베이스로부터 데이터를 제공받아 대안들을 평가하고 분석하여 최적의 대안을 선택할 수 있도록 의사결정과정을 수행한다.

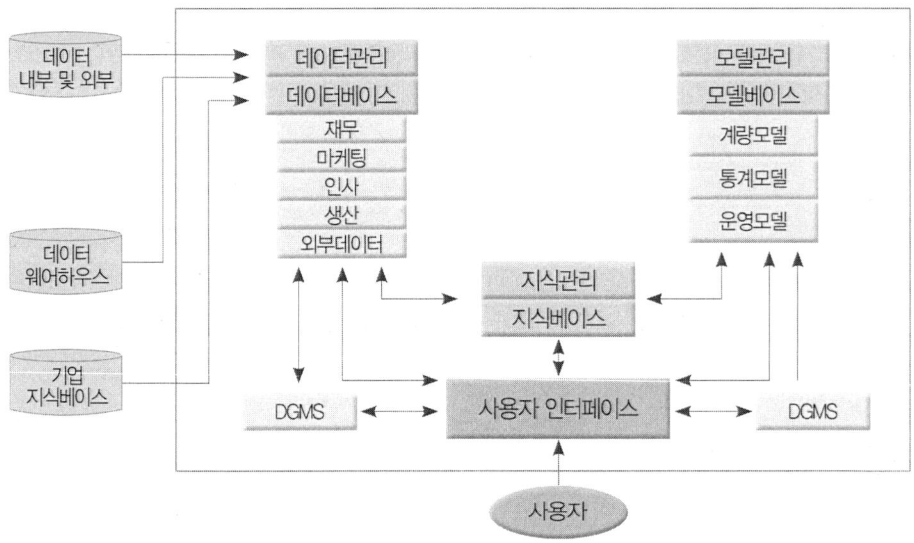

그림 13-2 의사결정지원시스템의 구성 요소

제2절 기업내부 정보시스템

정보시스템의 유형별 활용은 기업의 경쟁력향상을 위해 반드시 필요하며 지속적으로 관리해야 한다. 그러므로 내부정보시스템에 대해서 구체적으로 살펴본다.

1. 중역 정보시스템(EIS) 특성

기업의 최고 의사결정 건을 가지고 있는 경영자에게 최선의 선택을 할 수 있도록 중요한 정보를 적시에 제공하는 것을 목적으로 하는 것이 중역정보시스템(Executive Information Systems)이다.

최고경영자는 기업의 목표와 전략과 관련된 의사결정을 내린다. 최고경영자의 의사결정에 필요한 정보를 제공해 주는 시스템이 중역정보시스템이다. 최고경영자가 중간관리자를 통해 정보를 제공받았을 경우 신속한 의사결정을 할 수 없다. 왜곡된 정보를 제공받을 수도 있기 때문이다. 그래서 최고경영자가 직접 활용할 수 있는 정보시스템이 필요하게 된 것이다. 따라서 중역정보시스템에서는 사용자 인터페이스(user interface)가 필요한 것이다. 중역정보시스템의 목적은 최고경영자의 의사결정을 내릴 때 최선의 선택을 할 수 있도록 해준다.

기업의 문제점 관리뿐만 아니라 신규 사업의 진출, 대규모 설비 투자 결정 등 장기적인 기업의 목표 즉, 미래지향적으로 기업의 성패에 큰 영향을 미친다. 미래 지향적인 것은 미래를 예측하기 위한 정보를 많이 활용하는데 최고경영자에게 제공하는 정보는 주로 그래픽을 활용한 정보가 많다. 이것은 장기적인 추세를 파악하는 데 많은 도움을 준다. 정보로는 경쟁업체에 관한 정보, 시장상황에 관한 정보, 정부의 규제 및 경제 여건에 관한 정보 등 기업 내부는 물론 외부의 정보를 매우 중요시 한다. 그래서 의사 결정자들의 특성은 미래지향적이고, 기업전체에 영향을 주며, 비정형적이다. 또한 외부 지향적이면서 일회성이고, 집약적이고 요약된 종합정보를 필요로 한다.

2. 중역정보시스템의 구성

중역정보시스템의 구성은 EIS, 데이터관리시스템, 모델관리시스템, 내부데이터, 그리고 중역의 사용자를 들 수 있다. 중역정보시스템은 조직 내의 메인프레임에 연결되어 있다. 데이터관리시스템은 EIS와 연결되어 있어 의사결정사항을 열람하고 반영한다. 내부데이터는 조직구성원과의 의사소통 창구 역할을 하며, 외부데이터는 각종 경제지표, 외부환경 등 정보를 수집한다. 또한 각종 언론매체의 뉴스가 기업의 의사결정에 꼭 필요한 좋은 정보만 있는 것은 아니다. 중역정보시스템의 인터페이스는 중역이 정보를 쉽게 접할 수 있도록 그래픽으로 제시되어야 한다.

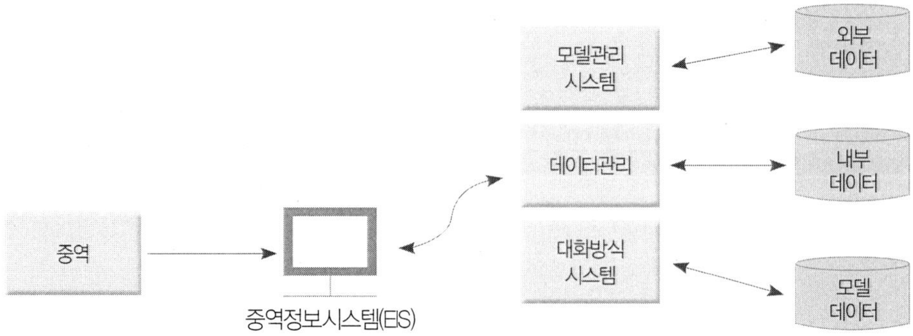

그림 13-3 중역정보시스템의 구성

3. 거래처리시스템의 구성 요소

거래처리시스템은 정형화된 기업 업무로서, 일상적이고 반복적으로 수행되며, 거래를 기록하고 처리하는 정보시스템이다. 따라서 기업 목표 달성을 위한 근간을 이루는 중요한 역할을 담당하고 있다. 데이터 입력은 기업이 업무 수행을 위해서 필요한 자료를 입력하는 과정이 거래처리시스템의 기본적인 활동이 된다. 마트에서 스캐너는 상품에 표시된 바코드를 읽으면 미리 입력된 상품가격의 데이터베이스에 조회한 후에 거래처리시스템으로 가격수량 등 판매정보가 자동적으로 입력이 된다.

어떤 제품의 재고량이 일정 수준으로 내려가면 관리자에게 자동으로 보고가 되고 더 나아가 판매시점(POS: point of sale)을 기준으로 제품 관련회사에까지 주문정보가 전송되어 신속하게 구매업무 처리가 가능하다.

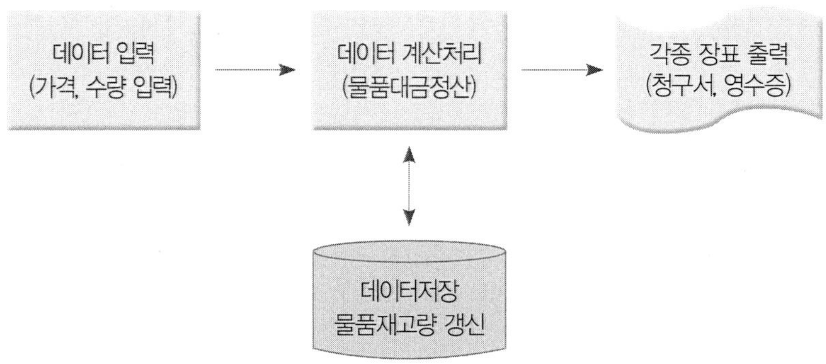

그림 13-4 거래처리시스템의 예

거래처리시스템(TPS: Transaction Processing Systems)은 조직의 운영상 기본적으로 발생하는 거래데이터를 신속 정확하게 처리하는 시스템이다. 은행에서 고객이 현금을 인출하면, 계좌 잔고가 줄어들 것이고 해당거래에 대한 상세한 내용이 데이터베이스에 기록된다. 이러한 업무를 수행하는 시스템이 거래처리시스템이다.

이 외에도 조직마다 다양한 종류의 거래처리시스템을 활용하고 있다.

조직 기능별 거래처리시스템의 예는 〈표 13-1〉과 같다.

표 13-1 조직 기능별 거래처리시스템

구 분	영업	재무/회계	인적자원관리
· 거래처리시스템의 주요 업무	· 주문처리 · 판매원 실적관리	· 구매주문관리 · 외상매출처리 · 외상매입처리 · 자금관리	· 급여 · 인사관리 후생

4. 거래처리시스템의 특성

모든 기업들은 경영관리를 위해서 반드시 거래데이터를 저장 관리해야 한다. 그러므로 이러한 거래처리시스템의 특징을 보면 다음과 같다.

- 일상적인 거래처리는 항상 정형화되고 표준화 되어 있다.
- 거래처리시스템은 주로 일선업무담당자 즉 하위경영층에 의해 사용된다.
- 짧은 시간 내에 많은 양의 상세한 데이터를 처리한다. 특히 은행의 가장 기본적인 입출금 업무시스템은 은행 내 가장 많은 양의 상세한 데이터를 취급하기도 한다.
- 다른 정보시스템에서 필요로 하는 데이터를 제공한다. MIS, DSS 등과 같은 정보시스템의 경우, 거래처리시스템에서 축적된 데이터를 이용하여 정보를 제공한다.
- 거래처리시스템은 표준화된 운영절차에 따라 데이터 처리업무를 수행할 뿐 문제해결이나 의사 결정을 지원하지는 않는다.
- 거래처리시스템은 조직의 운영에서 없어서는 안 되는 기본시스템이기 때문에, 조직이 존재 하는 한 지속적으로 사용되어야 한다. 운영자들은 업무와 관련하여 거래처리시스템에 의존하게 된다.

5. 경영정보시스템

업무처리의 효율성을 높이는 것은 거래처리시스템이지만 경영관리업무를 지원하는 것은 경영정보시스템이라고 말할 수 있다. 하위경영층(계장, 반장)의 업무를 관리하고 최고경영층(회장, 사장, 부사장)의 의사결정을 내리는데 있어 최선의 선택을 하기 위해 정보를 제공해 주는 것이 중간경영층(부장, 차장, 과장)이다.

또한 경영정보시스템(Management Information System)은 최고경영층에게 기업의 주간 판매 활동을 지역별로 판매 업소별로, 물품별로, 더 나아가 작년의 실적과 비교한 정보를 제공함으로서 최고경영자가 판매의 흐름을 한눈에 알아볼 수 있도록 지원한다.

또 경영정보시스템은 최고경영층에게 다양한 보고서를 제공한다. 대표적인 보고서로는 정규보고서, 요구보고서, 예외보고서 등이 있다. 정규보고서는 일별, 주별, 월별 등이 있다.

예를 들어 최고경영층은 매월 발행되는 생산 관련 보고서를 통해서 생산현황과 실적 각종 기계 및 장비의 상태, 재고현황 등을 파악할 수 있다. 요구보고서는 최고경영층의 요구에 의해서 작성되는 보고서이다. 예를 들면 어느 한 품목의 재고현황을 알고 싶을 경우 경영정보시스템은 필요한 정보를 가공하여 최고경영층에게 제공하게 된다. 따라서 경영정보시스템의 특징을 정리해 보면 다음과 같다.

첫째, 최고경영층에게 정보를 제공하는 것이다. 각 부서별 업무현황을 통해서 정보를 제공한다.

둘째, 조직 내의 다양한 데이터를 요약하여 최고경영층에게 정보를 제공하기 위해서 통합정보 관리체계를 필요로 한다.

셋째, 최고경영층의 주요 임무중의 하나는 조직 내 각 부서별, 업무별 성과를 비교, 분석하고 평가하는 것인데 여기에는 다양한 데이터의 종합 요약된 정보가 필요하다.

1) 경영정보시스템(MIS)의 기업경쟁력

전 세계 의류업계를 주도하는 자라와 유니클로, 이들의 경쟁력은 바로 경영정보시스템(MIS)이 경쟁력의 원천이다. 기존 의류업체는 의류개발에서 매장전시까지 2~3개월이 걸리지만 자라와 유니클로는 일주일이면 충분하다. MIS의 일종인 제품수명주기관리(PLM)와 공급사슬관리(SCM)에서 강점이 있기 때문이다. 의류 생산에 필요한 원면, 원단, 패턴 등이 전 세계에 흩어져 있는 생산기지에서 생산되지만 PLM과 SCM이 강력하기 때문에 담당자들을 온라인으로 함께 검토하면서 동시에 결정을 내릴 수 있다. 이들이 생산하는 의류는 저렴하지만 MIS에 투자하는 금액은 절대 작지 않다. 이들 기업의 MIS 투자에 대한 애착은 유명하다. 물론 경영 효율화를 위해 MIS비용을 절감하고자 하지만 절감된 예산을 신규MIS확충에 재투자한다.

표 13-2 MIS 투자 기업 유형

유형	특징	사례
혁신주도형	새로운 유형의 MIS 가장 먼저 시도	자라, 유니클로
얼리어답터형	혁신 기업의 MIS 발빠르게 채택	삼성전자
시장 대응형	오랜 시간 충분히 검증된 MIS 도입	국내 대기업들
무 대응	MIS에 대해 회의적, MIS투자안함	대부분 국내중소기업

MIS는 일부 IT 기업에만 유효한 차별화 수단이 아니다. 의류업계처럼 얼핏 MIS와 별 관련이 없어 보이는 산업에서도 중요한 전략적 가치를 지닌다.

경영정보시스템(MIS)전문가들은 하드웨어, 소프트웨어 자체보다 이를 어떻게 활용할 것인가로 초점이 바뀌었을 뿐 IT의 전략적인 가치는 오히려 더 커졌다고 강조한다.

가치영역(value disciplines)이란 운영효율성, 고객 친밀도, 제품리더십 등 기업이 전략 방향을 말한다. 그래서 앞으로 2-3년 동안 가치영역을 재설정하기 위한 MIS투자가 나타날 것이다.

운영 효율을 부각시키고 싶은 기업은 ERP(전사적 자원관리) 시스템에 공급체인을 통합시킬 것이며, 고객 친밀도를 부각시키고 싶은 기업은 인터넷과 고객관계관리(CRM)기술을 활용할 것이다.

제품 혁신을 원하는 기업은 집단성을 활용하기 위해 소셜 미디어나 크라우드소싱(crowd sourcing)기술을 도입할 것이다. 이러한 모든 것들이 MIS가 뒷받침되어야 가능하다

업계를 선도하고 있는 기업들 중 월마트는 무선 식별(RFID)사업을 계속해서 추진하고 있고, 구글은 '구글월릿' 등 혁신 제품을 만들어내고 있다. 아마존은 클라우드 컴퓨팅에서 리더가 되기 위해 노력하고 있다. 또한 '업계의 거인들'은 새로운 채널을 개척해 과거의 활력을 되찾고자 애쓴다. SAP가 아리바를, 페이스북이 인스타그램을 인수한 영리한 기업들은 경제가 다시 활기를 띠기 전에 선제적으로 MIS에 투자한다. 미리 MIS경

쟁력을 획득해 놓은 기업들이 경기가 회복될 때 가장 이득을 볼 수 있다.

업계를 선도하는 기업들의 경우 비용 절감을 위해 취할 수 있는 조치는 이미 거의 다 취했다. 그래도 찾아보면 비용을 줄일 수 있는 여지가 더 있겠지만 그 보다는 이제 기업 경쟁력을 높이는 데 더 주력해야 한다.

기업들은 자신의 가치영역을 가다듬어서 경쟁우위를 새롭게 가져가려는 노력을 해야 한다. MIS는 이러한 목표를 달성할 수 있게 해주는 다양한 수단들을 제시해 준다.

다양한 경영 환경에 처해 있는 기업의 여러 가지 요구를 모두 충족시켜 줄 수 있는 '단 하나의 시스템'은 없다는 것이다. 어떤 MIS가 투자가 적합한지는 두 가지 요소에 따라 달라진다. 첫째, 회사의 MIS능력과 미래의 회사가 원하는 MIS능력수준이 어느 정도 차이가 나는지 확인한다.

숙련된 경영자라면 이들 자산을 인적자원과 잘 결합해서 지속적인 가치를 창출할 수 있는 MIS자원(MIS resources)을 창조해낸다.

성공하는 경영자는 여기서 한 걸음 더 나아간다. 그들은 경쟁 환경과 고객수요의 관점에서 이들 자원을 미세 조정해 차별화된 능력을 만들어낸다.

이는 미래에 확실한 초과수익을 얻을 수 있게 한다. MIS자산은 '원자재(commodities), MIS자원은 가치 있는 자원, MIS에 기반을 둔 능력(MIS-based Copacetic)은 기업을 돋보이게 하며 경쟁자가 쉽게 따라 할 수 없는 경쟁력의 원천이다.

IT혁신은 오직 그러한 혁신이 드물 때만 지속가능한 우위를 가져다줄 수 있다.

성공하는 경영자들은 구글이나 애플처럼 엄청난 IT혁신은 아니더라도 IT를 활용해 차별화된 경쟁우위를 만들어낸다. 이러한 능력은 인적자원 요소를 포함하며, 가치사슬(value chain)에 녹아 있기 때문에 경쟁자들은 이를 쉽게 체득하거나 흉내 낼 수 없다. 추종자들이 IT혁신을 다룬 기업을 따라잡기 어려운 것은 당연하다. 월마트와 아마존이 업계 1위를 유지하고 있는 것은 오랜 시간에 걸쳐 IT를 활용해 충분한 경쟁력을 구축해 놨기 때문에 시장에서 장기집권하고 있는 것이다.

제3절 업무영역별 경영정보시스템

기업은 크게 생산, 마케팅, 재무, 회계, 인사 등으로 구성된 기업 활동들을 수행하고 있다. 따라서 기업 정보시스템들이 개발되어 다양하게 활용되고 있다. 기업정보시스템의 유형을 보면 생산정보시스템, 마케팅정보시스템, 재무정보시스템, 회계정보시스템, 인사정보시스템 등이 있다.

1. 생산정보시스템

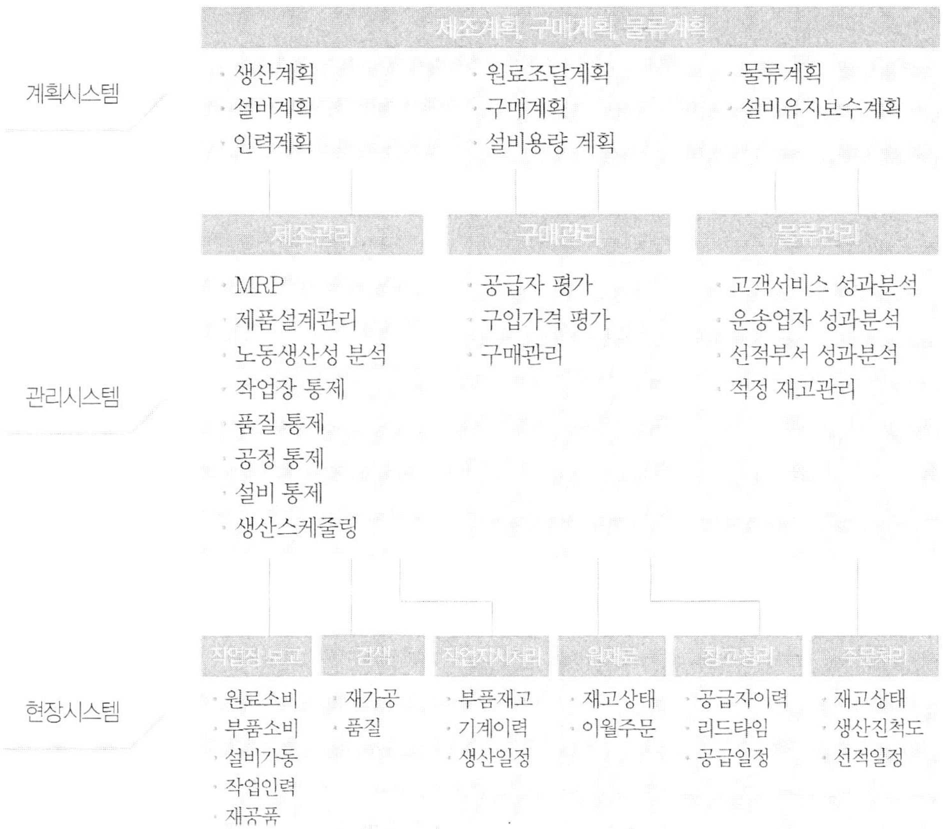

그림 13-5 생산정보시스템

기업의 생산 분야는 그 동안 기술과 함께 눈부신 성장과 변화를 가져왔다. 다품종 소량생산은 제조과정을 개선하기에 충분했다. 생산정보시스템은 현장의 작업을 운영하고 통제하는 현장시스템과 생산현장에서 일어난 생산 활동들의 내역을 분석하고 평가하는 관리시스템, 그리고 생산 활동의 전반에 대한 계획수립을 담당하는 계획시스템으로 구성된다. 생산정보시스템의 지원분야로는 CAD(Computer Aided Design)시스템, CAPP(Computer Aided Processing Planning) MRP(Material Requirements Planning), CAM(Computer Aided Manufacturing), CIM(Computer Integrated Manufacturing) 등이 있다. 제품설계를 위한 CAD는 컴퓨터시스템을 이용하여 설계도 작성 및 도면을 수정하여, 설계과정의 데이터를 시스템으로 관리한다. CAPP 및 MRP는 공정관리기획업무를 지원하는 정보시스템을 말한다. CAM은 작업장의 공정제어, 설비통제 및 제어 등을 통해 제조활동을 지원한다. CIM은 제품의 설계에서부터 완제품이 고객에게 안전하게 전달되기까지의 제조기업에서 기획하고 관리 및 통제하는 통합된 컴퓨터시스템을 말한다.

2. 마케팅정보시스템

과거에는 제품을 만들어 놓으면 소비자가 선택의 폭이 좁아 단순 구매를 하였으나, 현재에는 고객이 원하는 제품이 무엇인지, 고객의 욕구를 충족시켜 감동을 줄 수 있는지 분석하고 기획 및 광고를 통해 제품과 서비스의 판매를 촉진하기 위한 활동을 말한다.

그림 13-6 마케팅 정보론

마케팅정보시스템(Marketing Information Systems)이란 이러한 활동을 지원하기 위한 정보시스템을 말한다.

주문처리시스템은 고객의 주문내역이 입력되면 주문에 따른 문서작성을 비롯하여 송장발급, 판매 분석, 재고통제 등의 업무에 필요한 데이터를 처리한다. 판매관리시스템은 판매계획의 수립, 영업실적의 평가 마케팅측면에서의 경영전략 지원 등에 필요한 정보를 제공한다. 판매관리시스템의 정보 산출물로는 매출실적보고서, 매출분석보고서 등이 있는데, 주로 제품별, 지역별, 영업사원별, 고객별, 영업실적을 평가하고 분석하는 보고서의 형태로 만들어진다.

판매예측시스템은 시장조사 데이터, 매출실적, 판매촉진계획들을 토대로 통계적 예측모델을 이용하여 향후 예상되는 각 제품별, 기간별, 지역별 판매량을 추정하여 마케팅전략을 지원하는 정보시스템이다.

판매, 생산 연계시스템은 판매기능과 생산기능을 정보시스템으로 연결함으로서 고객의 요구를 제품설계나 제조과정에 적극적으로 반영할 수 있게 한다. 따라서 주문에 대한 예상되는 납기와 주문된 제품의 공정 진행도를 고객에게 알려줌으로서 고객서비스에서의 경쟁우위를 확보할 수 있다.

광고효과분석시스템은 마케팅 관리자들에게 제한된 자원을 가지고 가장 효과적인 광고 및 판촉활동을 할 수 있는 정보를 제공해 준다.

광고와 판촉활동은 마케팅에서 매우 중요한 기능 중의 하나로 제품의 성공은 광고와 판촉활동에 직접적인 영향을 받는다. 광고효과분석시스템은 시장정보와 판촉모델을 이용하여 매체나 판촉방법을 선택하고, 제한된 재무자원을 할당하며, 결과를 통제하고 평가하게 된다.

3. 인사정보시스템

인사관리 기능은 직원의 모집, 배치, 평가, 보상, 개발 등이 포함된다. 과거의 인사정보시스템(Human Resources Information Systems)은 급여내역, 인사기록 등을 저장하고, 관리하는 목적으로 활용되었다. 그러나 최근에는 중요한 인력자원의 효과적인 활용을 위해 [그림 13-7]에서 보듯이 직원의 모집, 선발, 고용, 직무배치, 평가, 종업원복지, 교육과 개발, 건강과 안전 등과 같은 종합적인 인력관리를 지원하는 시스템으로 발전하고 있다. 인사정보시스템은 인력충원계획, 교육계획, 인력예산수립 등을 지원하는 계획시스템이다. 관리시스템으로는 성과 및 업적 분석, 훈련효과분석, 이직률분석, 근태관리 등이 있다. 또한 인적자원의 데이터를 처리하고 기록하는 시스템으로는 거래처리시스템이 있다.

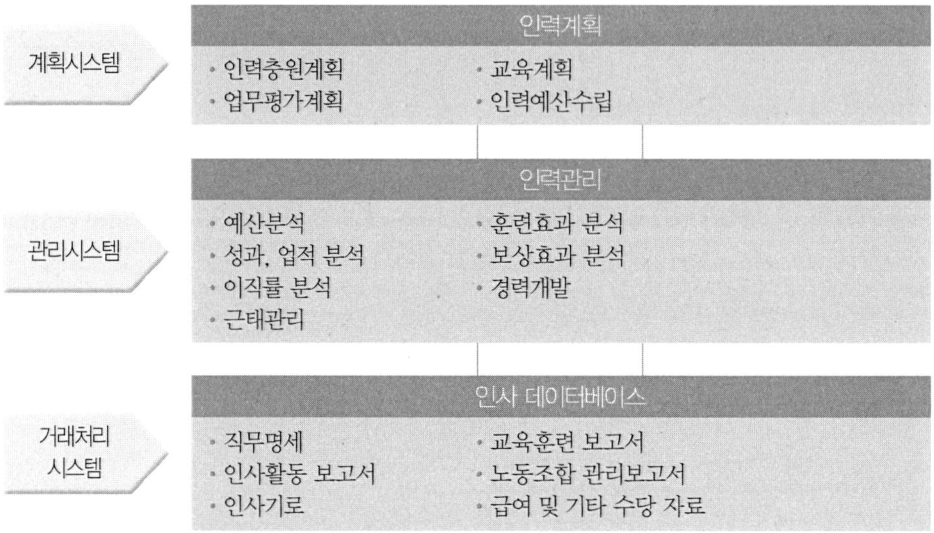

그림 13-7 인사정보시스템

인사정보시스템에는 크게 인사기록시스템과, 인력충원계획시스템으로 나누어 볼 수 있다. 인사기록시스템은 성명, 성별, 연령, 주소, 학력, 급여, 직책, 고용일, 퇴직일 등과 같은 직원의 기본 데이터를 기록 및 유지하기 위한 시스템이다.

또한 신규채용 직원명단, 직책별 및 학력별 직원명단, 직무성과평가 등 다양한 보고서를 산출할 수 있다. 인력충원계획시스템은 장기경영계획에 따라 기업에서 필요로 하는 인적자원 수요 즉 기술, 교육수준, 직급, 필요인원, 비용 등을 도출하기 위한 시스템으로서 최고경영자들이 주로 활용한다.

4. 재무정보시스템

재무정보시스템(Finance Information Systems)은 자금조달과 재무자원의 운용 및 평가에 관한 정보를 제공하며 또한 의사결정을 지원한다. 재무정보시스템의 주요기능에는 현금과 유가증권의 관리, 자본예산수립, 재무계획 등이 포함되며, 회계정보시스템과 연결되어 운용된다.

재무정보시스템은 [그림 13-8]과 같이 계획시스템과 관리시스템 그리고 거래처리시스템으로 구성된다. 재무정보시스템을 구성하는 주요시스템은 크게 세 가지로 나누어 볼 수 있다.

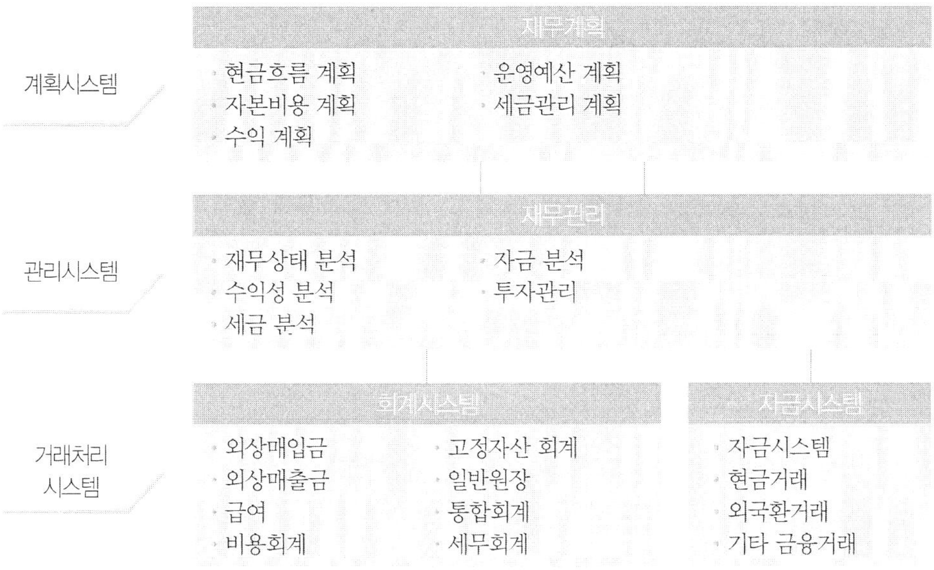

그림 13-8 재무정보시스템

첫째, 현금, 유가증권관리시스템이다. 실시간 혹은 정기적으로 기업 내의 모든 현금수령 및 지급에 대한 관련된 정보를 수집한다. 이러한 정보는 기업이 여유자금을 받아 신속히 예금하거나 투자할 수 있게 하여 예금이나 투자기금에 의한 수입을 증가시킬 수 있도록 해 준다. 또한 최적현금보유량을 결정하고 예측된 현금부족이나 과잉에 대처하기 위한 재무전략이나 투자전략의 대안들을 평가하고 최적 안을 결정하기 위한 정보를 제공한다.

둘째, 자본예산수립시스템은, 자본지출의 수익성과 재무효과에 대한 평가를 토대로 예상되는 현금흐름의 현재가치 분석과 위험의 확률분석 등과 같은 계량적인 모델과 경영관리자의 경험적 지식이 요구된다.

이러한 업무를 위한 정보시스템에는 간단히 계산기의 역할을 수행하는 스프레드시트와 복잡한 계량모델들을 포함하고 있는 의사결정지원시스템, 재무계획과 관련된 전문가의 지식을 컴퓨터화한 전문가시스템 등이 사용된다.

셋째, 재무계획시스템은 조직의 재무성과와 기대 재무성과를 평가하며, 기업의 자금조달 여부를 결정하고 자금조달의 대안들을 평가하고 분석하는 업무를 지원하는 시스템을 말한다. 기업의 최적 재무계획을 수립하기 위해서는 경제상황, 기업운영상황, 자금조달방법, 이자율, 주식과 사채의 가격 등과 같은 각종경영, 경제 데이터가 제공되어야 하며, 이러한 데이터를 이용하여 의사결정에 필요한 정보를 제공하기 위해서는 계량적 모델을 포함하는 의사결정지원시스템이 필요하다.

5. 회계정보시스템

회계정보시스템(Accounting Informations)은 기업경영의 기본이 되는 정보시스템이다. 기업의 재무에 관한 자료를 수집, 기록, 정리하여 경영자 및 외부의 이용자가 의사결정을 하는데 유용한 회계정보를 제공하는 시스템이라고 할 수 있다.

회계정보시스템은 원가주의에 근거하여 자금의 흐름을 기록하고 보고하며, 대차대조표와 손익계산서와 같은 중요한 재무보고서를 만들어 낸다.

또한 과거와 현재의 자금운용 실태와 사업실적들을 토대로 향후 예상되는 재무제표와 재무예산을 추정해낸다. 회계정보시스템은 독자적인 거래처리를 바탕으로 데이터를 처리하기보다 생산, 판매, 인사, 재무와 같은 경영활동을 '돈'의 개념으로 집약하여 처리하는 시스템이므로 조직의 다른 정보시스템과 직접적인 관계를 유지하고 있다.

[그림 13-9]는 회계정보시스템의 일부기능이 판매처리와 구매처리 등의 업무와 상호관계를 맺고 있음을 보여주고 있다. 회계정보시스템을 구성하는 시스템은 크게 네 가지다.

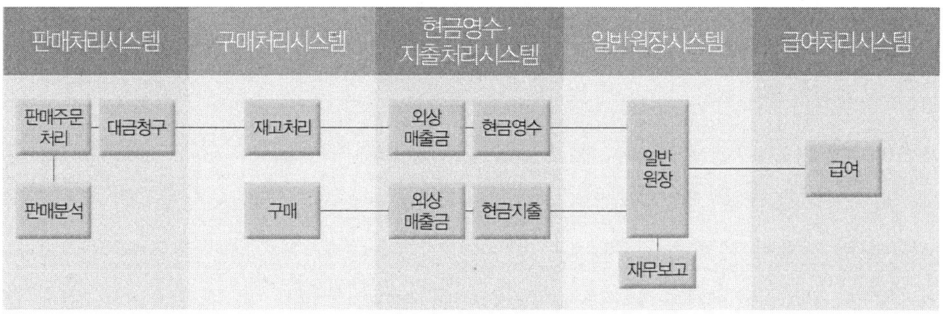

그림 13-9 회계정보 시스템

첫째, 외상매출금시스템은 제품판매와 대금수령에 관한 데이터에 관하여 고객이 지불하여야 하는 금액을 기록한다. 따라서 고객별 외상매출금 현황과 신용관리보고서와 같은 관리용 보고서를 통해 고객의 거래현황에 대한 정확하고 신속한 정보를 제공함으로써 신속한 대금지출을 촉진한다. 이러한 활동은 대손(bad debt)으로 인한 손실을 최소화하면서 수익성 있는 외상매출을 극대화할 수 있도록 해준다.

둘째, 외상매입금시스템은 공급자로부터의 물품구입과 대금지급에 관한 데이터를 기록한다. 이 시스템은 결제되지 않은 송장의 지불을 준비하고, 이를 바탕으로 자금관리보고서를 만들어 조직의 현금운영에 대한 정보를 제공한다. 외상매입금시스템은 신속하고 정확한 대금지불을 가능하게 하므로 공급자와 좋은 신용관계를 유지할 수 있고, 공급자와의 좋은 관계는 기업의 경쟁력에 도움을 줄 수 있다.

셋째, 급여처리시스템은 종업원의 근무기록을 토대로 급여계산 및 직원의 은행계좌로의 입금과 같은 업무를 처리하는 거래처리시스템이다. 이 시스템은 노동비용과 노동생산성과 같은 경쟁력지표를 계산하는 데 필요한 데이터를 제공한다.

넷째, 총계정 원장시스템은 외상매출금, 외상매입금, 급여 등에 관한 데이터와 다른 회계정보시스템으로부터 받은 데이터를 통합하여 매 회계 연도 말에 경영 관리자에게 총계정 원장, 손익계산서, 대차대조표 등을 포함한 다양한 수익비용 보고서를 작성하여 제공한다.

사례

노키아가 휘젓던 인도, 지금은 '갤럭시 세상'

휴대폰 인구 2억명 인도 시장 강자 왜 바뀌었나

'갤럭시y' 중저가폰으로 승부
맥도날드 돌면서 체험 행사
1분기 휴대폰 점유율 삼성 1위

인도 델리 남서부의 상류층 지역인 바산트쿤지. 엠비언스몰과 엠포리오몰, DFC프로미다드 등 인도 최대 규모의 쇼핑몰 3개가 이어진다. 구찌 샤넬 등 명품 브랜드숍이 즐비한 엠비언스몰 2층 모바일숍에서 아비 굽타 씨(22)와 누나인 라샤 굽타 씨(24)가 삼성 갤럭시 노트를 살펴보고 있었다. 동생 굽타 씨는 "그동안 노키아 스마트폰을 써왔는데 동생이 갤럭시 노트가 기능이 좋고 멋있다"고 말했다. 모바일숍 주인인 헤마샤마 씨는 "이 지역은 부유층이 사는 지역이라 휴대폰 구매 고객 중 70~80%는 스마트폰을 사는 데 그 중 절반 이상이 삼성 제품을 고른다"고 설명했다.

삼성전자가 노키아 14년 독주를 무너뜨리고 있다. 삼성은 지난 1분기 사상 처음으로 세계 휴대폰 판매량에서 노키아를 꺾고 1위에 오른 것으로 추정된다. 고가 스마트폰에 이어 중저가 스마트폰까지 내놓으며 노키아의 앞마당이던 인도 러시아 브라질 등 신흥시장을 성공적으로 파고든 게 주요요인으로 분석된다.

◆ 중저가 스마트폰으로 공략

시장조사회사인 SA(스트래티지 애널리틱스)는 삼성전자가 1분기 최소 8500만대 이상의 휴대폰을 판매한 것으로 추정한다. 시장조사 전문 블로그 아심코도 삼성전자 1분기 판매량을 8500만대~9100만대로 추정했다. 로이터가 애널리스트의 전망치를 집계한 평균치는 8800만대다.

지난 11일 노키아는 1분기 휴대폰 판매량을 8300만대라고 밝혔다. 이를 감안하면 삼성전자가 사상 처음으로 노키아를 제치고 세계 최대 휴대폰 업체로 올라선 것으로 보인다. 노키아가 몰락했다고 하지만 지난 해 휴대폰 판매량은 4억 1700만대로 삼성전자(3억 2740만대)보다 1억대 가량 많았다.

삼성은 1분기 스마트폰 판매에서도 세계 1위에 오른 것으로 추정된다. 각종 조사에서 삼성의 스마트폰 판매량은 4000만~4500만대로 애플의 3300만대 수준을 앞선 것으로 잠정 집계되고 있다. 지금까지 휴대폰과 스마트폰 판매량 둘 다 석권한 회사는 노키아뿐이었다. 강경수 SA 애널리스트는 "삼성전자가 지난해 10월 출시한 중저가 스마트폰 갤럭시y가 인도 러시아 브라질 등 신흥시장을 휩쓸며 중저가 폰에서 강세를 보이던 노키아를 따라 잡았다"고 분석했다.

5년 만에 뒤집은 인도

휴대폰 사용자가 2억 3000만명에 이르는 인도는 한때 노키아의 세상이었다. 노키아의 전성기였던 2007년 이 회사의 인도시장 점유율은 70%에 육박했다. 한 달에 1000만대 가까운 노키아폰이 팔렸다. 삼성의 점유율은 5% 정도에 불과했다. 개당 1만원도 안 되는 제품부터 수십만원대까지 다양한 제품 포트폴리오를 갖춘 노키아는 만리장성처럼 비쳐졌다.

그러나 5년뒤 전세는 뒤바뀌었다. 거의 모든 모바일숍이 'SAMSUNG Mobile(삼성 모바일)'이라는 간판을 내걸었고, 갤럭시 노트 입간판을 상점 전면에 내세웠다.

지난해 인도 휴대폰 시장 점유율은 삼성 26.7% 대 노키아 39.8%(매출액 기준)로, 삼성이 노키아 뒤를 바짝 뒤쫓았다. 그러나 올 들어 지난 1월에 삼성은 32.9%로 노키아에 3% 포인트까지 추격하더니 2월엔 34.1%로 동률을 이뤘다. 인도는 노키아 휴대폰의 30%를 만드는 거대 생산기지이며, 노키아 세계 매출의 15%가 이곳에서 이뤄진다. 그런 인도에서 삼성이 역전 드라마를 연출하고 있는 모습이다. 고가의 스마트폰 시장에선 점유율 42.2%(1월)로 노키아(23.5%)를 압도하고 있어 올해 전체 휴대폰에서도 역전이 확실시 되고 있다.

삼성전자는 2010년 6월 갤럭시S를 인도에 선보였다. 박병대 삼성전자 서남아 총괄(전무)은 "맥도날드 등을 돌면서 체험행사를 기획했다"며 "체험인원이 700만 명을 넘었다"고 말했다. 맥도날드는 한 끼 식사가 300~400원인 인도에서 3000원(130루피)가량을 받는 고급 레스토랑이다. 삼성 휴대폰의 인기에 불을 붙인 것은 지난해 9월 들여온 갤럭시 노트다. 고유의 신분제인 카스트의 영향으로 과시욕이 강한 인도인에게 화면이 큰 노트는 상당한 반향을 불러 일으켰다.

인도 2016년 세계 5대 스마트폰 시장

인도 시장의 잠재력은 무궁무진하다. 12억 인구 중 스마트폰 사용자가 아직 4000만 명에 불과하지만, 시장은 급속도로 팽창하고 있다. 시장조사기관인 사이버미디어에 따르면 지난해 인도의 스마트폰 판매량은 전년보다 87% 급증한 1120만대에 달했다.

인도는 2016년이면 중국 미국 브라질 등과 함께 세계 5대 스마트폰 시장(IDC 추정)이 될 것으로 관측되고 있다. 이 때문에 삼성전자는 인도 내 휴대폰 생산라인을 몇 배로 늘려야 할 판이지만 생산거점인 노이다 공장의 면적이 12만(3만 6000평)에 불과해 증설이 쉽지 않다. 이에 따라 에어컨 생산을 중단하고 그 자리를 2층으로 확장해 휴대폰 라인을 설치하고 있다.

지난해 말 월 235만대를 만들어 이 공장은 증설을 거쳐 4월부터 월 400만대 생산에 돌입한다. 스마트폰도 월 50만~70만대에서 100만대로 늘어났다. 야근을 위해 지난해부터 뽑은 직원은 모두 남자다. 여성 직원은 현지법에 따라 오후 7시가 넘으면 귀가시켜야 하기 때문이다.

삼성은 곧 초저가 스마트폰도 내놓는다. 현재 16개 모델 중 저가인 '갤럭시y' 모델은 7000루피(15만원)부터 시작한다. 중국 업체들이 최근 3000루피대(6만 5000원) 제품을 내놓고 시장을 파고들자 대응키로 한 것이다. 반면 아이폰은 비싼 가격 탓에 점유율이 5%대에 불과하다.

(출처: 한국경제, 2012.4.18.)

제 4 장

정보시스템의 평가와 관리

제1절 정보시스템 평가

현재 글로벌 기업들이 환경변화에 잘 대응하느냐 또는 못하느냐에 따라 기업의 성패가 좌우되지만 가장 중요한 것은 기업들이 경쟁력 차원에서 정보시스템에 많은 시간, 비용, 인력을 투자하고 있다. 그러므로 정보시스템에 투자를 하기 전에는 철저한 계획이 수립되어야 하며 투자의 효과성과 효율성을 또한 점검해야 한다.

1. 정보시스템 평가의 개념

정보시스템 평가란 정보시스템의 개발, 도입, 운영, 관리에 관한 업무들이 사전에 설정된 목표 혹은 계획대로 수행되고 있는가를 확인하고 분석하는 것을 말한다. 정보시스템에 대한 평가는 정보화에 대한 투자효율성을 높이고 정보시스템의 구축과정을 효과적으로 통제하기 위한 수단으로써 정보시스템의 문제점을 도출하여 문제의 원인과 개선방안을 도출함으로써 조직의 목표에 맞는 정보시스템을 구현하도록 지원할 수 있다.

즉 기업은 여러 수익을 기대하면서 정보 시스템의 개발을 위해 많은 노력과 자본을 투자하는 것이다.

아울러 정보시스템에 대한 투자가 성공하였을 경우, 기업은 정보시스템의 보유로 인하여 전략적인 우위를 성취할 수도 있지만, 반대로 기대하는 수준의 정보시스템의 개발이 실패했을 경우는 투자된 막대한 자원의 손실로 인하여 오히려 경쟁력이 약화될 수 있는 위험성을 갖고 있다. 따라서 효과적인 정보시스템을 성공적으로 개발하기 위하여 정보시스템에 대한 투자의 타당성 분석과 정보시스템 개발프로젝트가 잘 진행되고 있는지의 여부를 점검하는 것이 정보시스템 평가의 중요성이라고 하겠다.

2. 정보시스템의 평가방법

정보시스템 평가는 기본적인 목표 즉, 효율성과 효과성의 달성이라 하겠다. 정보시스템 평가 관점으로는 평가영역, 평가주체, 평가시기, 평가범위, 평가방법 등으로 분류할 수 있다. 정보시스템 평가 관점을 살펴보면 〈표 14-1〉과 같다.

표 14-1 정보시스템 평가 관점

평가관점	평 가 유 형
평가 영역	비용, 효과
평가 주체	사용자, 전산부서, 조직 내 감사부서, 외부전문가
평가 시기	시스템 사전평가, 사후평가
평가 범위	단위시스템, 부문시스템, 조직 전체시스템
평가 방법	주관적분석, 객관적 분석, 과정중심분석, 결과중심분석

1) 정보시스템 평가유형에 따른 평가영역

정보시스템의 평가영역으로는 비용과 효과가 있다. 비용, 효과 분석은 투자에 따르는 비용과 투자의 결과로 얻게 되는 이익이나 효과를 비교, 분석하는 계량화 된 기법이다. 정보시스템의 비용 요소는 간접비용과 직접비용으로 분류할 수 있다. 직접비용은 회계 파악이 가능하며, 유형으로는 시설비, 하드웨어 구입비, 소프트웨어 구입비, 인건비, 기타 운영비 등이 있다.

간접비용은 무형적이며 회계 파악이 불가능하다. 정보시스템의 효과요소는 간접효과와 직접효과로 분류할 수 있으며, 계략적으로 측정하기는 어렵다. 직접효과는 개선효과가 있으며 유형으로는 매출액, 수익성, 시장점유율, 고객만족도 등이 있다. 간접효과로는 인력절감과 기업 활동의 개선이 있다.

2) 정보시스템 평가유형에 따른 평가주체

정보시스템 평가 주체는 사용자, 전산부서, 조직 내 감사부서, 외부전문가 등으로 분류할 수 있다. 사용자는 정보제공자의 정확성, 적시성, 신뢰성, 적합성 등의 평가를 수행하며, 전산부서는 가동률, 생산성, 작업량, 시스템 개발 및 신기술 및 장비구입 등을 수행한다. 조직의 감사부서는 사용자와 전산부서 요원들이 각각 중점적으로 평가하는 항목들을 조직의 전반적인 경영성과 제고 수준을 포괄하고 있으며, 외부전문가는 정보시스템 평가의 객관성을 높이기 위해 활용되는 방법이다. 정보시스템 평가주체에 따른 평가 항목은 〈표 14-2〉와 같다.

표 14-2 평가주체에 따른 평가 항목

평가자	주요평가항목
사용자	· 정보시스템에 대한 만족도 · 제공된 정보의 업무지원 정도 · 정보제공자의 정확성, 적시성, 신뢰성 · 전산부서와의 업무협조
전산부서	· 가동률, 생산성, 작업량 · 신기술 및 장비도입 · 시스템개발, 프로젝트의 합리화 정도 · 정보시스템 운영비용의 절감 정도 · 정보시스템, 직원에 대한 교육시간
조직 내 감사부서	· 비용효과 분석 · 시스템 안전 확보 수준 · 조직의 전반적인 경영성과 제고 수준
외부 전무가	· 위의 평가자들의 평가 항목을 모두 포함

3) 정보시스템 평가유형에 따른 평가시기

정보시스템 평가시기에 따른 평가 유형을 사전평가와 사후평가로 구분할 수 있다. 타당성 조사과정에서 이루어지는 것이 사전평가이고, 사후평가는 개발 및 운영과정에서 이루어진다.

4) 정보시스템 평가유형에 따른 평가 범위

정보시스템 평가 범위의 유형은 단위시스템, 부문시스템, 조직전체시스템으로 분류할 수 있다. 단위시스템은 하나의 기능을 대상으로 구현된 개별시스템을 말하고, 부문시스템은 생산, 판매 등 기능별 정보시스템을 말한다. 조직 전체시스템은 조직 전체의 관점에서 정보시스템 개발 및 운영에 관련된 제반 업무들을 대상으로 한다.

5) 정보시스템 평가유형에 따른 평가방법

정보시스템 평가 방법에는 주관적 분석, 객관적 분석, 과정중심 분석, 결과중심 분석을 구분할 수 있다. 주관적 분석은 사용자들이 의사결정을 위해 경영정보시스템을 사용하고 난 후 사용만족과 산출정보에 대해 주관적인 측정기준을 의미한다.
객관적 분석은 시스템의 사용빈도, 비용, 효율성 등 경영정보시스템의 개발에 따르는 자원의 투입을 고려하는 효율측면의 측정기준이다. 정보시스템 평가의 정확성을 위해 객관적 평가가 바람직하지만 주관적 평가를 병행하는 것이 좋다.

표 14-3 평가방법에 따른 평가항목

평가방법	평 가 항 목
주관적 분석	• 사용자 태도 및 만족도 • 기업 이미지 • 직원의 인식변화
객관적 분석	• 비용, 효과분석 • 투자수익 분석 • 내부수익률 분석
과정 중심적 분석	• 시스템 요구와의 일치도 • 소요자원 관리의 합리화 정도 • 시스템 구성요소의 성능 • 투자지원 규모 • 정보제공 서비스의 질
결과 중심적 분석	• 시스템 사용자의 업무 수행능력 향상도 • 조직성과 기여도

과정중심 분석은 조직의 경영정보시스템 자원이 조직목표 달성에 기여할 수 있도록 정보시스템을 평가하는 것이다. 인적자원으로는 정보부서와 사용자 간의 의사소통, 사용자의 작업만족도, 사용자참여도 등이 있으며, 기술자원으로는 시스템의 질, 서비스수준 등이 있다. 결과중심 분석은 조직 전체의 목표달성에 기여할 수 있도록 평가하는 것으로 시스템 사용자의 업무수행능력 향상도, 조직성과 기여도 등이 평가 항목이다. 정보시스템 평가 방법에 따른 항목들은 〈표 14-3〉과 같다.

제2절 소프트웨어 평가

소프트웨어는 개발 과정이 눈에 보이지 않기 때문에, 사용자의 요구사항을 규정하기 어렵고, 내용의 파악과 실험이 용이하지 않기 때문에 평가하기가 쉽지 않다. 그러나 최근 산업 생산품의 표준화를 위해 국제표준기구에서는 ISO 9000시리즈를 통해 표준화된 품질관리 체계의 정립을 요구하고 있다.

1. ISO 9000 표준화 배경

소비자들의 욕구가 다양해지고 품질의 중요성이 커지면서 국내·외적으로 다양한 표준이 개발되어 왔다. 따라서 1987년에는 품질시스템에 대한 표준화된 지침으로 ISO 9000시리즈를 발간하였다.

표 14-4 ISO 9000 시리즈 용도

종류	주요내용
ISO 9000-1	ISO 9000 시리스 선택 지침
ISO 9001	설계, 개발, 생산, 설치, 서비스 등 품질보증 표준지침
ISO 9002	생산 및 설치 품질보증 표준지침
ISO 9003	최종검사 및 테스트 품질보증 표준지침
ISO 9004-1	제품과 서비스의 공급자를 위한 표준지침

ISO 9000시리즈는 국내외 거래에서 품질경영 및 품질보증을 위해 전 세계가 공통으로 사용하는 표준으로 되어 있다. 현재 ISO 9000 시리즈는 많은 국가와 지역 표준단체에 의해 신속하게 채택되고 있다.

기업이 표준으로 규정한 상태로 생산을 하지 않으면 생산한 제품의 품질이 아무리 좋아도 신뢰할 수 없다는 개념이다. 이것이 국내외 거래에서 품질에 대한 기본 개념이며, 이를 구체적으로 규정하고 있는 것이 바로 ISO 9000시리즈인 것이다.

2. 소프트웨어 품질의 평가

소프트웨어에 대한 체계적인 품질경영을 위해서는 인도지연, 과다한 유지보수비용, 사용상의 불편 등을 해결해야 한다. 그리고 소프트웨어는 일반적인 산업 생산품과는 다음과 같은 차이가 있다.

첫째, 소프트웨어 자체 개발공정은 눈에 보이지 않는다.
둘째, 구매자가 요구사항을 규정하기 어렵다.
셋째, 소프트웨어의 변경은 용이하고, 설계내용은 파악하기 어렵다.
넷째, 소프트웨어를 완전하게 시험하기 어렵다.
다섯째, 최종 생산보다는 개발과정이 중요하다.
여섯째, 제품이 닳거나 소모되는 산업생산품과 다른 특성을 지니고 있다.

표14-5 ISO 9000-3 구성

경영책임, 품질시스템, 내부품질시스템 감사, 시정조치	
생명주기활동	지원활동
계약 검토	품질기록, 측정
구매자 요구사항 명세서	도구, 기술
개발계획, 품질계획	구 매
설계 및 구현	다른 S/W제품
시험 및 확인	규칙, 실행, 관례
인 수	구성 관리
복제, 인도, 설치	문서 제어
유지 보수	교육 훈련

이와 같은 소프트웨어의 특성 때문에 ISO 9001을 소프트웨어에 적용하기 위해 추가 지침인 ISO 9000-3이 1991년에 제정되었다.

ISO 9000-3은 경영책임, 품질시스템, 내부품질시스템 감사, 시정조치로 이루어졌다. 소프트웨어의 계약과 관련된 9가지 생명주기 활동, 그리고 9가지 지원활동에 대한 규정으로 구성되어 있다.

ISO 9000-3은 소프트웨어를 개발하고, 공급 및 유지 보수하는 조직이 ISO 9001을 쉽게 사용할 수 있도록 한다. 소프트웨어의 구매자가 공급자에게 소프트웨어의 품질을 보증할 수 있는 지침을 제공받기 원한다.

ISO 9000-3은 소프트웨어의 구매 계약과정에서 구매자가 성능이나 설계측면에서 공급자에게 보증을 요구할 경우 품질 보증을 위한 표준지침으로 사용할 수 있다.

3. 품질시스템 도입 효과

품질시스템의 도입이 반드시 많은 이익을 가져다주지는 못한다. 품질시스템을 도입하는데 드는 비용은 측정하기가 쉬운 반면, 효과는 눈에 보이지 않고 측정하기가 곤란하다. 그러나 품질시스템의 도입은 일반적으로 항상 단순한 비용-효과분석의 결과보다는 다음과 같은 이유로 추진되기도 한다.

첫째, 경영환경의 변화 중의 하나로 품질에 대한 요구가 강화되었기 때문이다.

둘째, 품질시스템에 대한 국제적인 공인을 획득함으로써 기업이미지를 제고할 수 있기 때문이다.

셋째, EU나 북미자유무역협정(NAFTA) 등과 같은 경제블록화가 ISO 9000시리즈를 무역장벽의 일환으로 활용하는 경우 이에 대처하기 위해서이다. 따라서 품질경영의 도입 효과는 품질개선으로 나타나는데 품질개선으로 인한 효과를 측정하기가 어렵기 때문에 품질개선으로 인한 실패비용의 감소로 대신하여 측정한다. 실패비용이란 인도 전후 발생하는 결함에 따른 비용, 일정과 예산 초과로 인한 비용, 불필요한 유지보수 비용, 저품질 소프트웨어에 기인하는 사용자의 간접비용 등을 들 수 있다.

사례

소니 · 닌텐도 · RIM · MS 실패사례

■ 소니

소니 역시 한 때 워크맨과 TV로 전 세계를 석권했지만 이제는 누구도 소니를 글로벌 톱기업으로 꼽지 않는다. 매출이 10년 만에 1조 5000억엔이나 감소했고 2000년 포천 500대 기업 중 6위를 기록했던 소니는 2011년도에는 46위로 떨어졌다.

애플이 아이팟에 음악서비스는 아이튠스를 연계해 제품+콘텐츠+서비스를 묶어 음악 시장을 평정했지만 소니는 워크맨을 카세트테이프 플레이어로 한정시켰다. TV역시 3D, 스마트 TV 등을 치고 나가지 못했다.

특히 최근 동작인식게임 '플레이스테이션'의 네트워크를 해킹당하면서 '기본'을 무시했다는 평가를 받고 있다. 가장 중요한 보안을 간과했다는 것이다.

■ 닌텐도

닌텐도는 2008년 닌텐도 DS의 전 세계 흥행으로 정점을 찍은 이후 계속해서 하락곡선을 그리고 있다. 2010년에는 영업이익이 반 토막(52% 하락)이 났다.

스마트폰 게임이 크게 늘고 있지만 게임기 위주의 사업에 매몰돼 있었던 것이 큰 원인이다. 또 게임산업이 게임기 수명에 따라 움직이는 비즈니스 임에도 불구하고 유사 구형 닌텐도 DS를 혁신시키려는 노력을 하지 않았다. 동작인식게임 닌텐도 '위'를 네트워크와 연결해 확장시키지 못한 점도 문제다.

스마트폰은 휴대폰 외 회사에도 영향을 미쳤다. 일본 게임기 업체 닌텐도는 지난해 자사 게임기인 위의 가격을 50달러까지 내렸지만 판매는 부진했다. 2011년도 연결결산(2011년 4월~2012년 3월)에서 432억 엔의 순손실을 기록했다. 스마트기기와 소셜네트워크서비스(SNS)가 확산되며 값싼 게임을 넘치는데 비싼 게임기를 살 사람이 줄어든 것이 원인이다.

■ RIM

RIM도 3년 전 '가장 잘 나가는 휴대폰 기업'으로서 오바마 대통령이 집권 초기에 사용했던 휴대폰으로도 유명하다. 그러나 삼성의 기술력과 애플의 생태계에 밀려 설자리를 잃고 있다.

RIM의 블랙베리폰은 안드로이드 폰이 아이폰의 대항마로 자리 잡자 RIM의 '블랙베리'는 점유율이 크게 떨어졌다. 미국 시장에서 RIM의 스마트폰 점유율은 지난해 12월 16%에서 2012년 3월 12.3%(컴스코어 조사)로 하락했다.

MS(Microsoft)

MS 역시 모바일 시대에 적응을 못한 것이 패인으로 꼽힌다. MS가 PC용 패키지 소프트웨어(SW)에만 머물러 있는 동안 iOS(애플), 안드로이드(구글) 등은 모바일 세계를 평정했다.

지금까지 소니 · 닌텐도 · RIM · MS 등이 기업들에는 공통점이 있다.

스마트 폰을 기반으로 한 모바일 경제에 적응하지 못하고, 시장 환경의 변화를 읽지 못했다. 적절한 시기에 후속작을 내지 못하고 시장공략과 타이밍을 놓쳤다. 또한 기존 1등 제품만 믿고 혁신에 게을리 했다. 이들 기업들은 앞선 기술과 자원을 갖고 있었지만 기존 제품에만 매몰돼 트렌드를 읽어 내지 못했다. 얼마 전 까지만 해도 벤치마킹 대상이었던 이들 기업이 이젠 실패 사례로 교훈을 주는 반면 교사가 되고 있다.

찾아보기

[ㅊ]

[ㅋ]

INDEX

저자약력

박 광 래

◎ 단국대학교에서 경제학 전공으로 박사학위 취득. 저자의 전공분야는 화폐금융과 국제금융 분야이며, 현재 신흥대학교 경영학과 겸임교수 및 단국대학교 경제학부에 출강하였다. 아울러 한국종합경제연구원의 연구위원으로 재직 중이며, 정보시스템과 물류경제에 지대한 관심을 갖고서 연구 활동을 하고 있다. 저서로는「화물운송론」(2004), 「신경제학원론」(2003)이 있으며, 주요 논문으로는「한국노사협의제도에 관한 연구」, 「물류비용의 경제적 효과에 관한 연구」,「재량과 동태적 비일관성에 관한 연구」 등이 있다.

경영정보시스템

2013년 3월 15일 초판1쇄 발행
2019년 3월 18일 초판2쇄 발행

저 자 박 광 래
펴낸이 임 순 재
펴낸곳 **(주)한올출판사**

등록 제11-403호
121-849
주 소 서울특별시 마포구 모래내로 83(한올빌딩 3층)
전 화 (02)376-4298(대표)
팩 스 (02)302-8073
홈페이지 www.hanol.co.kr
e-메 일 hanol@hanol.co.kr
정 가 17,000원

▫ ISBN 978-89-98636-19-7